독자의 1초를
아껴주는 정성을
만나보세요!

세상이 아무리 바쁘게 돌아가더라도 책까지 아무렇게나 빨리 만들 수는 없습니다.

인스턴트 식품 같은 책보다 오래 익힌 술이나 장맛이 밴 책을 만들고 싶습니다.

땀 흘리며 일하는 당신을 위해 한 권 한 권 마음을 다해 만들겠습니다.

마지막 페이지에서 만날 새로운 당신을 위해 더 나은 길을 준비하겠습니다.

田田 길벗 IT 도서 열람 서비스

도서 일부 또는 전체 콘텐츠를 확인하고 읽어볼 수 있습니다.
길벗만의 차별화된 독자 서비스를 만나보세요.

더북(TheBook) ▸ https://thebook.io

더북은 (주)도서출판 길벗에서 제공하는 IT 도서 열람 서비스입니다.

파이썬 코딩의 기술 51

Better Python Code

초판 발행 · 2024년 7월 15일

지은이 · 데이비드 메르츠
옮긴이 · 김진호
발행인 · 이종원
발행처 · (주)도서출판 길벗
출판사 등록일 · 1990년 12월 24일
주소 · 서울시 마포구 월드컵로 10길 56(서교동)
대표 전화 · 02)332-0931 | **팩스** · 02)323-0586
홈페이지 · www.gilbut.co.kr | **이메일** · gilbut@gilbut.co.kr

기획 및 책임편집 · 이원휘(wh@gilbut.co.kr) | **디자인** · 박상희 | **제작** · 이준호, 손일순, 이진혁
영업마케팅 · 임태호, 전선하, 차명환, 박민영, 지운집, 박성용 | **유통혁신** · 한준희 | **영업관리** · 김명자 | **독자지원** · 윤정아

교정교열 · 강민철 | **전산편집** · 박진희 | **출력 · 인쇄** · 금강인쇄 | **제본** · 경문제책

▶ 잘못 만든 책은 구입한 서점에서 바꿔 드립니다.
▶ 이 책은 저작권법에 따라 보호받는 저작물이므로 무단전재와 무단복제를 금합니다.
이 책의 전부 또는 일부를 이용하려면 반드시 사전에 저작권자와 (주)도서출판 길벗의 서면 동의를 받아야 합니다.

ISBN 979-11-407-1405-6   93000
(길벗 도서번호 080416)

정가 33,000원

독자의 1초를 아껴주는 정성 길벗출판사

(주)도서출판 길벗 | IT교육서, IT단행본, IT교육서, IT단행본, 경제경영, 교양, 성인어학, 자녀교육, 취미실용 www.gilbut.co.kr
길벗스쿨 | 국어학습, 수학학습, 어린이교양, 주니어 어학학습, 학습단행본 www.gilbutschool.co.kr

페이스북 · https://www.facebook.com/gbitbook
예제소스 · https://github.com/gilbutITbook/080416

똑똑하게 코딩하는 법

똑똑하게 코딩하는 법

파이썬
코딩의
기술
51

데이비드 메르츠 지음 | 김진호 옮김

길벗

항상 아이디어를 중시하고 기존 현실에 대한 끊임없는 비판을 아끼지 않으셨던

어머니 게일 메르츠(Gayle Mertz)에게 이 책을 바칩니다.

《파이썬 코딩의 기술 51》과 함께하면 전문가가 되고 싶다는 생각에 그치는 대신 진짜 전문가가 될 수 있습니다. 지난 20년간 저술과 교육을 통해 전문가를 양성해 온 데이비드 메르츠(David Mertz)의 노하우를 배워 보세요.

— 이크발 압둘라(Iqbal Abdullah), 전 파이콘(PyCon) 아시아 태평양 의장,
전 파이콘 일본 이사회 이사

데이비드 메르츠는 파이썬에 진심인 프로그래머라면 반드시 소장해야 할 《파이썬 코딩의 기술 51》을 통해 파이썬의 지혜를 한 입에 쏙 들어오는 크기로 제공합니다. 이 책은 초급자부터 고급 파이썬 사용자에 이르는 길을 닦는 데 큰 도움이 됨과 동시에, 파이썬의 모든 것을 꿰뚫는 저자의 통찰력을 통해 최상급 파이썬 프로그래머도 자신의 지식을 더 단단히 할 수 있습니다.

— 카트리나 리엘(Katrina Riehl), NumFOCUS 대표

일반적인 코더와 파이썬 전문가를 구분하는 기준은 무엇일까요? 그것은 단순히 최선의 관행을 아는 것에 그치지 않고, 파이썬이 가진 다양한 측면의 장점과 함정을 이해하고 특정한 접근 방법을 왜 선택해야 하는지 아는 것입니다. 저자는 파이썬 생태계에 20년 이상 참여했던 경험과 파이썬 저자로서의 경험을 바탕으로 독자들이 다양한 시나리오에서 해야 할 일과 그 이유를 모두 이해할 수 있도록 도와줍니다.

— 나오미 시더(Naomi Ceder), 전 파이썬 소프트웨어 재단 의장

저자는 파이썬계의 BBC 방송국처럼 파이썬 세계에 25년 이상 정보와 재미와 교육을 제공해 왔습니다. 이 책에서도 저자 특유의 유쾌하고 가독성 있는 방식으로 그 작업을 이어가고 있습니다.

– 스티브 홀든(Steve Holden), 전 파이썬 소프트웨어 재단 의장

전문가는 경험이 많은 사람을 의미합니다. 이 책은 사람들이 일반적으로 수년간 시행 착오를 거쳐야 알 수 있는 중요하지만 일반적인 문제를 다루고 있습니다. 이 책은 이와 같이 중요한 것들을 더 빨리 확인할 수 있는 방법을 제시하고, 전 세계의 많은 친구들이 더 성장하게 도와줍니다.

– 쿠샬 다스(Kushal Das), CPython 핵심 개발자, 파이썬 소프트웨어 재단 이사

이 책은 찾기 어려운 버그를 피하고 싶은 초보자와 더 효율적인 코드를 작성하려는 전문가 모두를 위한 책입니다. 저자는 더 나은 프로그래머의 삶과 사용자의 만족을 위해 유용한 정보를 잘 정리해 놓았습니다.

– 마크–앙드레 렘버그(Marc-André Lemburg), 전 유로파이썬(EuroPython) 의장,
전 파이썬 소프트웨어 재단 이사

저자 데이비드에게 새 책에 대한 서문을 요청받아 매우 기뻤습니다. 왜냐하면 데이비드는 항상 유용하고 통찰력 있는 내용을 제공한다는 기대치가 있기 때문입니다.

높은 기대를 가지고 시작했는데, 그 기대가 단순히 충족된 것만이 아니라 그 이상으로 뛰어넘었다고 말씀드릴 수 있어 기쁩니다. 이 책은 흥미진진한 내용을 담고 있으며, 중급에서 고급 수준에 이르는 누구든 파이썬 프로그래밍 기술을 향상시킬 수 있도록 많은 통찰을 제공합니다. 또한 언어를 연습하고 가르쳤던 귀중한 경험을 읽기 쉬운 문제로 풍부하게 공유하고 있습니다. 이 모든 것에도 불구하고 저자는 책을 짧고 간결하게 유지하여 빠르고 완전히 내재할 수 있도록 했습니다.

이 책은 파이썬 전문가들이 모두 공감하는 최선의 관행뿐만 아니라 피해야 할 잘못에 대해 효과적으로 알려 줍니다. 저자는 다른 전문가와 다른 의견을 가진 특정 방식에 대해 저자만의 자세한 의견을 덧붙임으로써 독자가 장단점을 비교하여 스스로 결정을 내릴 수 있도록 신중하고 명확하게 설명합니다.

이 책의 대부분은 중급 수준의 경험과 기술을 가진 사람들이 직면하는 파이썬 관련 문제를 다룹니다. 여기에는 다른 언어에 익숙한 프로그래머들이 파이썬에서 열등한 방식을 채택하는 경우도 많이 포함되어 있습니다. 이는 그들이 잘 알고 있는 언어에 적합한 방식을 파이썬으로 직접 '번역'하기 때문입니다.

이 문제를 보여 주는 좋은 예가 바로 읽기(getter)와 설정(setter) 메서드[1]를 노출하는 API를 작성하는 것입니다. 파이썬에서는 주로 property 가공자(decorator)를 통해 직접 속성을 설정하고 가져와야 합니다. 예를 들어 경험 많은 파이썬

---

[1] 이 책에서는 불필요한 음차식 번역을 지양하고 뜻을 살리면서도 정확한 의미를 전달할 수 있는 한국어 번역을 사용하고 있습니다. 이에 대해서는 옮긴이 서문을 참고하기 바랍니다.

개발자가 widgets.set_count(widgets.get_count() + 1)라는 코드를 보았다면
훨씬 직관적이고 알기 쉬운 widgets.count += 1을 사용했을 겁니다. 이는 앞의
코드를 작성한 사람이 파이썬에서의 최선의 관행을 무시하거나 혹은 전혀 모르
고 있다는 뜻입니다. 이 책은 이러한 문제를 비롯하여 여러 가지 흔한 오해를
해결하는 데 많은 도움을 줍니다.

전반적으로 중급 수준이지만, 정규 표현식의 재앙적 역추적(backtracking) 위험,
부동 소수점 숫자 표현의 몇 가지 특이점, JSON과 같은 직렬화 접근 방식의 '왕
복(round-tripping)' 문제 같은 고급 주제도 함께 다룹니다. 이 책은 중급 파이썬
프로그래머뿐만 아니라 고급 프로그래머에게도 충분히 가치가 있을 것입니다.

알렉스 마르텔리(Alex Martelli)

파이썬은 매우 잘 설계된 프로그래밍 언어입니다. 이 언어는 팀 피터스(Tim Peters)의 **파이썬의 선**(The Zen of Python)에 담긴 '작업을 수행하는 분명한 방법은 단 하나, 가급적이면 하나뿐이어야 한다.'라는 격언을 대부분 만족시킵니다. 만약 어떤 작업을 하는 방법이 단 하나뿐이라면 잘못을 저지르기 쉽지 않습니다.

물론 이 격언은 항상 충족되기 힘든 이상에 가까운 목표입니다. 파이썬에서는 가끔 하나의 작업을 수행하는 데 여러 가지 방법이 사용되지만, 그중 많은 것이 그저 잘못되었거나 우아하지 않은 방법이며, 파이썬이 아닌 다른 언어에 적용되는 방식이 사용되어 **파이썬답지** 않습니다. 또한 어떤 것들은 명확하게 잘못되었다고는 할 수 없지만, 여전히 대단히 비효율적입니다. 이 책에 서술된 모든 문제는 제가 실제 코드에서, 때로는 야생에서, 때로는 코드 리뷰 중에 발견한 문제이며, 멀리 갈 것도 없이 스스로 작성한 코드에서도 너무나 많이 존재했던 문제입니다.

이 책에 대하여

각 장에서 개발자들이 쉽게 빠질 수 있는 잘못, 함정, 오류를 제시하고 이를 피하는 방법을 설명합니다. 때로는 그 해결 방법이 단순하게 '철자'를 약간 바꾸는 것일 수도 있지만, 대부분의 경우 여러분의 코드에 생각과 설계의 뉘앙스가 필요합니다. 이 책의 많은 부분은 다른 것에 적용되기도 합니다…

저는 여러분이 몰랐던 것을 알려주는 것에 그치지 않고, 많은 경우 여러분이 전혀 알지 못했던 것들 중에 반드시 **알아야만 하는 것**들도 있다는 사실을 알려드리고 싶습니다. 가장 효과적인 글쓰기와 가르침은 독자나 학생들에게 정보를 제공할 뿐만 아니라 문제에 대한 올바른 **사고 방식**과 특정 해결책에 대한 추론도 제공한다고 생각합니다. 이 책의 모든 참고, 각주, 우스꽝스러운 여담은 모두 여러분이 특정 영역, 작업, 프로그래밍 방식에 대해 더 깊이 생각할 수 있도록 구성된 것입니다.

이 책을 처음부터 끝까지 모두 읽을 필요는 없습니다. 물론 전부 읽는 것이 여러분에게 도움이 될 것임은 자명합니다. 각 장은 관련된 개념을 묶어서 다루고 있지만 서로 독립적이며, 각 장의 절도 자체적인 완결성을 가지고 있습니다. 필요한 부분만 읽을 수 있으며, 그렇다 해도 각각의 내용은 매우 흥미로울 것입니다. 일부는 다른 부분에 비해 더 높은 수준의 내용을 다루기도 하지만, 쉬운 내용을 다룬다고 생각되는 부분에서도 여러분이 알지 못했던 새로운 뉘앙스를 발견할 수 있고, 반대로 고급 내용을 다루는 부분에서도 접근하기 쉬우며 깨달음을 주는 내용을 발견할 수 있을 것입니다.

각 절은 일종의 사례 연구 형태로, 절끼리 서로 느슨하게 연결되어 있으며, 각 장은 대체로 점점 더 정교한 순서로 구성되어 있습니다. 또한 필요한 경우 배경을 설명하는 다른 절을 참조하도록 하거나 뒤에서 더 자세히 설명하는 경우도 있습니다.

일반적으로 중급 수준의 파이썬 개발자 또는 이제 막 초급 수준을 벗어난 개발자를 대상으로 하고 있기 때문에 여러분이 파이썬 프로그래밍 언어의 기초를 알고 있다고 가정합니다. 여기서는 파이썬의 첫걸음을 다루는 책이나 학습에서 찾아볼 수 있는 가장 기본적인 문법이나 의미론은 다루지 않습니다. 이 책은 여러분이 호기심이 충만하고 아름다우면서도 효율적이고 정확한 코드에 대한 열망이 가득하다고 가정합니다.

이 책은 2023년 10월에 출시된 파이썬 3.12를 기반으로 합니다. 책의 코드는 3.12 베타 버전에서 테스트되었지만, 대부분의 코드는 2023년 중반까지 수명 주기가 유지되고 있는 가장 앞선 버전인 파이썬 3.8에서도 동작합니다. 하지만 일부 코드를 실행하기 위해서는 2021년 10월 4일에 출시된 파이썬 3.10이 필요하고, 아주 가끔 2022년 10월 24일에 출시된 파이썬 3.11이 필요할 수도 있습니다. 이 책에서 논의된 대부분의 잘못은 비록 후속 파이썬 버전에서의 개선 사항이 일부 반영되어 있지만, 파이썬 3.8에서부터 이미 볼 수 있는 것들입니다.

'파이썬 버전 $M.m.\mu$의 개선 사항'이라는 이름의 문서[1]는 적어도 1996년의 파이썬 1.4 이후 계속 관리되고 있습니다.[2]

예제 코드

예제 코드 대부분은 파이썬 REPL(read-evaluate-print-loop)을 사용합니다. 더 구체적으로는 IPython[3]의 향상된 REPL을 사용합니다. 하지만 %doctest_mode라는 마법을 사용함으로써, 일반 파이썬 REPL과 매우 유사한 형태의 프롬프트와 출력을 볼 수 있습니다. 예제에서 비교적 자주 사용되는 IPython의 마법은 %timeit입니다. 이는 표준 라이브러리의 timeit 모듈을 감싼 것이지만 작업 소요 시간을 측정할 때 쉽고 높은 적응성을 갖춘 신뢰성 높은 방법을 제공합니다. 이 책에서는 결과 자체가 틀리지 않지만 결과 도출에 걸리는 시간이 몇 배 이상 소요되는 몇 가지 잘못을 설명하기 위해 이 마법을 사용합니다.

물론 여러분이 직접 코드를 작성할 때 주피터 노트북(Jupyter Notebook)[4]과 같은 고성능의 대화형 환경을 포함한 REPL 내에서의 상호 작용은 작성하는 코드 중 일부에 불과할 것입니다. 하지만 이 책에서는 예제 코드의 범위를 최소화하는

---

1 파이썬은 의미론적인 버전 체계(https://semver.org)를 엄격하게 적용하지 않으므로, 제가 사용한 암시적인 명명법인 '주 버전(Major).부 버전(Minor).소 버전(Micro)'은 엄밀하게는 정확한 표현이라고 할 수 없습니다.
2 과거의 릴리스 노트 정보는 https://docs.python.org/3/whatsnew/index.html에서 확인할 수 있습니다.
3 https://ipython.readthedocs.io
4 https://jupyter.org

데 초점을 맞추었습니다. 대화형 셸(interactive shell)은 종종 이러한 잘못을 설명하는 좋은 방법이므로, 여기서 배운 교훈을 참고하면서 코드를 전체 .py 파일에 복사하는 것을 권장합니다. 이와 같이 단순한 코드 조각에서 시작하여 전체 코드에 적용하는 것이 이상적입니다.

운영 체제의 셸에서 실행되는 명령을 설명할 때, 다시 말해 결과를 표시하기 위해 파이썬 스크립트를 실행할 때, 빨리 알아볼 수 있도록 명령 프롬프트로서 [BetterPython]$을 사용합니다. 이는 실제 명령 프롬프트는 아니지만 원한다면 실제로 동일하게 변경할 수도 있습니다. 항상 그런 것은 아니지만 Unix 계열의 시스템에서는 $가 셸 프롬프트를 의미하는 경우가 많습니다.

> **Note ≡** ⎸ **REPL에 대한 짧은 소개**
>
> 다른 프로그래밍 언어를 사용하던 프로그래머나 이제 막 프로그래밍을 시작한 경우에는 대화형 셸이 얼마나 많은 능력을 가지고 있고 유용한지에 대해 잘 모를 수 있습니다. 저는 특정 프로그래밍 작업을 어떻게 진행할지 고민할 때, 파이썬, IPython, 주피터 노트북 등의 환경에서 문제 해결 방식에 대한 접근 방법을 구체화합니다.
>
> 다음은 이러한 흐름에 대한 짧은 예제로, 제 bash 터미널의 모습입니다.
>
> ```
> [BetterPython]$ ipython
> Python 3.11.0 | packaged by conda-forge | (main, Oct 25 2022,
> 06:24:40) [GCC 10.4.0]
> Type 'copyright', 'credits' or 'license' for more information
> IPython 8.7.0 -- An enhanced Interactive Python. Type '?' for
> help.
>
> In [1]: %doctest_mode                                          # ❶
> Exception reporting mode: Plain
> Doctest mode is: ON
> ```
>
> ↻ 계속

```
>>> from collections import ChainMap              # ❷
>>> ChainMap?                                      # ❸
Init signature: ChainMap(*maps)
Docstring:
A ChainMap groups multiple dicts (or other mappings) together to
create a single, updateable view.
[...]
File:    ~/miniconda3/lib/python3.11/collections/__init__.py
Type:    ABCMeta
>>> dict1 = dict(foo=1, bar=2, baz=3)
>>> dict2 = {"bar": 7, "blam": 55}
>>> chain = ChainMap(dict1, dict2)
>>> chain["blam"], chain["bar"]                    # ❹
(55, 2)
>>> !ls src/d*.adoc                                # ❺
src/datastruct2.adoc   src/datastruct.adoc
```

❶ 스크립트 지정 없이 파이썬을 실행하는 것과 유사한 표시 방식을 사용합니다.

❷ Tab 키를 눌러 collections 뒤의 내용을 선택했습니다.

❸ 이 객체가 하는 일에 대한 정보를 알고 싶습니다. 여기서는 요약에 해당합니다.

❹ 표현식을 입력하면 결과가 바로 표시됩니다.

❺ !를 사용하면 외부 셸에서 명령을 실행하고 그 결과를 볼 수 있습니다.

REPL이 할 수 있는 일은 여기서 보는 것보다 훨씬 많지만, 이 예를 통해 그 기능을 빠르게 느껴 볼 수 있습니다.

프로그래밍 환경마다 예제 코드를 복사하고 붙여 넣는 방법이 다릅니다. IPython에서는 %paste 마법을 사용하면 앞의 >>>나 ... 문자를 적절한 방식으로 무시합니다. 여러 가지 다른 셀, 통합 환경, 코드 편집기에서는 또 다른 방식으로 처리합니다. REPL 외부에서 제공되는 많은 예제 코드와 여기서 사용되는 데이터 파일은 https://gnosis.cx/better에서 확인할 수 있습니다. 추가로, 경로는 단순화되어 있으며, 실제 파일은 code/나 data/라는 하위 디렉터리에 있지만 이 경로는 표시하고 있지 않습니다. 다시 말해 예제 코드는 개념을 설명하기 위한 것으로, 직접 복사하여 재사용할 수 있는 코드가 아닙니다. (물론 가공해서 사용할 **수** 있습니다.) 특히 대부분의 예제 코드에는 **취약점**이 존재하기 때문에, 운영 환경에서 사용하지 않아야 합니다.

본문에서 '〈파일 이름〉의 소스 코드'라는 제목이 포함된 모든 코드는 https://gnosis.cx/better에서 다운로드할 수 있으나 일부는 더 긴 이름의 파일에서 발췌한 것일 수도 있습니다. 이 외의 다른 코드 조각들은 제목이 붙어 있든 아니든 간에 개념을 설명하는 목적으로만 제공되는 것으로, 여러분의 목적에 맞게 복사하거나 직접 입력해서 자유롭게 사용할 수 있습니다.

이 책에서 사용된 도구

파이썬 프로그래밍 언어는 파이썬 소프트웨어 재단(PSF)의 공식 사이트에서 제공되는 무료 소프트웨어입니다. 그 밖에도 다양한 기관에서 동일한 핵심 프로그래밍 언어에 추가 기능이나 다른 기능을 묶어 제공하는 맞춤형 파이썬 배포판을 제공하고 있으며, 여기에는 많은 운영 체제 기업도 포함됩니다. macOS[5]는 2001년부터 파이썬을 제공하고 있습니다. Windows는 Windows Store에서 다운로드할 수 있습니다.

파이썬의 PSF 배포판을 얻으려면 https://www.python.org/downloads를 방문하기 바랍니다. 운영 체제와 하드웨어 플랫폼에 따라 다양한 버전이 준비되어

---

[5] 이전에는 버전에 따라 Mac OS X나 OS X로 불리기도 했습니다.

있습니다. 이 책의 예제를 실행해 보려면 REPL 기반의 IPython 터미널[6] 또는 주피터 노트북[7]을 권장합니다. 이와 같은 고성능 대화형 환경은 %timeit과 같은 '마법'을 지원합니다. 이러한 마법은 파이썬 언어 자체에 포함되지 않은 특별한 명령어지만 대화를 통한 탐색을 좀 더 편리하게 해 줍니다. 책에서 대화형 코드를 다룰 때, 첫 줄은 >>>로 시작하고 이어지는 줄일 경우 ...로 시작하기 때문에 쉽게 알아볼 수 있습니다. 물론 주피터 외에도 다른 통합 개발 환경이나 고성능의 코드 편집기에 내장된 대화형 셸 역시 각자 제공되는 시각적 지시자로 코드 입력과 결과를 표시합니다. 이외에도 앞에서 언급된 향상된 REPL은 파이썬 이름 뒤에 ? 또는 ??를 붙여 객체의 정보를 표시할 수 있는데, 이 역시 일부 예제에서 볼 수 있습니다.

저는 파이썬, IPython, 주피터 노트북을 비롯해 여러 가지 도구와 라이브러리를 설치해야 할 때 Miniconda[8]를 사용합니다. Miniconda에는 이미 특정 버전의 파이썬 환경이 포함되어 있지만, 포함된 버전과 다른 버전의 파이썬 환경을 생성하거나, 심지어 파이썬 환경을 구축하지 않고 다른 유용한 도구만 설치된 환경을 생성할 수도 있습니다. 몇몇 예제에서 제가 선택한 설치 환경을 엿볼 수 있지만, 그렇다고 반드시 같은 환경이 필요한 것은 아닙니다.

다른 유용한 도구

이 책에서 다루는 대부분의 내용은 단순히 형식적인 것이 아닌 개념적인 것에 해당합니다. 하지만 린터(Linter)는 종종 이 책에서 설명된 잘못을 포함하여 개

---

[6] https://ipython.org/install.html
[7] https://docs.jupyter.org/en/latest/install.html
[8] https://docs.conda.io/en/latest/miniconda.html

넘적인 것과의 경계선에 걸친 잘못을 감지합니다. 파이썬과 잘 어울리는 린터는 Flake8[9]인데, 이 린터는 실제로 하위 린터를 선택적으로 활용합니다. 좋은 린터라고 할지라도 중요한 잘못을 감지하지 못하는 경우가 있지만, 적어도 린터가 여러분의 코드에 문제가 있다고 표시하는 이유를 **이해**한다면 잘못된 코드를 작성하지 않게 될 것입니다.

Black 코드 형식화 도구(code formatter)의 홈페이지[10]에서는 Black에 대해 다음과 같이 설명합니다.

> Black은 엄격한 파이썬 코드 형식화 도구입니다. 이를 사용하는 건 직접 수작업으로 형식화를 하는 세세한 제어를 포기하겠다고 동의하는 것입니다. 대신 Black은 빠른 속도와 결정성 그리고 pycodestyle이 형식화에 대해 잔소리하는 것에서 벗어나게 해 줍니다. 따라서 당신은 시간과 정신적 에너지를 더 중요한 문제에 쏟을 수 있습니다.
>
> – Black 홈페이지

파이써니스타(Pythonista) 사이에서 Black 사용에 대해 의견이 분분합니다. 가끔 Black이 저라면 절대 선택하지 않을 방식으로 코드를 형식화하더라도, 특히 대규모 프로젝트와 같이 다른 개발자들과 함께 작업할 때는 일관성을 강제하는 것이 공유 코드의 가독성에 도움이 된다는 것을 발견했습니다.

린트와 코드 형식화에 관련하여 최근 가장 인상적이었던 프로젝트는 Ruff[11]입니다. Ruff는 Flake8이나 다른 도구들과 동일하게 대부분의 린트 규칙을 다루지만, 이 도구는 Rust 기반이기에 다른 린터보다 수십 배 빠르게 실행됩니다.

---

9 https://flake8.pycqa.org
10 https://black.readthedocs.io
11 https://beta.ruff.rs/docs

또한 Ruff는 Black과 유사하게 자동 형식화를 지원하지만, Black이 다루지 않는 많은 것들을 추가로 정리해 줍니다. 물론 Black이 다루는 것 중에 Ruff가 다루지 않는 것들도 있기 때문에 두 도구는 상호 보완적이라고 할 수 있습니다.

현대 파이썬 개발에서 자료형 주석(type annotation)과 자료형 검사 도구(type-checking tool)가 비교적 널리 사용되고 있습니다. 이 가운데 가장 많이 사용되는 도구는 아마 Mypy[12], Pytype[13], Pyright[14], Pyre[15]일 것입니다. 이 도구들은 대규모 프로젝트에 특히 유용하지만, 이 책에서는 파이썬 자료형 검사 생태계에 대해서는 다루지 않습니다. 자료형 검사가 감지할 수 있는 잘못은 대부분 이 책에서 다루는 의미론적인 문제나 형식상의 문제와는 다릅니다.

감사의 말

파이썬 도움 토론 게시판[16]의 여러 사용자가 이 책에서 다루고 있는 잘못에 대해 좋은 생각을 전해 주었습니다. 그 제안 중 많은 것은 그대로 또는 변형하여 책에 이미 포함되었지만, 때로는 이 분들의 생각 덕분에 제가 다루는 잘못에 대해 추가하거나 수정한 경우도 있습니다. 크리스 앤젤리코(Chris Angelico), 찰스 매컬로(Charles Machalow), 존 멜렌도우스키(John Melendowski), 스티븐 다프라노(Steven D'Aprano), 라이언 듀브(Ryan Duve), 알렉산더 베스만(Alexander Bessman), 쿠퍼 리즈(Cooper Lees), 피터 바틀렛(Peter Bartlett), 글렌 A. 리처드(Glenn A. Richard), 루벤 보더만(Ruben Vorderman), 매트 웰케(Matt Welke), 스티

[12] http://mypy-lang.org
[13] https://google.github.io/pytype
[14] https://github.com/Microsoft/pyright
[15] https://pyre-check.org
[16] https://discuss.python.org/c/users/7

본 럼발스키(Steven Rumbalski), 마르코 술라(Marco Sulla)가 주신 제안에 깊은 감사를 표합니다.

이외에도 브래드 헌팅(Brad Huntting), 애덤 피콕(Adam Peacock), 메리 앤 수신스키(Mary Ann Sushinsky)가 의견을 주었습니다.

많은 의견들 덕분에 이 책이 더욱더 개선되었습니다. 이 책의 오류가 있다면 모두 저의 책임입니다.

데이비드 메르츠

제가 파이썬을 처음 접한 것은 2008년으로, 지금도 그렇지만 당시에는 파이썬 3.0과 2.x가 서로 뒤엉켜 있던 시기였습니다. 다른 언어와 달랐던 점은 파이썬 3.0이 출시되었음에도 불구하고, 파이썬 2.x가 개발 중단되기는커녕, 3.0에서 추가되거나 개선되었던 기능들이 역으로 적용되었다는 것입니다. 이와 같이 파이썬은 항상 우리가 잘 알지 못하는 곳에서 끊임없는 변화를 꿈꾸는 언어입니다.

파이썬 세계의 유명 인사인 데이비드 메르츠가 집필한 《Better Python Code》를 우리말로 옮기면서 느낀 것은 파이썬은 개발자가 어떻게 사용하느냐에 따라 완전히 다른 모습을 보여 주는 언어라는 것입니다. 이 책은 일반적으로 우리가 파이썬 개발 서적에서 기대하는 내용인 파이썬 프로그래밍 언어의 풍부한 가능성을 탐구하거나 그 안에서 좀 더 효율적이고 우아한 코드를 작성하는 방법을 제시하는 것에서 그치지 않고, 파이썬 개발자로서 어떤 것이 올바른 개발 방법인가에 대해 끊임없이 고민하고 개선해 나가도록 채찍질합니다. 그리고 저자는 깊은 지식과 풍부한 경험을 바탕으로 개발자들이 파이썬 코드의 질을 한 단계 높일 수 있는 방법을 세심하게 안내합니다.

이 책을 번역하면서 저는 기술적 정확성을 유지하는 것뿐만 아니라, 원문의 미묘한 뉘앙스와 전문적인 통찰력을 우리말로 잘 전달하고자 노력하였습니다. 또한 원서를 우리말로 옮기며 가장 중점을 둔 점은 바로 '투명성과 접근성'입니다. 전문 용어와 개념을 최대한 이해하기 쉽고 정확한 한국어로 풀어내려 노력했습니다. 특히 불필요한 외래어와 외국어 사용을 줄이고자 했으며, 이 단어들은 올바른 이해를 위해 TTA(한국정보통신기술협회) 등의 공식 기관에서 정립한 용어를 참고하였습니다. 이러한 노력은 독자 여러분이 책의 내용을 보다 깊이 있고 명확하게 이해하는 데 도움이 되기를 바라는 마음에서 비롯되었습니다.

이 책이 여러분의 개발자로서의 여정에 새로운 영감을 주고, 파이썬이라는 언어의 매력에 더욱 빠져드는 계기가 되길 소망합니다. 또한 저와 소중한 인연이 시작되기를 희망합니다.

마지막으로 이 책을 번역하는 데 함께 고민하고 애쓰신 길벗의 이원휘 차장님과 관계자 여러분께 감사드립니다. 특히 고집스러운 제 번역 철학을 이해해 주시고 또 응원해 주셔서 좀 더 마음 편히 작업할 수 있었습니다. 항상 귀찮게 연락을 드리는데도 항상 밝은 목소리로 제 투정을 들어 주셨습니다.

또한 언제나 열심히 그리고 치열하게 활동하고 계신 제 우상인 윤태진 아나운서님께도 마음속 깊이 감사를 드립니다. 책에 이름을 사용할 수 있도록 허락해 주신 덕분에 책을 쓰면서 더욱 즐거웠습니다. 언제나 팬의 입장에서 생각하고 팬 걱정만 하시는 아나운서님의 팬이자 춘알단이라는 사실이 자랑스럽습니다.

그리고 이 책을 번역할 때 항상 옆에서 지치지 않도록 힘을 불어넣어준 부인냥에게도 무한한 감사의 말을 전합니다.

2024년 4월에 한강을 내려다보며

김진호 (Choonholic)

예제 파일 내려받기

책에서 사용하는 예제 코드는 길벗출판사 웹사이트에서 도서명으로 검색하여 내려받거나 다음 저
장소에서 내려받을 수 있습니다.

- **길벗출판사 웹사이트**: https://www.gilbut.co.kr
- **길벗출판사 깃허브**: https://github.com/gilbutITbook/080416
- **저자 예제 코드 저장소**: https://gnosis.cx/better

예제 파일 구조

예제 파일은 data와 code로 나뉘어 있으며, 본문에 명시한 파일명으로 확인하면 됩니다.

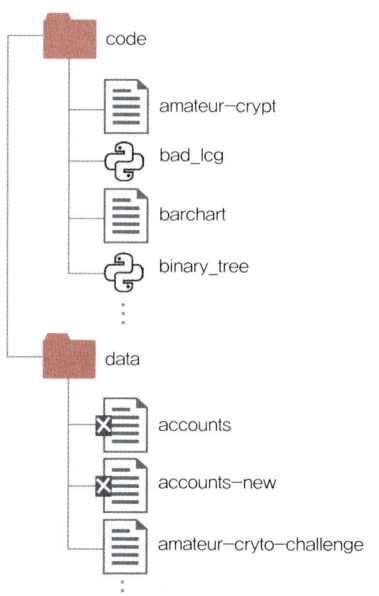

파이썬은 강력하면서도 상당히 개성 있는 프로그래밍 언어입니다. 파이썬으로 작업을 수행하는 방법에는 여러 가지가 **있을 수 있지만**, 그럼에도 불구하고 작업을 수행하는 **정확한 방법**이 따로 있는 경우가 꽤 많습니다. 일부 프로그램은 '파이썬다운' 모습을 보여 주지만 그렇지 않은 것도 있습니다.

> **Note ☰　파이썬다워지기**
>
> 파이썬 커뮤니티에서 널리 사용되고 있는, 약간은 농담이 섞인 '파이썬답다(pythonic)'는 용어는 일반적으로 '파이썬 언어에 적합한 최선의 프로그래밍 관행을 반영한다'는 의미입니다. 하지만 이 용어에는 다른 프로그래머들이 특정 코드를 설명할 때 '**취약하다**(fragile)', '**우아하다**(elegant)', '**단단하다**(robust)'와 같은 용어를 사용하는 것과 유사하게 **설명하기 어려운 무엇인가**가 내재되어 있습니다. 이 책에서도 '**파이썬답다**'나 '**파이썬답지 않다**(unpythonic)'라는 용어를 자주 보게 될 것입니다.
>
> 이 언어는 애초에 영국의 코미디 극단인 몬티 파이선(Monty Python)에서 이름을 따왔습니다. 파이썬다운 프로그래밍을 마스터한 개발자들을 종종 파이써니스타(Pythonista)라고 부르는 것도 파이썬다운 유머 중 하나입니다.

파이썬다워지는 것의 목표는 대부분 프로그램의 **가독성**을 향상시켜 다른 사용자와 기여자들이 여러분의 코드, 코드 동작, 버그를 쉽게 식별할 수 있게 하는 것입니다. 또한, 파이썬답지 않은 방식으로 작업하면 예상치 못한 동작이 일어날 수 있어, 처음 사용할 때 고려하지 않았던 이유로 기능이 제대로 동작하지 않을 수 있습니다.

저는 이 책에서 최선의 파이썬 관행에 대해 솔직하게 의견을 제시했습니다. 이러한 관행이 생기게 된 동기를 설명하고, 파이썬을 사용하고 가르치고 그에 대한 글을 쓰면서 얻은 오랜 경험을 반영하기 위해 노력했습니다. 파이썬은 정말로 매력적인 프로그래밍 언어이며, 파이썬에 대한 저의 열정은 진심입니다.

파이썬의 선에서는 우리가 파이썬 코드에서 기대하는 많은 것을 설명하고 있습니다.

```
>>> import this
파이썬의 선, 팀 피터스(Tim Peters)

아름다움이 추함보다 낫다.
명시적인 것이 암시적인 것보다 낫다.
단순함이 복잡함보다 낫다.
복잡함이 난해함보다 낫다.
평탄함이 중첩보다 낫다.
여유로움이 밀집함보다 낫다.
가독성은 중요하다.
특별한 경우라도 규칙을 깰 정도로 특별하지는 않다. 그러나 실용성은 순수함을 이긴다.
오류는 명시적으로 숨기지 않는 한 절대 조용히 지나가선 안 된다.
모호함 앞에서는 추측하려는 유혹을 거부하라.
어떤 일이든 명확한 -바람직하고 유일한- 방법이 있다.
비록 그대가 우둔하여 처음에는 명확해 보이지 않더라도.
지금 하는 것이 아예 하지 않는 것보다 낫다.
물론 아예 하지 않는 게 지금 *당장* 하는 것보다 나은 경우도 있다.
구현이 설명하기 어렵다면, 그건 좋지 않은 아이디어다.
구현이 설명하기 쉽다면, 그건 좋은 아이디어일 수 있다.
이름 공간은 정말 좋은 아이디어다 - 더 많이 사용하자!
```

파이썬 프로그래밍 세계에서는 매우 중요하지만, 이 책에서는 미처 다루지 못한 주제들이 많습니다. 부록인 '다른 책에서 읽을 만한 주제'에서 몇 가지 자료에 대한 지침과 함께 학습할 때 활용하기 좋은 생각을 간단히 요약해 놓았습니다.

파이썬은 단순한 구문과 가독성 높은 코드로 초심자들이 쉽게 접근할 수 있는 언어입니다. 그러나 숙련된 개발자가 되기 위해서는 파이썬의 핵심 철학과 원리를 깊이 이해하고 내재화해야 합니다. 이 책은 파이썬 코드의 우아함과 아름다움을 추구하면서도 효율성과 가독성 또한 소홀히 하지 않습니다. 실제 프로젝트 상황과 예제로 파이썬다운 방식의 코딩 스타일을 강조하고, 파이썬의 핵심 철학인 '아름다움이 추함보다 낫다'를 몸소 실천하는 코드 작성법을 소개합니다. 또한 파이썬 언어의 근간인 '느긋함'과도 부합합니다. 결과적으로 아름답고 효율적이며 우아한 파이썬 코드 작성을 위한 길잡이 역할을 해 줄 것입니다.

- **실습 환경** macOS 14.4.1(Sonoma), Python 3.12.2, Jupyter Notebook

조현석, 소프트웨어 엔지니어, 래블업 주식회사

코딩이 익숙해질수록 개인의 성향이나 습관이 반영된 '정형화된 코드 형식'을 사용하기 쉽습니다. 이 책은 파이썬스러운 코드(Pythonic Code)를 사용할 수 있도록 현재 잘못 사용하는 코드를 개선하는 방법을 설명합니다. 또한 순환 구문과 객체 지향, 네이밍과 함수, 보안 등 우리가 흔히 사용하는 코드에 대한 다양한 주제를 다루며 코드 작성 시 유의할 점을 안내합니다. 파이썬 프로그래밍에 고민이 있다면, 이 책에서 유익한 인사이트를 얻을 수 있을 거라고 생각합니다.

- **실습 환경** Windows 11, Python 3.12.3, Visual Studio Code 1.89.1

임승민, 데이터 전환 개발자, 씨에스리

파이썬을 자주 사용하는 개발자가 좀 더 좋은 코드를 작성하는 데 도움을 주는 책입니다. 그래서 어느 정도 파이썬에 익숙한 사람이 읽으면 좋습니다. 좀 더 효율적인 데이터 구조를 만드는 법, 네이밍 규칙, 메타클래스부터 심지어 보안까지 실제 코드 예시로 상세하게 설명해 주고 있습니다. 한 번에 이해하기는 어려울 수 있지만, 많은 코드 예시를 실제로 적용해 보면서 학습하면 이해가 더 잘 될 것입니다.

- **실습 환경** macOs 14.4.1(Sonoma), Pycharm 2024.1.2

이장훈, 데브옵스 엔지니어

이 책은 파이썬 코딩을 더욱 효율적으로 만드는 다양한 방법을 제시하며, 실제로 코드를 작성할 때 어떻게 개선할 수 있는지에 대한 명확한 지침을 제시합니다. 책을 읽고 나서 저는 많은 인사이트를 얻었습니다.

가장 인상 깊었던 부분은 '5장 할 수 있다고 해서 해야 한다는 뜻은 아니다'입니다. 파이썬은 많은 기능을 가지고 있으며, 기능들은 모두 자신만의 존재 이유가 있습니다. 그러나 기능 중에는 복잡성과 유지보수의 위험을 초래할 수 있는 것들도 있습니다. 사실 이 장은 긍정적인 내용과 부정적인 내용을 모두 다룹니다. 새로운 파이썬 개발자들은 종종 매력적이고 독특한 구조를 발견하게 되며, 그 구조의 함정에 빠질 위험이 있습니다. 이 장은 독자들이 새로운 기능을 학습하고 자신의 코드에 통합하는 데 도움을 주기를 바라지만, 동시에 잘못된 사용이나 오해를 방지하기 위해 몇 가지 기술적인 위험에 대해 강조합니다. 새로운 기능을 사용하는 것이 잘못된 것은 아니지만, 그것을 사용하기 전에 항상 그것이 문제를 해결하는 최선의 방법인지 고민해야 합니다.

또한 '6장 적절한 데이터 구조 선택하기'에서는 파이썬에서 가장 최적화되고 유연한 데이터 구조의 개선하기 위한 다양한 팁과 최적화 전략을 배울 수 있었습니다. 특히 파이썬 초급 개발자뿐만 아니라 고급 개발자들도 모르거나 종종 잊어버리는 유용한 데이터 구조를 살펴보고, 이를 통해 불필요하게 복잡한 코드를 작성하지 않는 방법을 배웁니다. 그리고 collections 모듈을 이용한 데이터 구조의 최적화가 인상 깊었습니다.

책에서 제시한 예제들은 매우 실용적이었고, 현업에서 바로 코드에 적용할 수 있는 많은 아이디어를 제공했습니다. 예를 들어 '3장 파이썬의 여러 가지 함정'에서는 파이썬 언어에서 흔히 마주치는 문제를 잘 설명하며, 더 나은 코드를 작성하는 방법을 배울 수 있었습니다. 마지막으로, 저는 책의 구성과 설명이 매우 명확하고 직관적이라는 점을 감명 깊게 느꼈습니다. 각 주제는 체계적으로 정리되어 있으며, 처음부터 끝까지 순서대로 읽어가면서 쉽게 이해할 수 있었습니다.

파이썬 개발자라면 누구에게나 유익할 것이며, 코드를 개선하고 효율적으로 만드는 방법에 대해 깊이 이해할 수 있을 것이므로, 이 책을 강력히 추천하고 싶습니다.

- **실습 환경** Windows 11, Python 3.12.3, Visual Studio Code 1.89.1

이석곤, 빅데이터 엔지니어, (주)아이알컴퍼니

보통 파이썬 개발자라면 귀찮다고 넘어갔을 법한 문법이나 개발 패턴에 대해서 쉽게 소개하고 있습니다. 저도 한 번쯤 개발하면서 파이썬의 새로운 기능을 배우고 써먹어야겠다고 생각했지만 잘 안 되던 것을 실습으로 다룰 수 있던 부분이 좋았던 것 같습니다. 또한 개발에만 한정된 내용이 아닌 데이터 구조나 보안, 수치 연산과 관련된 내용도 다루고 있어서, 다양한 분야에서 파이썬을 사용하면서 놓칠 법한 부분을 잘 서술해준 것 같습니다.

- **실습 환경** Windows 10, Python 3.10

강찬석, 9년 차 소프트웨어 엔지니어, LG전자

'내가 파이썬을 제대로 쓰고 있을까?'라는 생각을 한 번이라도 해본 적이 있다면 꼭 한번 읽어 보면 좋은 책입니다. 기본적인 순환 구문 사용법부터 데이터 구조 선택과 효율적인 코드 작성을 하는 데 도움이 됩니다. 또한 코드를 작성하며 흔히 저지를 수 있는 실수들과 다양한 주제를 다루기 때문에 실무에 활용하는 데 좋은 지침서가 될 것 같습니다.

파이썬에 막 입문한 분들이 읽기에는 어려울 것 같고, 입문서를 뗀 분들에게 도움이 될 만한 책입니다. 특히 파이썬을 쓰면서 실수하거나 데이터 구조를 선택하는 것이 어려웠던 분들에게 많은 도움이 될 것 같습니다. 파이썬을 더 깊이 이해하고, 더 나은 코드를 작성하고자 하는 초중급 개발자 분들에게 추천합니다.

- **실습 환경** macOS 14.5(Sonoma), Python 3.12.3, Visual Studio Code

이호철, 프론트엔드 개발자

1^장

잘못된 방식으로
순환하기

대부분의 다른 절차적 프로그래밍 언어와 마찬가지로, 파이썬에는 for와 while 이라는 두 가지 순환(loop) 방식이 있으며, 이들의 의미는 대부분의 비슷한 언어들과 상당히 비슷합니다. 하지만 파이썬은 구상 컬렉션(concrete collection)에 더해, 다른 많은 언어가 다루지 않는 **느긋한** 반복 가능 객체(lazy iterable)를 포함한 반복 가능 객체 순환을 특히 중요하게 여깁니다. 이 장에 나오는 많은 잘못은 다른 프로그래밍 언어에서는 '최선의 관행'에 해당하지만, 이를 파이썬으로 변환할 때 너무 직접적으로 코드를 옮기면 형식상 문제가 생기거나 또는 불필요하게 취약해집니다.

파이썬은 기술적으로 재귀(recursion)를 허용하는데, 이 역시 순환의 일종으로 간주할 수 있습니다. 그러나 파이썬은 재귀의 깊이에 제한이 있으며 꼬리 재귀 최적화(tail-call optimization)[1]를 지원하지 않습니다. 재귀는 해결책을 찾을 때 자연스럽게 **세분화**되는 문제에는 매우 유용한 수단이지만, 파이썬에서 비슷한 작업을 연속적으로 구성하기에 좋은 접근 방식은 아닙니다.

이 장에서 다루는 잘못 중 재귀를 구체적으로 다루는 것은 없습니다. 다만 Lisp 계열 언어, ML 계열 언어, Haskell, Rust, Lua, Scala, Erlang 등에서는 재귀를 사용하는 것이 최선일 수 있지만, 파이썬에서는 반대로 나쁜 습관에 **해당할 수도 있다**는 것을 이해해야 합니다.

---

1 https://ko.wikipedia.org/wiki/꼬리_재귀

1.1 / (드물지만) 순환을 위해 목록 생성하기

BETTER PYTHON CODE

많은 파이썬 프로그램에서 흔히 보이는 패턴은 일련의 항목을 생성하여 목록에 추가한 다음, 목록을 순환하면서 각 항목을 처리하는 것입니다. 실제로 프로그램을 이런 식으로 구조화하는 것은 매우 합리적이고 직관적이지만, 그렇지 않은 경우도 분명 있습니다.

항목의 개수가 매우 많거나 무한한 경우 또는 항목이 메모리를 매우 많이 사용하는 객체일 경우에는 단순히 목록을 생성하고 채우는 데 필요한 메모리보다 훨씬 많은 메모리를 소모하기도 합니다. 또한 목록 생성 작업과 처리 작업이 동시에 이루어지는 경우에는, 목록을 긴 시간에 걸쳐 생성한 후에 다시 추가로 목록을 처리하는 데 또 긴 시간이 필요할 수 있습니다. 실제로 병렬 처리가 가능하다면 전체 프로그램을 절반의 시간으로 끝마칠 수도 있을 것입니다. 하지만 설사 병렬 처리가 가능하다 하더라도 그 작업이 항상 쉬운 것은 아닙니다(동시성에 대한 자세한 내용은 부록을 참조하기 바랍니다).

get_word()라는 함수가 있다고 가정해 봅시다. 이 함수는 일반적으로 호출될 때마다 다른 단어를 하나씩 반환합니다. 예를 들어 이 함수는 네트워크를 통해 전송된 데이터나 프로그램의 상태에 따라 동적으로 계산된 결과를 기반으로 처리할 수 있습니다. 간단한 get_word() 함수가 None을 반환하면 함수가 가지고 있던 데이터 원본이 모두 고갈되었음을 의미합니다. 또한 이 예제에서 '단어'는 ASCII 소문자로만 구성된 문자들입니다.

보통 다음과 같이 간단한 코드를 작성하곤 합니다.

```python
# source = <데이터를 생성하는 방식을 나타내는 임의의 구분자>
words = []
while True:
    word = get_word(src=source)
    if word is None:
        break
    words.append(word)

print(f"{len(words):,}") # -> 267,752
```

이 책의 다른 부분을 읽다 보면 생성된 단어의 수를 보고 get_word()가 어떤 식으로 구현되었는지 추측할 수 있을 것입니다. 하지만 여기서는 프로그램을 실행할 때마다 생성되는 단어의 수와 내용이 다양하게 변할 수 있으며 그 범위도 다르다고 가정합니다.

간단한 수비학(numerology)을 응용하여 간단히 'a'에 1, 'b'에 2, 'z'에 26이라는 값을 지정하고 이를 각 단어에 사용된 문자에 대입한 후, 단어별로 대입한 값을 모두 더해 마법의 숫자(magic number)를 할당합니다. 이 변환 방법 자체는 그리 중요하지 않지만 '각각의 데이터에서 값을 계산한다'라는 개념은 자주 사용됩니다. 여기서는 다음과 같은 함수를 사용해 계산합니다.

```python
def word_number(word):
    magic = 0
    for letter in word:
        magic += 1 + ord(letter) - ord('a')
    return magic
```

이 수비학적인 값들의 분포를 시각화하면 그림 1-1과 같습니다.

```
# words = 〈다른 원본에서 새로 생성한 목록〉
import matplotlib.pyplot as plt                                    # ❶
plt.plot([word_number(word) for word in words])
plt.title(f"Magic values of {len(words):,} generated words")
plt.show()
```

❶ pip install matplotlib 또는 conda install matplotlib

▼ 그림 1-1 생성된 단어의 마법 숫자

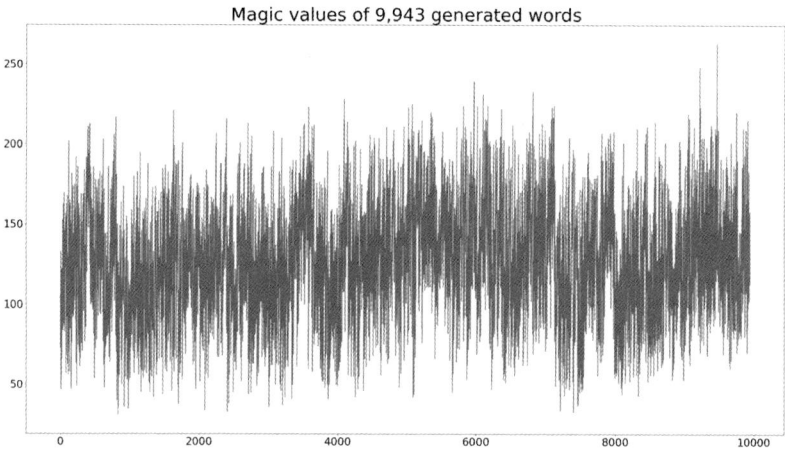

최종적으로 생성된 차트 그 자체가 중요하다면 전체 단어 컬렉션을 굳이 인스턴스화할 이유가 없습니다. 실제로 우리에게 필요한 것은 마법 숫자뿐입니다. 물론 이 예제는 리팩토링의 이점을 완전히 보여 주기에는 너무 단순합니다. 실제로 우리의 관심 대상인 데이터만 그때그때 생성해 주는 생성기(generator)를 구성하고 중간 데이터는 필요할 때만 사용하는 것이 현명한 접근 방식이라고 할 수 있습니다. 예를 들어 다음 코드는 그림 1-2와 같은 차트를 생성합니다.

```
def word_numbers(src):
    while (word := get_word(src=src)) is not None:
        yield word_number(word)

# source2 = <데이터 원본을 나타내는 임의의 다른 구분자>
magic_nums = list(word_numbers(source2))
plt.plot(magic_nums)
plt.title(f"Magic values of {len(magic_nums):,} generated words")
plt.show()
```

그림 1-2의 예제에서는 숫자로 구성된 목록을 인스턴스화해야 했지만, 실제 단어 목록은 그렇지 않았습니다. 만약 '단어'가 훨씬 더 크고 메모리를 많이 소비하는 객체였다면 이러한 변경 작업은 더욱더 가치를 발했을 것입니다. 많은 경우 생성기 안에서 자체적으로 각각의 값을 늘려 가며 처리하는 것으로 충분하며, 이를 통해 메모리를 상당히 절약할 수 있습니다.

▼ 그림 1-2 생성된 단어의 더 많은 마법 숫자

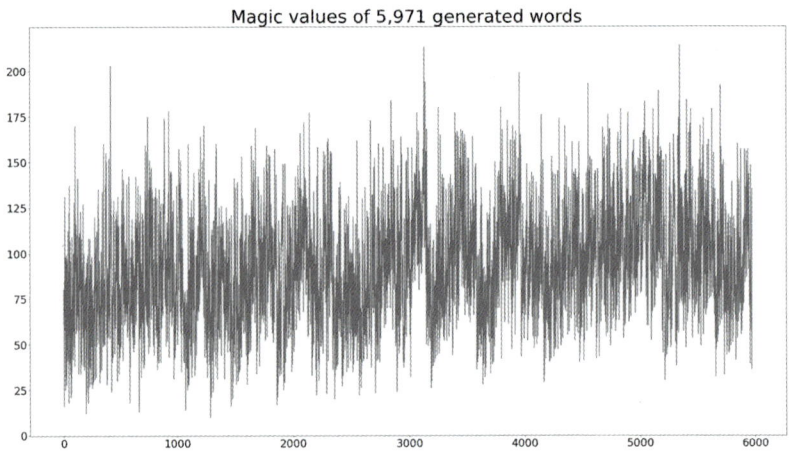

1.2

색인을 순환하는 대신 enumerate( ) 사용하기

C에서 파생된 언어를 사용하는 개발자들은 목록이나 다른 데이터 구조를 순환할 때 대부분 색인 요소를 사용하는 경향이 있습니다. 하지만 이것은 일반적으로 파이썬답지 않은 순환 방법에 해당합니다. 물론 이렇게 작성된 코드가 enumerate( )보다 눈에 띄게 느린 것은 아니지만, 가독성이 떨어질 뿐만 아니라 더 장황하고 코드의 악취(code smell)[2]가 느껴집니다.

예를 들어 C++에서는 다음과 같은 코드를 흔히 볼 수 있습니다.

```
// `items`는 배열, 벡터 또는 다른 컬렉션 타입일 수 있음
for (int i = 0; i < items.size(); i++) {
    process(i, items[i]);
}
```

파이썬에서도 이와 매우 유사한 방법을 사용할 수 있으며, 심지어 파이썬의 초기 버전에서는 이 방식이 표준인 적도 있었습니다.

```
for i in range(len(items)):
    process(i, items[i])
```

실제로 순환 안에서 색인 위치를 전혀 사용할 필요가 없는데도 불구하고 색인을 사용하는 것은 파이썬에서 일반적으로 코드의 악취로 간주됩니다. 더 관용적인 사용 방식은 다음과 같이 단순합니다.

```
for item in items:
    process(None, item)
```

---

2 마틴 파울러(Martin Fowler)에 의해 널리 알려진 소프트웨어 엔지니어링 용어로, '코드 냄새'라고도 하며 코드에 잠재적인 문제가 있음을 나타내는 지표를 의미합니다.

색인과 그에 연결된 항목을 모두 사용하는 경우가 비교적 흔한데, 이런 경우 enumerate( )를 사용하는 것이 훨씬 관용적이고 표현도 잘 됩니다.

```
for i, item in enumerate(items):
    process(i, item)
```

반대로 드물게 항목 자체는 필요하지 않으나 색인이 필요한 경우가 있습니다. 이런 경우 저는 종종 enumerate( )를 기본적으로 사용하고, 대신 파이썬에서 '사용하지 않는 값'을 의미하는 _를 사용합니다.

```
for i, _ in enumerate(items):
    process(i, None)
```

제가 여러 개의 증분 값을 사용하고 싶을 때 사용하는 방법은 순환 전에 여러 개의 증분 변수를 초기화하는 것입니다. 이때 증분 변수 중 하나를 enumerate( )로 대체할 수 있는 상황이라고 할지라도 따로 enumerate( )를 사용하지 않는다는 점에 주목해야 합니다.

```
total, n_foo, n_bar = 0, 0, 0
for item in items:
    if is_foo(item):
        process_foo(item)
        n_foo += 1
    elif is_bar(item):
        process_bar(item)
        n_bar += 1
    else:
        pass
    total += 1
```

이 예제에서 total은 순환 시에 enumerate( )를 통해 초기화할 수도 있습니다. 하지만 n_foo, n_bar와 병렬적으로 연결된다는 점을 강조하고 싶을 때는 이런 표현이 더 나을 수 있습니다.

1.3

dict.items()가 필요할 경우
dict.keys()로 순환하지 않기

파이썬의 목록과 색인 위치와 값의 사상(mapping)을 거의 동일시하는 경우가 있습니다. 사전(dictionary)에서 정수는 완벽히 키(key)로 취급될 수 있으므로, obj[7]은 dict나 다른 사상에 대한 색인일 수도 있고, list나 다른 연속 순서열(sequence)에 대한 색인일 수도 있습니다.

마찬가지로 다음과 같이 파이썬답지 않은 코드를 가끔 볼 수 있습니다. 목록의 색인 위치를 순환하면서 데이터 안에서 그 색인에 해당하는 값을 찾는 코드나, 마찬가지로 dict.keys()를 순환하는 코드입니다. 사실 조금만 더 거슬러 올라가면 방금 언급한 두 가지 형식상의 잘못이 있습니다. 다음 코드를 한 번 살펴봅시다.

```
for key in my_dict.keys():
    process(key, my_dict[key])
```

첫 번째 줄에서 my_dict.keys()를 순환하는 것은 my_dict 자체를 순환하는 것과 완전히 동일하기 때문에 적절하지 않습니다. 이 안에서는 서로 약간 다른 형태의 객체가 생성되는데, my_dict.keys()의 경우 dict_keys가 생성되며, 사전 자체가 사용될 경우 dict_keyiterator가 생성됩니다. 하지만 대부분 두 객체는 동일한 용도로 사용되기 때문에 실제 코드에서 이 차이를 실감하는 경우는 거의 없습니다.

```
>>> my_dict = {c:ord(c) for c in "Bread and butter"}
>>> type(my_dict.keys())
<class 'dict_keys'>
>>> type(iter(my_dict))
<class 'dict_keyiterator'>
```

구체적으로 말하면 모든 사전에 대해 항상 다음과 같은 정체성이 적용됩니다. 물론 매우 비정상적인 경우, dict의 하위 클래스나 일부 사용자 정의 사상에서 이 정체성이 깨지는 경우가 있을 수 있습니다.

```
>>> all(a is b for a, b in zip(iter(my_dict), iter(my_dict.keys())))
True
```

다시 말해 키를 순환하고 싶다면 그냥 다음과 같이 작성하면 됩니다.

```
for key in my_dict:
    process(key, my_dict[key])
```

하지만 사전에서 키만 사용하기 위해 순환하는 경우는 거의 없습니다. 코드의 일부에서 실제로 값을 사용하는 일이 드물다 하더라도 이를 순환 변수로 포함하는 비용은 거의 들지 않습니다. 파이썬 객체는 참조를 통해 접근한다는 사실을 기억하세요. 즉, 순환 변수에 기존 객체의 참조를 할당할 뿐 실제로 객체를 복사하거나 생성하지는 않습니다.

다시 말해 다음처럼 처리할 필요가 없습니다.

```
for key in my_dict:
    if rare_condition(key):
        val = my_dict[key]
        process(key, val)
```

이렇게 깔끔하고 파이썬다운 코드를 작성하면 됩니다.

```
for key, val = my_dict.items():
    if rare_condition(key):
        process(key, val)
```

이 문제는 앞의 enumerate()의 사용과 마찬가지로 린터가 경고해 줍니다. 하지만 경고를 확인하는 것보다 더 중요한 것은 순환의 기제(mechanism)를 **이해**하는 것입니다.

1.4 순환 중 객체 변형

순환 중인 객체를 변형시키면 안 됩니다. 때로는 잘못된 결과가 발생하지 않고 순환을 벗어날 수도 있지만, 그래도 나쁜 습관입니다.

가장 먼저 주목해야 할 점은 일부 파이썬 객체가 불변(immutable)이라는 것입니다. 예를 들어 str, bytes, tuple, frozenset 객체를 순환하는 경우 이와 같은 기본 컬렉션이 변형되는 문제는 발생하지 않습니다.

그럼에도 불구하고 많은 파이썬 객체들은 가변(mutable)임과 동시에 반복 가능 (iterable)합니다. 대표적인 객체로 list, dict, set, bytearray가 있지만 사용자 정의 객체나 제3자 객체도 이에 해당할 수 있습니다. 순환 중인 객체를 변형시키려고 하면 여러 가지 면에서 문제를 일으킬 수 있습니다.

불변 객체의 기본 순환

```
>>> s = "Mary had a little lamb!"
>>> for c in s:
...     if c <= "s":
...         print(c, end="")
... print()
Mar had a lile lamb!
```

거의 무의미하다 볼 수 있는 이 작은 코드는 일부 조건을 충족하는 요소를 대상으로 선택적인 작업을 수행합니다. 문자를 개별적으로 출력하는 대신, 조건을 만족하는 요소를 컬렉션으로 따로 모으는 작업은 확실히 의미가 있습니다. 이러한 접근 방식은 일반적으로 모든 변경 문제에 대한 완벽한 해결책입니다. 항상 사용을 염두에 두는 것이 좋습니다.

이제 불변 문자열이 아닌 가변 컬렉션을 사용하여 유사한 작업을 해 보겠습니다.

```
>>> my_set
{'r', 'M', 'm', 'a', 'e', 'h', 'l', 't', 'd', 'b', '!', ' ', 'i'}
>>> my_set = set("Mary had a little lamb!")
>>> for c in my_set:
...     if c > "s":
...             my_set.discard(c)
...
Traceback (most recent call last):
[...]
RuntimeError: Set changed size during iteration

>>> my_dict = {c:ord(c) for c in "Mary had a little lamb!"}
>>> for c in my_dict:
...     if c > "s":
...             del my_dict[c]
...
Traceback (most recent call last):
[...]
RuntimeError: dictionary changed size during iteration
```

이 반복 가능한 객체들을 변형시키고 싶은 유혹은 RuntimeError를 일찍 만나면 줄어들 겁니다. 그러나 순서가 있는 컬렉션(ordered collection)을 사용하는 경우에는 이러한 행운이 찾아오기 힘듭니다. 뭔가 잘못되어 가고 있지만, 오류는 훨씬 미묘하고 눈치채기 어렵습니다.

```
>>> my_list = list("Mary had a little lamb!")
>>> for i, c in enumerate(my_list):
...     if c > "s":
...             del my_list[i]
...
>>> my_list
['M', 'a', 'r', ' ', 'h', 'a', 'd', ' ', 'a', ' ', 'l', 'i', 't',
'l', 'e', ' ', 'l', 'a', 'm', 'b', '!']
>>> "".join(my_list)
```

```
'Mar had a litle lamb!'
>>> my_ba = bytearray("Mary had a little lamb!", "utf8")
>>> for i, c in enumerate(my_ba):
...     if c > ord("s"):
...         del my_ba[i]
...
>>> my_ba
bytearray(b'Mar had a litle lamb!')
```

언뜻 보면 이 코드는 올바르게 동작하는 것처럼 보이며, 예외 역시 발생하지 않습니다. 더군다나 실제로 일부 문자가 제거된 list나 bytearray도 반환됩니다. 그러나 좀 더 자세히 살펴보면 제거되어야 하는 문자 중 하나가 변형된 객체 내에 여전히 남아 있다는 것을 알 수 있습니다. 이 문제는 요소가 삭제되면서 색인의 위치가 실제 기본 연속 순서열과 더 이상 일치하지 않기 때문에 발생합니다. 새 요소가 삽입(insertion)될 때도 같은 문제가 발생할 수 있습니다.

따라서 이 요구 사항에 대한 올바른 접근 방법은 적용된 조건에 따라 새로운 객체를 만들고 그 안에 선택적으로 추가(append)하는 것입니다. 파이썬의 list나 bytearray에 대한 추가 작업은 처리 비용이 낮습니다. 반면에 새로운 연속 순서열의 **중간에** 삽입하는 작업은 쉽게 2차 시간 복잡도[3]에 도달할 수 있습니다. 그 위험성에 대해서는 이 책의 다른 부분에서도 경고할 것입니다.

연속 순서열에서 선택된 값으로 새로운 객체 생성하기
```
>>> my_list = list("Mary had a little lamb!")
>>> new_list = []
>>> for c in my_list:
...     if c <= "s":
...         new_list.append(c)
...
>>> new_list
['M', 'a', 'r', ' ', 'h', 'a', 'd', ' ', 'a', ' ', 'l', 'i', 'l',
'e', ' ', 'l', 'a', 'm', 'b', '!']
```

---

3 $O(n^2)$로 표기하며, 시간이 주어진 요소 증가 대비 제곱에 비례한다는 뜻입니다.

```
>>> "".join(new_list)
'Mar had a lile lamb!'
```

더 간결하게 작성할 수도 있습니다.

```
>>> new_list = [c for c in my_list if c <= "s"]
>>> "".join(new_list)
'Mar had a lile lamb!'
```

연속 순서열의 빈 조각(null slice)을 사용하면 간단하게 얕은 복사(shallow copy) 기반의 복사본을 만들 수 있다는 점을 기억하세요. 다른 상황에서는 my_list[:]나 my_ba[:]라는 간편한 문법을 이용해 동일한 항목을 포함하는 새로운 연속 순서열을 생성하는 것이 유용할 수 있습니다.

1.5 while 순환보다 for 순환 사용하기

BETTER PYTHON CODE

가능하다면 파이썬다운 순환인 for item in iterable을 사용하는 것이 좋습니다. 만약 권장하는 형태가 아닌 다른 형태로 작성하고 있다면 그 방식이 정말 더 나은 방법인지 고민해 봐야 합니다.

프로그램에서 순환을 작성할 때 for와 while 중에 선택해야 하는 경우가 종종 있습니다. 정확히 말하자면 순환에는 두 가지 모두 사용할 수 있습니다. 확실히 이해되지 않을 수 있지만 언어가 무한 반복자(iterator)를 가지고 있다면 for만 사용해도 충분합니다.

for만 이용해 while predicate(a, b)와 동일하게 구현하기

```
>>> from itertools import repeat
>>> a, b = 17, 23  # 특별한 의미가 없는 기본 예제 값
>>> for _ in repeat(None):                          # ❶
...     print("Current values:", a, b)
...     if predicate(a, b):                         # ❷
...         break
...     a = get_data(a)                             # ❸
...     b = get_data(b)                             # ❸
...
Current values: 857 338
Current values: 613 500
Current values: 611 47
Current values: 387 871
Current values: 689 812
Current values: 406 892
Current values: 817 522
```

❶ 항상 None을 반환하는 무한 반복자입니다.

❷ predicate()가 무엇을 확인하는지 따로 설명하지 않습니다.

❸ get_data()가 무엇을 하는지 따로 설명하지 않습니다.

앞의 코드는 while True 순환의 표준적인 예시에 해당하지만 실제로 while을 사용하지는 않습니다. 즉, 상태에 기반한 방식으로 데이터를 가져온 다음, 순환을 종료할 가능성을 두고 데이터를 평가합니다. 물론 평가 결과에 관계없이 영원히 실행되는 서버일 수도 있습니다.[4]

while에 비해 for를 사용하는 것이 훨씬 더 이해하기 쉽습니다.

---

4 get_data()와 predicate()가 어떻게 동작하는지 추측해 보는 것도 좋습니다. 메르센 트위스터(Mersenne Twister) 유사 난수 생성기(PRNG, pseudo-random number generator)에 대한 깊은 이해를 바탕으로 준비하기 바랍니다.

```
>>> # iterable = <컬렉션, 생성기 등>
>>> iterator = iter(iterable)
>>> try:
...     while True:
...         item = next(iterator)
...         print("Current item:", item)
... except StopIteration:
...     pass
...
Currentitem: 2
Currentitem: 3
Currentitem: 5
Currentitem: 7
Currentitem: 11
```

당연한 이야기지만 앞의 while 순환에서 사용된 break, continue를 비롯한 모든 조건 분기를 for 순환에 넣을 수 있습니다.

둘 사이의 형식적 동일성에도 불구하고 일반적으로 while 순환보다 for 순환이 더 파이썬답다고 느껴집니다. 물론 이 일반적인 조언에는 **많은** 예외가 있지만 파이썬에서 순환을 사용할 때는 **거의 전부**라 해도 좋을 정도로 컬렉션이나 생성기 함수, 생성기 순환 표현식(generator comprehension), 사용자 정의 반복 가능 클래스와 같은 반복 가능 객체 사이를 순환하는 경우가 대부분입니다. 만약 이에 해당하지 않는 경우에는 작업 데이터를 제공하는 코드를 반복 가능 객체로 리팩토링해야 합니다.

while을 사용하는 것이 잘못이라고 말할 수는 없지만 사용할 때마다 for 순환으로 대체할 수 있는지 자문해야 합니다. 또한 리팩토링할 코드에도 같은 질문을 해 보세요. 그 결과 여전히 while 순환을 사용하겠다고 생각할 수 있지만, 그럼에도 불구하고 항상 자문하는 것이 필요합니다.

(잠재적으로 무한한) 연속 순서열 측면에서 생각해 보는 행동이 파이썬에서 명확하면서도 우아한 디자인을 이끌어냅니다.

1.6 / '순환과 절반'을 위한 바다코끼리 연산자

파이썬 프로그래머뿐만 아니라 다른 프로그래밍 언어를 사용하는 프로그래머들이 종종 사용하는 패턴이 있습니다. 바로 '순환과 절반(loop-and-a-half)' 패턴입니다. 실제로 많은 언어가 이 작은 미적 결함을 피하기 위해 do ... while이나 repeat ... until과 같은 구조를 설계하거나 또는 나중에 추가해 왔습니다. 예를 들어 다음 코드는 앞에서 사용했던 신비한 get_data()와 predicate() 함수를 사용합니다.

파이썬에서 사용되는 이전 형식의 순환과 절반

```
>>> val = get_data()
>>> while not predicate(val):
...     print("Current value acceptable:", val)
...     val = get_data()
...
Current value acceptable: 869
Current value acceptable: 805
Current value acceptable: 632
Current value acceptable: 430
```

순환 앞과 순환 안에서 val에 대한 할당이 중복되는 것은 형식과 코드의 명확성 관점에서 볼 때 실제로 **잘못된** 것이 아니지만 약간 잘못된 것 같은 느낌이 듭니다.

그렇다고 중복을 피하기 위해 순환 안에서 break를 사용하는 방법은 덜 우아해 보입니다.

파이썬에서 사용되는 내부 break 형식의 순환과 절반

```
>>> while True:
...     val = get_data()
...     if predicate(val):
...         break
...     print("Current value acceptable:", val)
...
Current value acceptable: 105
Current value acceptable: 166
Current value acceptable: 747
```

파이썬 3.8부터는 '바다코끼리 연산자(walrus operator)'를 사용하여 이러한 구조를 단순화할 수 있게 되었습니다. 이 이름은 눈과 엄니를 가진 바다코끼리 이모티콘에서 유래했습니다. 바다코끼리 연산자(:=)는 단순 명령문(statement)뿐만 아니라 표현식(expression) 안에서도 값을 할당할 수 있게 해 줍니다.

파이썬에서 사용되는 새로운 형식의 순환과 절반

```
>>> while not predicate(val := get_data()):
...     print("Current value acceptable:", val)
...
Current value acceptable: 859
Current value acceptable: 296
Current value acceptable: 235
Current value acceptable: 805
Current value acceptable: 383
```

predicate() 함수가 while 문 안에 있으면 상황에 따라 순환이 한 번도 일어나지 않을 수 있습니다. while True인 경우에는 무조건 최소한 한 번 순환이 일어나지만, 특정 조건을 만족하면 순환 도중에 일찍 순환에서 벗어날 수 있습니다.[5]

---

5 이것이 절반(a half)이라 불리는 이유입니다.

if 문 안에서 바다코끼리 연산자를 사용하는 것은 값을 지정한 후 그 값을 기준으로 조건을 판단하는 것과 유사합니다.

내부 초기화가 없는 if 구문과 있는 if 구문

```
>>> val = get_data()
>>> if val:
...     print("Current value acceptable:", val)
...
Current value acceptable: 247

>>> if val := get_data():
...     print("Current value acceptable:", val)
...
Current value acceptable: 848
```

1.7 zip()으로 다중 반복 가능 객체 간소화하기

BETTER PYTHON CODE

이 장에서 다루고 있는 다른 내용들과 마찬가지로, 이 절에서도 주로 형식과 코드의 명확성에 대한 잘못을 살펴볼 것입니다. 다음 코드는 파이썬답지 않은 방식으로 다중 목록과 같은 다중 반복 가능 객체를 순환하는 방법입니다. 이 예제에서 사용되는 데이터 파일은 미국 해양대기청(NOAA, National Oceanic and Atmospheric Administration)이 감시 중인 1,255개의 기상 관측소 정보를 담고 있습니다.

```
>>> from pprint import pprint
>>> from pathlib import Path
>>> from collections import namedtuple

>>> Station = namedtuple("Station", "name latitude longitude
elevation")
...
>>> names = Path("station-names.txt").read_text().splitlines()
>>> lats = Path("station-latitudes.txt").read_text().splitlines()
>>> lons = Path("station-longitudes.txt").read_text().splitlines()
>>> els = Path("station-elevations.txt").read_text().splitlines()
>>> assert len(names) == len(lats) == len(lons) == len(els) == 1255

>>> stations = []
>>> for i in range(1255):
...     station = Station(names[i], lats[i], lons[i], els[i])
...     stations.append(station)
...
>>> pprint(stations[:4])
[Station(name='JAN MAYEN NOR NAVY', latitude='70.9333333',
longitude='-8.6666667', elevation='9.0'),
 Station(name='SORSTOKKEN', latitude='59.791925',
longitude='5.34085', elevation='48.76'),
 Station(name='VERLEGENHUKEN', latitude='80.05', longitude='16.25',
elevation='8.0'),
 Station(name='HORNSUND', latitude='77.0', longitude='15.5',
elevation='12.0')]
```

예제의 단언문(assertion)은 모든 파일이 실제로 동일한 크기의 데이터를 가지고 있는지 확인하기 위해 사용됩니다. 물론 더 강력한 오류 처리도 가능합니다. 예제에서 사용된 pathlib은 파일을 처리한 후 반드시 닫히도록 보장합니다. pathlib은 3장에서 이야기할 상황 정보 관리자(context manager)를 사용하는 것과 유사하게 적절히 정리가 이루어지도록 보장합니다.

앞의 코드도 나쁘지 않지만 좀 더 파이썬답게 만들 수 있습니다. 먼저 열려 있는 파일 핸들이 반복 가능 객체로 사용될 수 있습니다. 여기서 중요한 것은 이 작업에 별도의 중간 목록이 필요하지 않으며, 각각에 대한 색인 위치에 별도로 접근할 필요도 없다는 것입니다. 이는 이 장에서 언급된 데이터 자체를 다루지 않고 컬렉션에서 데이터의 위치를 따로 다루던 여러 가지 잘못을 다시 떠올리게 합니다.

기상 관측소 데이터를 namedtuple 기반의 목록으로 만드는 더 깔끔한 코드는 다음과 같습니다.

---

zip()을 이용하여 여러 개의 파일을 열고 읽기

```
>>> stations = []
>>> with (                                                    # ❶
...     open("station-names.txt") as names,
...     open("station-latitudes.txt") as lats,
...     open("station-longitudes.txt") as lons,
...     open("station-elevations.txt") as els,
... ):
...     for data in zip(names, lats, lons, els):
...         data = (field.rstrip() for field in data)
...         stations.append(Station(*data))
...
>>> assert len(stations) == 1255
>>> pprint(stations[:4])
[Station(name='JAN MAYEN NOR NAVY', latitude='70.9333333',
longitude='-8.6666667', elevation='9.0'),
 Station(name='SORSTOKKEN', latitude='59.791925',
longitude='5.34085', elevation='48.76'),
 Station(name='VERLEGENHUKEN', latitude='80.05', longitude='16.25',
elevation='8.0'),
 Station(name='HORNSUND', latitude='77.0', longitude='15.5',
elevation='12.0')]
```

---

❶ 괄호를 사용한 상황 정보 관리자는 파이썬 3.10부터 도입되었습니다.

파일 반복자에서 추가적인 개행(newline)을 제거해야 하는 점은 우아하지 않지만, 이 코드는 반드시 파일이 닫히는 것을 보장하기 때문에 안전할 뿐만 아니라 메모리에 파일마다 단 하나의 데이터 복사본만 존재하기에 전반적으로 훨씬 간결하고 표현력이 좋은 코드입니다. 추가적인 이름이 이름 공간(namespace) 안에 남아 있지만 실제로는 닫혀 있는 상태이기에 메모리를 거의 차지하지 않습니다.

```
>>> names
<_io.TextIOWrapper name='station-names.txt' mode='r' encoding='UTF-8'>
>>> next(names)
Traceback (most recent call last):
[...]
ValueError: I/O operation on closed file.
```

1.8 zip(strict=True)과 itertools.zip_longest()

앞 절에서 zip() 함수로 가독성을 향상시키는 방법을 알아보았습니다. 하지만 앞에서는 그 작업에서 발생할 수 있는 잠재적인 문제를 다루지 않았습니다. zip()으로 묶인 반복 가능 객체들의 길이가 서로 다를 수 있고, 이럴 경우 zip()은 더 긴 반복 가능 객체의 남은 항목들을 아무런 징조도 없이 조용히 무시해 버립니다.

미국 해양대기청이 감시하는 기상 관측소의 이름, 위도, 경도, 고도에 대한 정보가 담긴 데이터 파일이 여러 개 있다고 가정해 보겠습니다. 이때 이 파일들을 생성하는 과정이 데이터의 정확한 동기화를 보장하지 못할 수 있기 때문에 데이터의 배열이 취약하다는 것을 쉽게 알 수 있습니다. 이와 같이 생성되는 데이터에는 우리가 어찌할 수 없는 결함이 존재하곤 합니다.

zip()의 좋은 활용 예를 보여 주기 위해 작성했던 코드는 원본 데이터가 가지는 형식상의 일부 결함을 해결하는 좋은 방법이기도 합니다. 이 방식은 각 기상 관측소의 모든 속성을 namedtuple이라는 동일한 객체[6]에 담았습니다.

그러나 zip()의 가장 간단한 형태를 사용하는 것은 앞에서 보았던 해결책처럼 오류가 있음에도 감추는 것에 불과할 수 있습니다. 차라리 요란하게 실패하는 것이 더 나은 선택입니다. 파이썬의 기본 철학인 **파이썬의 선**에서 이야기한 중요한 조언을 명심하세요. '오류는 절대 조용히 지나가선 안 됩니다.'

이번에는 데이터 파일로 station-latitudes.txt를 사용하는 대신 station-lattrunc.txt를 사용해 보겠습니다. station-lattrunc.txt 파일은 station-latitudes.txt 파일을 축소한 버전으로, 이 예제를 위해 제가 가공한 파일입니다.

zip()을 이용하여 반복 가능한 객체의 무결성 검증하기

```
>>> stations = []
>>> with (
...     open("station-names.txt") as names,
...     open("station-lattrunc.txt") as lats,
...     open("station-longitudes.txt") as lons,
...     open("station-elevations.txt") as els,
... ):
...     for datum in zip(names, lats, lons, els):
...         datum = (d.rstrip() for d in datum)
...         stations.append(Station(*datum))
...
```

---

6 물론 dataclass, 사전, 사용자 정의 객체를 사용할 수도 있습니다.

```
>>> assert len(stations) == 1255
Traceback (most recent call last):
[...]
AssertionError
>>> len(stations)
1250
```

앞의 단언문은 생성된 목록의 길이가 정확히 1,255가 아니라는 것을 잡아냈지만, 사실 여기서 필요한 것은 정확한 개수보다는 서로 다른 개수의 항목을 가지는 데이터를 처리할 수 있는 유연성 높은 코드입니다.

데이터의 일관성을 강제해야 하지만 정확한 데이터 크기를 알지 못할 때 사용할 수 있는 합리적인 접근 방법이 두 가지 있습니다. 첫 번째는 모든 데이터 파일이 **실제로** 동일한 크기를 가지도록 요구하는 방법이며, 두 번째는 데이터가 없는 항목을 메꾸는(padding) 것입니다.

둘 중 어떤 방법이 더 합리적인지는 목적에 따라 달라집니다.

zip(strict=True)를 사용하여 반복자 길이의 일관성 강제하기

```
>>> stations = []
>>> with (
...        open("station-names.txt") as names,
...        open("station-lattrunc.txt") as lats,
...        open("station-longitudes.txt") as lons,
...        open("station-elevations.txt") as els,
... ):
...        for datum in zip(names, lats, lons, els, strict=True):
...            datum = (d.rstrip() for d in datum)            # ❶
...            stations.append(Station(*datum))
...
Traceback (most recent call last):
[...]
ValueError: zip() argument 2 is shorter than argument 1
```

❶ 선택 사항인 strict 매개 변수는 파이썬 3.10에서 추가되었습니다.

이 접근 방법은 길이를 알지 못하는 여러 개의 데이터 스트림을 대상으로 작업할 때 매우 효과적인데, 데이터 스트림의 길이가 무조건 같아지도록 강제할 뿐입니다. 이는 거의 모든 상황에서 빠른 실패(fail fast)를 일으키는 바람직한 접근 방식에 해당합니다.

하지만 누락된 데이터에 보초 값(sentinel value)을 채우는 것이 더 나을 때도 분명 있습니다. 보초 값은 데이터에 대해 '특별한' 상황을 표시할 수 있는 특별한 값입니다. 대부분의 경우 None이 보초 값으로 사용되지만, 양수(positive)가 정상인 상황일 때는 -1과 같은 음수를 보초 값으로 사용하는 경우도 있습니다. 이외에도 my_sentinel = object()와 같이 정의하여 다른 데이터와 확실하게 구분되는 특별한 값을 사용할 수도 있습니다. zip_longest()를 사용하면 누락된 데이터를 쉽게 채울 수 있습니다.

itertools.zip_longest()를 사용해 누락된 데이터 채우기

```
>>> from itertools import zip_longest
>>> stations = []
>>> with (
...     open("station-names.txt") as names,
...     open("station-lattrunc.txt") as lats,
...     open("station-longitudes.txt") as lons,
...     open("station-elevations.txt") as els,
... ):
...     for datum in zip_longest(names, lats, lons, els,
fillvalue="-1"):
...         datum = (d.rstrip() for d in datum)
...         stations.append(Station(*datum))
...
>>> pprint(stations[-6:])
[Station(name='SCUOL', latitude='46.8', longitude='10.2833333',
elevation='1295.0'),
 Station(name='NALUNS', latitude='-1', longitude='10.2666666',
elevation='2400.0'),
 Station(name='BUOCHS AIRPORT STANS', latitude='-1', longitude='8.4',
elevation='450.0'),
 Station(name='SITTERDORF', latitude='-1', longitude='9.2666666',
```

```
elevation='506.0'),
 Station(name='SCALOTTAS', latitude='-1', longitude='9.5166666',
elevation='2323.0'),
 Station(name='VADUZ', latitude='-1', longitude='9.5166666',
elevation='463.0')]
```

zip_longest()를 사용하면 상대적으로 짧은 반복 가능 객체는 단순히 특정 보초 값으로 채워집니다. 보초 값의 기본 값은 None이지만, fillvalue 인자를 사용하면 이 값을 변경할 수 있습니다.

물론 이 절의 다른 접근 방법들 역시 완벽하지 않습니다. 특히 반복 가능 객체의 항목을 정확하게 **일치**시키는 것은 정확히 **정렬**하는 것보다도 더 엄격한 요구사항에 해당합니다. 예를 들어 하나의 데이터에서 10번 항목이 누락되고 다른 데이터에서 20번 항목이 누락되었다 하더라도 두 데이터의 길이는 여전히 동일합니다. 여기서 알아본 함수들은 강력하지만 그럼에도 불구하고 데이터 일관성에 대한 모든 문제에 대응할 수는 없습니다.

1.9 정리

현대 파이썬에서 가장 매력적인 요소는 구상 컬렉션이 아닌 경우를 포함하여 반복 가능 객체 순환을 강조하는 것입니다. '4장 파이썬 고급 활용'에서는 몇 가지 잘못을 통해 노골적으로 '반복자 대수(iterator algebra)'를 살펴볼 것입니다. 이 장은 파이썬 코드를 작성할 때 거의 항상 사용하는 패턴과 습관을 다루었는데, 파이썬에서는 데이터를 간접적으로 순환하는 대신 실제 관심 대상인 데이터를 직접 순환하는 것에 초점이 맞춰져 있음을 강조했습니다.

올바른 순환 방법을 강조하게 만드는 이러한 잘못들 외에도, 순환 중에 구상 컬렉션을 변형하는 것이 얼마나 위험한지, while 순환을 사용할 때 새로운 바다코끼리 연산자가 주는 이점이 무엇인지, 이를 통해 더 우아하게 접근하는 방식이 무엇인지도 살펴보았습니다.

2^장

동등성과
동일성의 혼동

파이썬의 객체 대부분은 가변 객체이며 모든 객체는 참조를 통해 접근해야 합니다. 문자열, 숫자, frozenset과 같은 불변 객체는 동등성(equality)이나 부등성(inequality)을 비교할 때 그 객체들의 동일성(identity)에 대해 걱정할 필요가 거의 없습니다. 하지만 가변 컬렉션과 같은 가변 객체는 동등성과 동일성을 구별하는 것이 매우 중요합니다.

많은 프로그래밍 언어는 **값으로 전달**(pass by value), **주소로 전달**(pass by address), **참조로 전달**(pass by reference)을 구분해서 사용하고 있으며 가끔 **이름으로 전달**(pass by name)하는 방식도 사용합니다. 파이썬은 그중에서 참조로 전달과 가장 유사하게 동작하지만 **객체 참조로 전달**(pass by object reference)이라는 용어를 통해 의미를 더욱 구체적으로 강조하고 있습니다. 파이썬은 철저히 객체 지향인 언어로서 객체의 존재 범위와 무관하게 항상 객체를 캡슐화(encapsulation)합니다. 따라서 함수에 전달되는 것은 다른 언어처럼 값, 메모리 주소, 변수 이름이 아니라 항상 **객체** 그 자체입니다.

이때 함수(function)나 메서드(method)에 전달된 객체가 불변인지 여부를 고려하는 것이 중요합니다. 만약 전달된 객체가 불변이라면 호출 범위 안에서도 객체가 변형되지 않기 때문에, 다른 언어에서의 값으로 전달과 마찬가지로 동작합니다. 객체의 구체적인 이름은 전달 과정에서 달라질 수 있지만 객체 자체는 동일하게 유지됩니다. 하지만 전달된 객체가 가변이라면 하위 범위(child scope)에서 변형이 일어날 수 있으며, 호출 범위(calling scope) 또는 프로그램의 실행 시간 내 어디서든 객체가 변형될 수 있습니다.

2.1

BETTER PYTHON CODE

클로저의 늦은 연결

다른 동적 프로그래밍을 쓰던 프로그래머라면 파이썬의 범위 결정(scoping) 방식에 당혹해 할 수도 있습니다. 많은 개발자들은 람다(lambda) 함수를 포함하여 순환 안에서 생성된 모든 함수는 해당 함수가 생성된 시점의 변수 값을 사용할 것이라고 전제하기 마련입니다. 여기서 순환은 list, set, dict, 생성기 순환 표현식의 순환 요소를 모두 포괄하는 개념입니다.

Note ☰   자주 사용되는 불변 객체의 재사용

CPython을 비롯한 일부 구현에서는 최적화 전략의 일환으로, 때때로 특정 객체가 할당 받은 메모리를 재사용(interning)하는 방식을 이용해 사실상 영구적인 객체로 취급합니다. 그중에서도 특히 작은 정수나 짧은 문자열은 동일한 객체를 재사용하여 다른 이름으로 불리는 동등한 객체를 참조하는 경우가 많습니다.

이러한 처리가 이루어지는 구체적인 상황은 구현이나 버전에 따라 다를 수 있기 때문에, 프로그램 안에서 이 처리 방식이 반드시 일어난다고 가정하고 의존하면 안 됩니다. 이러한 최적화는 프로그램의 속도를 향상시킬 수 있지만 필수적인 요소는 아닙니다. 예를 들어 CPython과 PyPy는 재사용 방식이 서로 매우 다르지만 잘 작성된 프로그램에서는 그 차이를 알아차릴 수 없습니다.

정수 재사용(Integer interning)

```
>>> a = 5
>>> b = 2 + 3
>>> a == b, a is b
(True, True)
>>> c = 1_000_000
>>> d = 999_999 + 1
>>> c == d, c is d
(True, False)
```

⊕ 계속

```
>>> e = "foobar"
>>> f = "foo" + "bar"
>>> e == f, e is f
(True, True)
>>> g = "flimflam"
>>> h = "".join(["flim", "flam"])
>>> g == h, g is h
(True, False)
```

그러나 파이썬은 이러한 상황에서 값 대신 **이름에 의한 연결**(binding by name)을 사용합니다. 따라서 변수에서 실제로 사용되는 값은 클로저 함수가 생성될 때 가지고 있던 값이 아니라, 호출될 때 최종적으로 가지고 있는 값입니다.

함수가 클로저로 생성되었을 때의 놀라운 동작

```
>>> def make_adders(addends):
...     funcs = []
...     for addend in addends:
...         funcs.append(lambda x: x + addend)          # ❶
...     return funcs
...
>>> adders = make_adders([10, 100, 1000])               # ❷
>>> for adder in adders:
...     print(adder(5))
...
1005
1005
1005
```

❶ 여기서 lambda는 특별한 동작을 하지 않습니다. def adder 내부 함수를 정의하여 같은 동작을 하게 할 수 있습니다.

❷ adders가 함수의 목록이라는 점에 주목하세요. 목록의 함수들은 순환 안에서 호출됩니다.

만약 최신 JavaScript로 매우 비슷한 프로그램을 작성한다면 아마 예상한 그대로 동작할 것입니다. 예전 버전의 JavaScript에는 파이썬과 유사하게 동작하는 function 예약어가 **있지만**, 최근 몇 년 동안에는 화살표 함수(arrow function)를 훨씬 더 많이 사용합니다.

JavaScript 클로저의 익숙한 동작 방식

```
// Welcome to Node.js v18.10.0.
> const make_adders = (addends) => {
...     const funcs = [];
...     for (const addend of addends) {
...         funcs.push((x) => x + addend);
...     };
...     return funcs;
... };
undefined
> const adders = make_adders([10, 100, 1000]);
undefined
> for (const adder of adders) {
...     console.log(adder(5));
... };
15
105
1005
undefined
```

비교를 위해 사용된 JavaScript 코드에서는 const 예약어가 의도하는 범위를 강제 설정합니다. 하지만 파이썬에서도 예약어 연결을 사용하여 더 명확한 범위를 강제로 지정해 동일한 효과를 얻을 수 있습니다. 대부분의 신규 개발자뿐만 아니라 대부분의 고급 파이썬 개발자들도 예상한 결과를 얻기 위해 기본 매개 변수를 설정하여 강제로 이른 연결을 적용할 수 있습니다.

파이썬 클로저의 익숙한 동작 방식

```
>>> def make_adders(addends):
...     funcs = []
...     for addend in addends:
...         funcs.append(lambda x, *, _addend=addend: x + _addend)
...     return funcs
...
>>> adders = make_adders([10, 100, 1000])              # ❶
>>> for adder in adders:
...     print(adder(5))
...
15
105
1005
```

❶ adders는 (람다) 함수 객체의 목록입니다.

함수에 단 하나의 위치 매개 변수만 전달하면서, 예약어 매개 변수에 '비공개' 이름을 사용했습니다. 물론 기술적으로 따지자면 여전히 클로저 함수의 동작을 재정의할 수 있습니다.

```
>>> add10 = adders[0]
>>> add10(5, 6)
Traceback (most recent call last):
  Cell In[272], line 1
    add10(5, 6)
TypeError: make_adders.<locals>.<lambda>() takes 1 positional
argument but 2 were given
```

```
>>> add10(5, _addend=6)
11
```

2.2 불리언 논리 값에 대한 지나친 검증

거의 모든 파이썬 객체는 '참(true)' 또는 '거짓(false)'으로 구분할 수 있습니다. 즉 **논리적인 맥락**에서 거의 모든 객체는 bool()로 감싸지 않은 상태 '그대로' 사용할 수 있으며, 특히 obj is True나 obj is False를 이용한 비교는 전혀 의미가 없습니다.

is True와 is False는 단순히 불필요한 수준이 아니라 실제로 오류를 일으킬 수도 있습니다. 라이브러리의 함수와 같이 직접 작성하지 않은 함수를 비롯해 어떤 함수의 반환 값이 참과 거짓으로 평가될 수 있음에도 불구하고, 실제로는 True나 False 자체가 아닐 수 있습니다. 따라서 값이 실제로 불리언(boolean) 논리 값이라고 가정해도 동작하는 경우가 자주 있지만, 보조 값을 전달하기 위해 특정 자료형의 객체를 반환하는 경우처럼 다른 자료형의 객체를 반환하면 예상치 못한 문제가 발생할 수 있습니다.

> **Note** ≡ **진리성(truthiness)의 특별한 경우**
>
> 빠르게 설명하면 0과 동일한 숫자는 모두 거짓입니다. 그렇기 때문에 비어 있는 컬렉션과 길이가 0인 문자열도 거짓으로 판단할 수 있으며, False와 None 싱글턴(singleton)도 마찬가지입니다. 따라서 이러한 값들은 '불리언 논리의 맥락'에서 보면 실제로 False와 동일하며, 나머지 객체들은 모두 참에 해당합니다.
>
> ⊙ 계속

참이나 거짓 어디에도 해당하지 않는 객체 중에 잘 알려진 것은 NumPy의 배열, Pandas의 Series, DataFrame이 있습니다.

```
>>> import numpy as np
>>> import pandas as pd
>>> arr = np.array([1, 2])
>>> bool(arr)
ValueError: The truth value of an array with more than one
element is ambiguous. Use a.any() or a.all()

>>> series = pd.Series([1, 2], index=["A", "B"])
>>> series
A    1
B    2
dtype: int64
>>> bool(series)
ValueError: The truth value of a Series is ambiguous. Use a.empty,
a.bool(), a.item(), a.any() or a.all().
```

사용자 정의 클래스의 진리성을 정의하기 위해 __bool__() 이중 밑줄 메서드(dunder method)를 포함시킬 수 있습니다. NumPy와 Pandas에서 볼 수 있듯이 다른 작업을 수행할 수도 있지만, 대부분의 경우 해당 메서드는 True 또는 False를 반환합니다. 반환되는 값은 사용자 정의 클래스 인스턴스에 알맞은 기준에 따라 결정됩니다.

매우 드문 상황에서 is True와 is False가 의미가 있을 때 이를 사용할 수도 있지만, True와 False가 이미 고유한 식별자이기 때문에 obj == True 또는 obj == False를 사용하는 것이 파이써니스타들은 불안할 것입니다. 파이썬에서는 0이 아닌 숫자와 비어 있지 않은 컬렉션은 참에 해당하며, 0과 빈 컬렉션은 거짓에 해당합니다. 이 정도만 알고 있으면 대부분의 구조에 적용할 수 있습니다.

파이썬에서 일반적인 진리성 확인 방법

```
>>> tuples = [ (1, 2, 3), (), (4, 5), (9,) ]
>>> [max(tup) for tup in tuples if tup]                    # ❶
[3, 5, 9]
>>> for tup in tuples:
...     if tup:                                            # ❶
```

```
...             print(len(tup))
...       else:
...             print("EMPTY")
...
3
EMPTY
2
1
```

❶ 암시적 진리성에 의존합니다.

일부 변형은 명시적으로 필요한 것보다 더 많은 것을 검증하려고 할 수도 있습니다.

```
>>> [min(tup) for tup in tuples if len(tup)]        # ❶
[1, 4, 9]
>>> [min(tup) for tup in tuples if bool(tup)]       # ❷
[1, 4, 9]
>>> for tup in tuples:
...       if (len(tup) > 0) is True:                # ❸
...             print(min(tup))
...
1
4
9
```

❶ 불필요한 len( ) 검증입니다.

❷ 불필요한 bool( ) 검증입니다.

❸ len( ) 검증, 비동등성 비교, is True의 불필요한 3중 검증입니다.

대부분의 경우 단순히 '참'이거나 '거짓'에 해당하는 것에 실제 True나 False 값을 강제하더라도, 단지 형식상 문제가 있을 뿐이지 프로그램의 동작에 문제를 일으키지는 않습니다. 하지만 코드의 악취에 해당하기 때문에 피하는 것이 좋습니다.

is True를 명시적으로 사용하는 습관은 종종 SQL에서 온 것인데, 데이터베이스 열(column)의 자료형이 논리 자료형이면서 동시에 널(null)일 수도 있기 때문입니다.[1] 그러나 가끔은 기존의 파이썬 코드에서도 유사한 사용법을 볼 수 있습니다. SQL에서는 다음 코드에서 볼 수 있듯이 이러한 검증 방식이 실제로 의미가 있습니다.

SQL에서 = TRUE의 사용

```
SQLite version 3.37.2 2022-01-06 13:25:41
sqlite> CREATE TABLE test (name TEXT, flag BOOL NULL);
sqlite> INSERT INTO test VALUES ("Bob", TRUE), ("Ann", FALSE), ("Li",
NULL);
sqlite> SELECT name FROM test WHERE flag IS NULL;
Li
sqlite> SELECT name FROM test WHERE flag = TRUE;
Bob
sqlite> SELECT name FROM test WHERE flag = FALSE;
Ann
sqlite> SELECT name FROM test WHERE NOT flag;          # ❶
Ann
```

❶ 많은 SQL의 방언에서는 파이썬과 유사한 방식의 간소화된 값(bare value)을 사용할 수 있지만, 그럼에도 불구하고 명시적인 방식이 최선의 관행으로 유지되고 있습니다.

가끔 True와 False를 반환하는 함수 내부에서 보초 값이 사용되는 파이썬 코드를 볼 수 있습니다. 대부분 None이 보초 값으로 사용되지만, 때로는 다른 값이 사용되기도 합니다. 여기서 발생할 수 있는 문제는 코드에서 해당 함수가 사용될 때 보초 값이 진리성을 판단하는 데 사용될 수 있다는 오해를 불러일으킨다는 것입니다.

---

1 널(null)일 수 있는 불리언 자료형은 사실상 삼진값(trinary) 또는 3치 논리(three-valued logic)에 해당합니다.
(https://ko.wikipedia.org/wiki/3치_논리)

따라서 처음부터 코드를 작성하거나 리팩토링한다면, 표준 라이브러리의 잘 설계된 enum 모듈을 활용하여 명시적인 열거형을 사용할 것을 권장합니다. 하지만 실제로는 이를 사용하지 않는 코드를 사용해야 할 수도 있습니다.

보초 값을 사용하는 유사 불리언 논리 함수

```
>>> import re
>>> def has_vowel(s):
...     "Vowels are a, e, i, o, u ... and sometimes y"
...     class Maybe:
...         def __repr__(self):
...             return "MAYBE"
...
...     if re.search(r"[aeiou]", s):
...         return True
...     elif "y" in s:
...         return Maybe()
...     else:
...         return False
...
>>> has_vowel("Oh no!")                              # ❶
True
>>> has_vowel("My my!")                               # ❶
MAYBE
>>> if has_vowel(my_phrase) is True:                  # ❷
...     print("The phrase definitely has a vowel")
...
```

❶ 답변을 출력하기에 충분합니다.

❷ 3치 논리로 인해 파이썬답지 않은 형식을 사용할 수밖에 없습니다.

만약 has_vowel() 함수를 재설계한다면, Vowel = enum.Enum("Vowel", ["Yes", "No", "Maybe"])로 정의한 후, 상황에 따라 Vowel.Yes, Vowel.No, Vowel.Maybe 를 반환할 수 있습니다. 비교에는 명시적인 동일성이나 동등성 검사가 필요하겠지만, 어쨌든 이와 같은 상황에서 의도를 더 명확하게 할 수 있습니다.

2.3 x == None 비교하기

이 문제는 비교적 간단하기 때문에, 넓은 배경 지식이 필요한 다른 문제에서 벗어나 잠시 숨을 돌릴 수 있을 것입니다. 파이썬에서 None은 **싱글턴** 상수 (singleton constant)입니다. True와 False도 고유하지만, 기술적인 의미에서 보면 bool 클래스의 **두 가지** 인스턴스에 해당합니다. 즉, 파이썬 번역기가 실행되고 있는 동안에는 단 하나의 None 객체만 존재하는 것입니다.

만약 코드에서 if obj == None을 발견했다면, 이 코드를 작성한 사람이 파이썬에 익숙하지 않은 초보자임을 알 수 있습니다. 코드 리뷰를 하고 있다면 이를 수정해야 합니다. 물론 대부분의 린터와 자료형 검사 도구도 이에 대해 문제가 있다고 표시할 것입니다.

올바른 표현은 항상 if obj is None입니다. 이렇게 코드를 작성하거나 또는 기존 코드를 수정하면 동료들이 기뻐할 것입니다.

> **Note ☰ 싱글턴과 보르그**
>
> 유명한 '사인방(Gang of Four)' 책[2]은 싱글턴이라는 소프트웨어 개념을 대중화시켰습니다. 여기서 말하는 싱글턴은 C++ 또는 Smalltalk에서 단 하나의 인스턴스만 가질 수 있는 클래스를 의미합니다.
>
> 범위를 좁혀 말하면 파이썬의 None은 이 정의를 만족합니다.
>
> ```
> >>> type(None)
> <class 'NoneType'>
> >>> None.__class__() is None
> True
> >>> (1).__class__() is 1                          # ❶
> <>:1: SyntaxWarning: "is" with a literal. Did you mean "=="?
> False
> ```
>
> ⊙ 계속

---

2 《GoF의 디자인 패턴(Design Patterns: Elements of Reusable Object-Oriented Software)》(프로텍미디어, 2015)

❶ 파이썬 3.10, 3.11, 3.12의 경고는 눈에 띄게 정확성이 높아졌습니다. 이 친절한 알림은 이에 대한 좋은 예입니다.

파이썬에서 클래스를 직접 작성할 때 '싱글턴 패턴'을 사용하는 것은 좋지 않은 선택입니다. 물론 구현할 수는 있지만, 알렉스 마르텔리(Alex Mertelli)의 보르그(Borg)를 사용하면 더 파이썬다운 코드를 작성하면서 같은 효과를 얻을 수 있습니다.

```python
class Borg:
    _the_collective = {}

    def __init__(self):
        self.__dict__ = self._the_collective

    def __eq__(self, other):
        return isinstance(other, self.__class__)
```

보르그는 여러 개 존재할 수 있지만, 모든 속성과 메서드는 서로 공유합니다. 하지만 None은 여전히 제대로 된 싱글턴입니다.

2.4 가변 기본 매개 변수에 대한 오해

많은 개발자가 가변 기본 매개 변수의 동작에 놀라곤 합니다. 실제로 경험이 많은 파이썬 개발자들을 비롯한 많은 프로그래머는 이를 언어의 오류나 안티 패턴(anti-pattern)으로 설명합니다.[3]

---

3 플로리몬드 만카(Florimond Manca)는 2018년에 블로그에 '파이썬의 가변 기본 매개 변수는 모든 악의 근원이다(Python Mutable Defaults Are The Source of All Evil.)'라는 도발적인 제목의 포스트에서 이렇게 선언했으며, 다른 저자들도 다소 차분한 어조로 같은 경고를 하고 있습니다.

저는 다른 많은 동료들과 달리 파이썬에서 가변 값을 명명된 매개 변수로 사용하는 것에 대해 다소 호감을 가지고 있습니다. 물론 제가 매우 오랫동안 이 '비법'을 알고 있었고, 더군다나 2001년에는 이에 대해 다소 긍정적인 느낌으로 글을 썼기 때문에 제 가슴속에 여전히 애정이 남아 있다는 것을 인정합니다. 게다가 제가 처음으로 이 기능을 언급했던 파이썬 2.1에서는 지금 사용할 수 있는 많은 대안이 존재하지 않았습니다.

이 문제를 설명하기 위해 간단한 함수를 하나 살펴보겠습니다. 디스크에 단어 목록 파일이 여러 개 저장되어 있다고 가정합니다.

```
>>> for fname in Path("data").glob("?-words.txt"):
...     print(f"{fname}: {Path(fname).read_text().strip()}")
...
data/a-words.txt: acclimations airways antinarrative astrocyte
data/b-words.txt: buggiest biros bushvelds begazed braunite
data/z-words.txt: zonate zoophyte zumbooruk zoozoos
```

이제 파일의 단어를 분리하여 목록에 저장합니다.

파일에서 단어를 읽어 목록에 저장하기

```
>>> def wordfile_to_list(fname, initial_words=[]):
...     with open(fname) as words:
...         initial_words.extend(words.read().split())
...     return initial_words
...
>>> wordfile_to_list("data/z-words.txt", ["zlotys", "zappier"])
['zlotys', 'zappier', 'zonate', 'zoophyte', 'zumbooruk', 'zoozoos']
```

지금까지는 나쁘지 않습니다. 몇 가지 초기 목록 요소로 시작하되 파일에서 더 많은 요소를 읽어서 목록에 추가하고 싶을 수도 있습니다. 간단하므로 다시 해 봅시다.

```
>>> wordfile_to_list("data/a-words.txt")
['acclimations', 'airways', 'antinarrative', 'astrocyte']
>>> wordfile_to_list("data/b-words.txt")
['acclimations', 'airways', 'antinarrative', 'astrocyte',
 'buggiest', 'biros', 'bushvelds', 'begazed', 'braunite']
>>> wordfile_to_list("data/b-words.txt", ['brine'])
['brine', 'buggiest', 'biros', 'bushvelds', 'begazed', 'braunite']
```

a-words.txt를 읽는 첫 번째 단계에서는 모든 것이 제대로 동작하는 것처럼 보입니다. 하지만 놀랍게도 b-words.txt를 읽는 두 번째 단계에서 호출 결과가 서로 독립적이 아니라 누적되고 있다는 것을 알 수 있습니다. 그러나 b-words.txt를 새로 읽는 세 번째 단계에 다다르면 이상하게도 다시 누적이 되지 않습니다.

파이썬의 실행 모델을 떠올려 보면 여기서 일어나고 있는 일을 이해하는 것이 그리 어렵지 않습니다. 예약어 매개 변수는 정의되는 시점에 평가됩니다. 주어진 범위 안에서 **파이썬의 모든 행**은 정의되는 시점에 평가되므로 이것은 놀라운 일이 **아닙니다**. initial_words 목록은 정의되는 시점에 처음 정의되며, 호출 시 다른 객체로 대체되지 않는 한 호출마다 매번 동일한 객체가 확장됩니다. 하지만 역시 이상한 동작 방식임에는 틀림없습니다.

함수 호출 또는 그와 동등한 작업에서 상태가 유지되어야 한다면, '불변 기본값' **편법**을 사용하지 않더라도 문제를 해결할 수 있는 좋은 방법이 여러 가지 있습니다.

2.4.1 첫 번째 방법, 클래스 사용하기

저는 함수형 프로그래밍 방식을 선호하지만, 그럼에도 불구하고 클래스는 상태 기능을 캡슐화하는 훌륭한 방법입니다.

```
>>> class Wordlist:
...     def __init__(self, initial=[]):
...         self._words = initial
...
...     def add_words(self, fname):
...         self._words.extend(Path(fname).read_text().split())
...
...     def reset(self, initial=None):
...         self._words = initial if initial is not None else []
...
...     def __repr__(self):
...         return str(self._words)
...
>>> words = Wordlist(["microtubules", "magisterial"])
>>> words
['microtubules', 'magisterial']
>>> words.add_words("data/b-words.txt")
>>> words
['microtubules', 'magisterial', 'buggiest', 'biros', 'bushvelds',
'begazed', 'braunite']
>>> words.reset(["visioning", "virulency"])
>>> words
['visioning', 'virulency']
>>> words.add_words("data/a-words.txt")
>>> words
['visioning', 'virulency', 'acclimations', 'airways',
'antinarrative', 'astrocyte']
```

이 API를 정확한 요구 사항에 맞도록 쉽게 추가 조정할 수 있지만, 이미 상태
유지와 쉬운 이해를 모두 확실히 달성하고 있습니다.

2.4.2 두 번째 방법, None 보초 값 사용하기

다른 곳에서 가장 흔히 찾아볼 수 있는 '해결책'은 가변 기본값 대신 간단히 None을 사용하고, 초기화를 함수 안에 넣는 것입니다. 이렇게 하면 코드를 클래스보다 더 간단한 함수 형태로 유지하고, 내장된 컬렉션 자료형을 사용할 수 있습니다.

None 보초 값을 함수의 명명된 매개 변수로 사용하기

```
>>> def wordfile_to_list(fname, initial_words=None):
...     words = [] if initial_words is None else initial_words
...     with open(fname) as wordfile:
...         words.extend(wordfile.read().split())
...     return words
...
>>> words = wordfile_to_list("data/a-words.txt")
>>> words
['acclimations', 'airways', 'antinarrative', 'astrocyte']
>>> words = wordfile_to_list("data/b-words.txt")
>>> words
['buggiest', 'biros', 'bushvelds', 'begazed', 'braunite']
>>> words = wordfile_to_list("data/z-words.txt", words)
>>> words
['buggiest', 'biros', 'bushvelds', 'begazed', 'braunite', 'zonate',
'zoophyte', 'zumbooruk', 'zoozoos']
```

이 설계 방식을 통해, 현재 상태를 전달하여 변형시킬지 여부를 결정하거나 해당 매개 변수를 생략해 새로운 목록 결과를 얻을 수 있으므로 상태 유지를 간단히 제어할 수 있습니다.

2.4.3 세 번째 방법, 상태 생성기의 이점 이용하기

제안하는 마지막 해결책은 공개 포럼에서 아직 많이 논의되지 않았지만, 제가 가장 좋아하는 방법입니다. 덧붙이면, 이 방법은 가변 기본 매개 변수 문제에 대해 처음 우려를 표하기 시작했던 2001년 당시에는 아직 사용할 수 없었습니다.

생성기 기반 상태 유지

```
>>> def word_injector(initial_words=None):
...     words = [] if initial_words is None else initial_words
...     while True:
...         fname = (yield words)
...         if fname is not None:
...             with open(fname) as wordfile:
...                 words.extend(wordfile.read().split())
...
>>> words = word_injector(["microtubules", "magisterial"])
>>> next(words)                                             # ❶
['microtubules', 'magisterial']
>>> words.send("data/a-words.txt")                          # ❷
['microtubules', 'magisterial', 'acclimations', 'airways',
'antinarrative', 'astrocyte']
>>> words.send("data/z-words.txt")                          # ❷
['microtubules', 'magisterial', 'acclimations', 'airways',
'antinarrative', 'astrocyte', 'zonate', 'zoophyte', 'zumbooruk',
'zoozoos']
>>> words2 = word_injector()
>>> next(words2)                                            # ❶
[]
>>> words2.send("data/b-words.txt")                         # ❷
['buggiest', 'biros', 'bushvelds', 'begazed', 'braunite']
>>> next(words2)                                            # ❶
['buggiest', 'biros', 'bushvelds', 'begazed', 'braunite']
```

❶ 단순 next() 호출은 항상 단어 목록의 현재 상태를 얻습니다.

❷ https://docs.python.org/3/reference/expressions.html#generator.send
를 방문하여 생성기의 .send() 메서드에 대해 확인할 수 있습니다.

이 방식은 함수형 프로그래밍의 개념과 유사합니다. 단어 목록의 상태를 관리하는 인스턴스가 여러 개 필요하다면, 클래스를 인스턴스화하는 대신 생성기 함수를 통해 새로운 생성기 객체를 생성하기만 하면 됩니다. 모든 상태 유지 관리는 while True 순환 내의 생성기 안에 모두 포함되어 있습니다.

물론 파일 이름 대신 _RESET과 같은 보초 값을 사용하여 .send()를 통해 주입할 수도 있겠지만, 사실 그럴 필요가 전혀 없습니다. 단순히 next(old_words) 또는 old_words.send(newfile)을 이용해 기존 생성기에서 값을 새로 시작하는 새 생성기를 만드는 것이 더 간단합니다. 또는 어떤 방법이건 단어 목록을 생성하는 임의의 코드가 있다면 간단하게 그 코드에서 목록을 가져와 새 생성기를 시작할 수도 있습니다.

2.5 가변 객체에 대한 복사 대 참조

앞 절의 내용에서 주어진 범위 내의 모든 파이썬 표현식이 정의 시점에 평가된다는 사실을 잊기 쉽다는 것을 알았습니다. 가끔 가변 기본 매개 변수로 인한 문제를 겪지만, 다른 구조 역시 문제의 소지가 있습니다.

예를 들어 목록의 목록을 초기화하는 작업[4]은 흔히 발생하는데, 이를 **곧이곧대로** 처리하는 방법은 다음과 같습니다.

```
>>> from pprint import pprint
>>> from enum import Enum
>>> Color = Enum("C", ["BLANK", "RED", "GREEN", "BLUE"])
>>> grid = [[Color.BLANK] * width] * height
>>> pprint(grid)
[[<C.BLANK: 1>, <C.BLANK: 1>, <C.BLANK: 1>, <C.BLANK: 1>],
 [<C.BLANK: 1>, <C.BLANK: 1>, <C.BLANK: 1>, <C.BLANK: 1>],
 [<C.BLANK: 1>, <C.BLANK: 1>, <C.BLANK: 1>, <C.BLANK: 1>],
 [<C.BLANK: 1>, <C.BLANK: 1>, <C.BLANK: 1>, <C.BLANK: 1>],
 [<C.BLANK: 1>, <C.BLANK: 1>, <C.BLANK: 1>, <C.BLANK: 1>]]
```

우리가 원했던 멋진 격자형 데이터가 생성된 것 같습니다. 이제 격자를 채워 봅시다.

```
>>> grid[1][0] = Color.RED
>>> grid[3][2] = Color.BLUE
>>> grid[3][1] = Color.GREEN
>>> grid[4][1:4] = [Color.RED] * 3
>>> pprint(grid)
[[<C.RED: 2>, <C.RED: 2>, <C.RED: 2>, <C.RED: 2>],
 [<C.RED: 2>, <C.RED: 2>, <C.RED: 2>, <C.RED: 2>],
 [<C.RED: 2>, <C.RED: 2>, <C.RED: 2>, <C.RED: 2>],
 [<C.RED: 2>, <C.RED: 2>, <C.RED: 2>, <C.RED: 2>],
 [<C.RED: 2>, <C.RED: 2>, <C.RED: 2>, <C.RED: 2>]]
>>> pprint([id(sublist) for sublist in grid])
[139768215997440,
 139768215997440,
 139768215997440,
 139768215997440,
 139768215997440]
```

---

[4] 그러나 표 형식의 데이터를 다룬다면 NumPy, Pandas를 비롯한 데이터프레임 라이브러리가 목적에 더 적합할 수도 있습니다.

실제로는 격자형 데이터를 생성한 것이 아니라, 동일한 객체[5]에 대한 5개의 참조가 생성되어 버렸습니다. 문제를 알고 있다면 여러 가지 방법으로 해결할 수 있습니다. 그중에서 가장 쉬운 해결책은 목록의 요소를 직접 곱하는 대신에 순환 표현식을 사용하는 것입니다.

파이썬에서 '비어 있는' 목록의 목록을 생성하기(올바른 방법)

```
>>> grid = [[Color.BLANK for _w in range(width)] for _h in
range(height)]
>>> pprint(grid)
[[<C.BLANK: 1>, <C.BLANK: 1>, <C.BLANK: 1>, <C.BLANK: 1>],
 [<C.BLANK: 1>, <C.BLANK: 1>, <C.BLANK: 1>, <C.BLANK: 1>],
 [<C.BLANK: 1>, <C.BLANK: 1>, <C.BLANK: 1>, <C.BLANK: 1>],
 [<C.BLANK: 1>, <C.BLANK: 1>, <C.BLANK: 1>, <C.BLANK: 1>],
 [<C.BLANK: 1>, <C.BLANK: 1>, <C.BLANK: 1>, <C.BLANK: 1>]]
>>> grid[1][0] = Color.RED
>>> grid[3][2] = Color.BLUE
>>> grid[3][1] = Color.GREEN
>>> grid[4][1:4] = [Color.RED] * 3
>>> pprint(grid)
[[<C.BLANK: 1>, <C.BLANK: 1>, <C.BLANK: 1>, <C.BLANK: 1>],
 [<C.RED: 2>, <C.BLANK: 1>, <C.BLANK: 1>, <C.BLANK: 1>],
 [<C.BLANK: 1>, <C.BLANK: 1>, <C.BLANK: 1>, <C.BLANK: 1>],
 [<C.BLANK: 1>, <C.GREEN: 3>, <C.BLUE: 4>, <C.BLANK: 1>],
 [<C.BLANK: 1>, <C.RED: 2>, <C.RED: 2>, <C.RED: 2>]]
>>> pprint([id(sublist) for sublist in grid])
[139768305000064,
 139768302388864,
 139768304216832,
 139768302374976,
 139768216006464]
```

이제 길이가 5인 목록이 생성되었으며, 목록의 각 항목은 서로 다른 ID를 가지고 독립적으로 수정할 수 있는 별개의 목록입니다.

---

5 여기서는 목록이지만, 어떤 유형의 가변 객체이건 간에 같은 위험성이 존재합니다.

2.6 (재사용이 있는 상황에서) is와 == 혼동하기

이 장의 앞부분에서, ==와 is에 대해 자세히 살펴본 바 있습니다. 이 절은 그에 대해 추가적인 내용을 다루는 셈이기도 합니다. 그러나 여기서 다루는 문제는 **우연한 동일성** 또는 적어도 **보장되지 않은 동일성**에 대한 것입니다.

이 장의 서론에서 **작은 정수**와 **짧은 문자열**이 종종 동일한 객체를 재사용하여 다른 이름으로 불리는 동등한 객체를 참조한다고 언급했습니다. 저는 Faster CPython 프로젝트[6]가 재사용되는 객체의 범위를 확장할 것이 분명하며, 이는 특히 파이썬 3.12부터 심화될 것이라고 생각합니다. PyPy[7]는 이미 훨씬 더 공격적으로 객체를 재사용하고 있지만, 이 요소는 실제로 실행 시 추적 컴파일[8]을 해서 얻는 엄청난 속도 향상 중 매우 작은 부분을 차지할 뿐입니다.

앞에서 x == None을 절대 사용하면 안 되는 이유를 살펴보았지만, 결국 그건 형식상의 문제이자 파이썬다움에 대한 이야기였습니다. 다시 말해 그 형식을 깨뜨리더라도 프로그램은 제대로 동작할 것입니다. 하지만 재사용된 값은 이와 다르기에, 결국 다음과 같은 사실을 알게 될 것입니다.

```
>>> a = 5 * 5
>>> b = 21 + 4
>>> a is b, a == b
(True, True)
```

---

6 https://github.com/faster-cpython
7 https://www.pypy.org
8 https://en.wikipedia.org/wiki/Tracing_just-in-time_compilation

이 코드를 따라 너무 영리하게 생각을 늘려가면, 동일성 비교가 동등성 비교보다 빠를 것이라는 결론을 내릴 수 있습니다. 어느 정도는 틀린 말이 아닙니다.

```
>>> def intern_id(a, b):
...     for _ in range(20_000_000):
...         a is b
...
>>> def intern_eq(a, b):
...     for _ in range(20_000_000):
...         a == b
...
>>> %timeit intern_id(a, b)
361 ms ± 2.8 ms per loop (mean ± std. dev. of 7 runs, 1 loop each)
>>> %timeit intern_eq(a, b)
448 ms ± 9.96 ms per loop (mean ± std. dev. of 7 runs, 1 loop
each)
```

당연한 이야기지만, 문제는 동등성을 가지고 있더라도 동일성을 가지는 것은 일부 숫자와 일부 문자열에만 해당하며, 실제 프로그램은 거의 항상 실행 시간에 변하는 값을 비교해야 한다는 것입니다. 특별한 싱글턴 또는 컬렉션에서 서로 다른 위치에 있는 객체와 같이 두 사용자 정의 객체의 동일성이 매우 중요한 경우가 아니라면 동등성 검증을 사용하는 것이 좋습니다.

```
>>> fb1 = "foobar"
>>> fb2 = "foo" + "bar"
>>> fb3 = "   foobar   ".strip()
>>> fb1 is fb2, fb1 == fb2
(True, True)
>>> fb1 is fb3, fb1 == fb3
(False, True)

>>> c = 250 + 9
>>> d = 7 * 37
>>> c is d, c == d
(False, True)
```

2.7 정리

동등성과 동일성의 문제는 숙련된 많은 프로그래머를 당황하게 했습니다. 커먼 리스프(Common Lisp) 개발자는 eq, equal, eql, equalp를 구분하여 사용합니다. 스킴(Scheme)에서는 =, eqv?, equal?만 사용합니다. JavaScript에서는 동등성이 전이성을 가지지 않는 것으로 유명합니다. 그림 2-1에서 신학적 삼위일체로 표현되는 JavaScript의 유명한 그림은 전이성이 확보된 파이썬이 상대적으로 얼마나 합리적인지 보여 줍니다. 물론 의도적으로 이를 무시하는 사용자 정의 클래스를 작성할 수 있으며, 이는 공포스러운 결과를 만들어낼 수도 있습니다.

▼ 그림 2-1 JavaScript를 신학적 삼위일체와 비교하는 농담

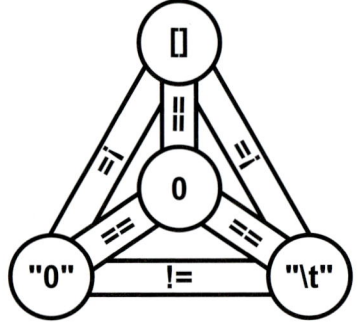

파이썬에서는 이 주제에 관련된 변형 형태가 그리 많지 않습니다. 대신 **동일한** 객체에 대한 검사는 is로 하며, **동등한** 객체에 대한 검사는 ==로 합니다. 의미는 비교적 간단하지만, 개발자들이 이 개념 사이에서 자신의 코드가 무엇을 의미하는지 결정하려고 할 때 여전히 많은 잘못이 발생합니다.

이 장의 마지막에 덧붙이자면, 파이썬의 표준 라이브러리에는 중첩된 컬렉션을 재귀적으로 복사할 때 매우 유용한 함수인 copy.deepcopy()가 포함되어 있지만, 반면에 이렇게 중첩된 컬렉션을 가설에 의거하여 재귀적으로 비교해 주

는 deepequality() 함수 같은 것은 포함되어 있지 않습니다. 물론 인터넷에서 이를 구현한 코드를 찾아볼 수 있지만, 서로 조금씩 다르게 구현되어 있을 뿐만 아니라 여기서 다룰 만큼 보편성을 갖춘 것은 없습니다. 따라서 예상치 못한 잘못을 할 가능성이 남아 있습니다.

3^장

파이썬의
여러 가지 함정

이 장에서는 파이썬 언어에서 흔히 마주치는 문제와 자주 저지르는 잘못에 대해 살펴봅니다. 앞의 두 개 장에서 각각 순환과 동등성, 동일성을 다루었던 것처럼, 여기서는 파이썬 언어의 핵심적인 부분을 다룹니다. 그리고 뒤에 이어지는 장에서는 흔하지 않은 언어 구조, 상대적으로 사용되지 않거나 훨씬 전문적인 표준 라이브러리 모듈 그리고 매우 흔한 제3자 모듈(third-party module)에 대해 살펴볼 것입니다.

이 장의 내용은 다소 이질적으로 느껴질 수 있지만, 제 경험상 실제 사용되는 파이썬 코드에서 가장 저지르기 쉬운 몇 가지 잘못도 포함되어 있습니다. 이 장에서 다루는 많은 문제는 다른 프로그래밍 언어에서 넘어온 습관이 파이썬 코드에 적합하지 않다는 것을 보여 줍니다.

3.1 이름 지정

다음과 같은 유명한 속담이 있습니다.

> 컴퓨터 과학에는 두 가지 난제가 있는데, 캐시 무효화(cache invalidation), 이름 지정(naming things), 하나를 벗어나는 오류(off-by-one error)입니다.[1]

이 절에서는 이름 지정이 잘못되는 상황을 살펴볼 것입니다. 이 절에서 다루는 잘못은 여러 가지 범주에 속하지만, 모두 이름을 잘못 선택하여 프로그램이 완전히 망가지거나, 설령 그렇지 않더라도 프로그램을 취약하고 보기 흉하게 해 파이썬답지 않게 만드는 방법에 해당합니다.

---

[1] 이 말대로라면 원래 캐시 무효화, 이름 붙이기, 하나를 벗어나는 오류의 세 가지 난제여야 하지만, 실제로 하나를 벗어나 계산하지 않는 바람에 여전히 두 가지 난제로 표현하는 오류를 의미하는 고차원적인 농담입니다.

3.1.1 표준 라이브러리 모듈과 동일한 파일 이름 사용하기

파이썬이 모듈을 어디서 가져올지 결정하는 기제는 상당히 복잡하고 이에 영향을 미치는 요소도 매우 많습니다. 많은 유연성을 제공하는 수많은 선택 사항, PYTHONPATH 환경 변수의 설정, 가상 환경의 사용 여부, sys.path의 실행 시간 조작[2], _pth 파일 사용, -E, -I, -s, -S와 같은 명령줄 선택 사항과 같이 수많은 요인이 있습니다.

안타깝게도 매우 복잡한 문제입니다. 이 책에서는 파이썬의 가져오기 체제의 세부 사항에 대해 설명하지 않지만, https://docs.python.org/3/library/sys_path_init.html에서 이에 대해 자세히 설명한 내용을 찾아볼 수 있습니다.

이러한 복잡성에서 얻을 수 있는 결론은 개발자들이 파일 이름을 정할 때 표준 라이브러리 모듈의 이름이나 실제 사용하는 제3자 패키지와 모듈의 이름을 피해야 한다는 것입니다. 하지만 제3자 코드에서 이미 너무 많은 이름이 사용되고 있기 때문에 예기치 않게 충돌이 발생할 수 있습니다.

충돌할지 확실하지 않거나 나중에 모듈을 추가하는 과정에서 충돌할 가능성이 염려된다면 상대적 가져오기(relative import)를 사용해 이런 문제를 줄일 수 있습니다.

다음의 짧은 셸 세션을 살펴봅시다.

```
[BetterPython]$ python code/hello.py
Hello World!
[BetterPython]$ cd code
[code]$ python hello.py
Program goes BOOM!
```

이와 같이 특이한 결과를 만드는 '신기한' 방법이 많지만, 제가 사용한 방법은 그다지 신기한 것은 아닙니다.

---

2 직접 조작하는 것이 아닌 외부에서 가져온 모듈이 조작하는 것도 포함합니다.

```
# 특별 경로 조작
import sys, os
if 'code' not in os.path.abspath('.'):
    sys.path = [p for p in sys.path if "BetterPython" not in p]

# "일반적인" 프로그램
import re
pat = re.compile("hello", re.I)
s = "Hello World!"
if re.match(pat, s):
    print(s)
```

잘 살펴보면 이 스크립트의 어느 부분에도 'Program goes BOOM!(프로그램이 망했다!)'라는 메시지가 없습니다. 그 메시지는 re.py 파일에 있기 때문입니다. 더군다나 그 파일은 파이썬 표준 라이브러리에 있는 것이 아니라 제 지역 환경인 /BetterPython/code/re.py에 있습니다.

```
import sys
print("Program goes BOOM!")
sys.exit()
```

물론 NumPy나 Pandas를 사용하는 경우 지역 환경의 모듈 이름을 numpy.py나 pandas.py로 짓게 되면 여전히 충돌이 발생하게 됩니다. 따라서 단순히 표준 라이브러리의 모듈 목록을 참조하는 것만으로는 충돌을 피할 수 없습니다. 프로젝트 파일의 이름을 독특하게 짓는 방법은 다양합니다.

그럼에도 불구하고 충돌할 가능성이 있는 특정 이름을 반드시 사용해야 한다면 어떻게 해야 할까요? 예를 들면 calendar는 표준 라이브러리 모듈이지만 매우 오래되었고 실제로 사용할 일이 없을 수도 있는 모듈입니다. 이 이름은 꽤 일반적이고 사용하기 편한 이름이므로 프로젝트의 모듈 이름으로 쉽게 선택할 수 있습니다.

다음과 같이 다소 사소하지만 자체적인 calendar.py 모듈을 작성했다고 가정해 보겠습니다.

code/calendar.py 소스 코드

```
from datetime import datetime
this_year = datetime.now().year
this_month = datetime.now().month
```

이 코드를 스크립트에서 다음과 같이 사용할 수 있습니다.

code/thismonth.py 소스 코드

```
from .calendar import this_year, this_month              # ❶
from calendar import TextCalendar
TextCalendar().prmonth(this_year, this_month)             # ❷
```

❶ 모듈 이름 앞에 하나 또는 그 이상의 점을 붙이는 것은 상대적 가져오기[3]를 의미합니다.

❷ 그렇습니다! 이 API는 파이썬 0.9에서 파이썬 3.12까지 갱신되는 동안 거의 변하지 않았습니다.

이 스크립트는 전역과 지역 환경의 calendar.py 모듈을 모두 사용하고 있습니다. 이때 표준 라이브러리에서는 TextCalendar를 사용하고, 지역 환경의 모듈에서는 this_year와 this_month를 사용합니다. 이제 스크립트를 실행해 보겠습니다.

```
[BetterPython]$ python -m code.thismonth
       April 2024
Mon Tue Wed Thu Fri Sat Sun
  1   2   3   4   5   6   7
  8   9  10  11  12  13  14
 15  16  17  18  19  20  21
 22  23  24  25  26  27  28
 29  30
```

더 복잡한 모듈과 하위 패키지에도 상대적 가져오기를 사용할 수 있으며, 여러 단계의 디렉터리 계층 구조도 가능합니다. 자세한 내용은 https://docs.python.org/3/reference/import.html#package-relative-imports에서 확인할 수 있습니다.

하지만 가장 좋은 방법은 표준 라이브러리를 포함한 다른 라이브러리와 동일한 이름을 사용하지 않는 것입니다. 하지만 불가피한 경우에는 상대적 가져오기가 합리적인 해결책이 될 수 있습니다.

---

3 https://docs.python.org/3/reference/import.html

3.1.2 import * 사용 피하기

일반적으로 파이썬 모듈과 스크립트에서 from modname import *를 사용하는 것은 좋지 않은 방법입니다. 엄격하게 표준 라이브러리만 사용하는 경우에도 매우 위험하지만, 자신만의 이름을 정의하는 다양한 제3자 모듈과 결합하면 상황은 더욱 나빠집니다. 이러한 코드는 기존 코드뿐만 아니라 스택 오버플로 (Stack Overflow)[4]에 달린 수천 개의 답변에서 많이 마주칠 수 있습니다.

이 방식이 위험한 이유는 많은 모듈이 객체의 이름을 동일하게 붙이고 있기 때문입니다. 특히 함수는 이런 경향이 더 심하며, 종종 클래스, 상수를 비롯한 많은 부분이 같은 문제를 안고 있습니다. encode(), open(), connect(), add()와 같은 이름이 가지는 다양한 의미는 그 수를 셀 수조차 없습니다. 만약 코드에서 import * 패턴을 사용한다면, 가져오기 순서가 바뀌는 것만으로 실행 결과가 완전히 달라질 수 있습니다. 특히 간접적 가져오기나 동적 가져오기가 많이 사용될수록 문제는 더욱 심각해집니다.

다음 세 개의 파이썬 프로그램을 자세히 살펴보겠습니다.

math1.py 소스 코드

```python
from math import *
from cmath import *
from numpy import *

inf = float('inf')
for fn, num in zip([sqrt, ceil, isfinite], [-1, 4.5, inf*1j]):
    try:
        print(f"{fn.__name__}({num}) -> {fn(num)}")
    except Exception as err:
        print(err)
```

세 프로그램의 차이점은 import 문의 순서뿐입니다.

---

4 https://stackoverflow.com

```
from cmath import *
from numpy import *
from math import *

inf = float('inf')
for fn, num in zip([sqrt, ceil, isfinite], [-1, 4.5, inf*1j]):
    try:
        print(f"{fn.__name__}({num}) -> {fn(num)}")
    except Exception as err:
        print(err)
```

마지막으로 import 문의 순서를 한 번 더 바꾸어 보았습니다.

```
from math import *
from numpy import *
from cmath import *

inf = float('inf')
for fn, num in zip([sqrt, ceil, isfinite], [-1, 4.5, inf*1j]):
    try:
        print(f"{fn.__name__}({num}) -> {fn(num)}")
    except Exception as err:
        print(err)
```

각 스크립트가 어떤 결과를 보여 줄지 한눈에 알아차릴 수 있나요?

다음 출력 결과를 보기 전에 결과를 한 번 예상해 보세요. 결과를 더 복잡하게 만드는 것은 가져온 세 개의 모듈에 어떤 함수는 모두 포함되어 있지만 어떤 함수는 그렇지 않다는 점입니다. 따라서 sqrt, ceil, isfinite가 실제로 어떤 일을 하는지는 세 개의 모듈을 잘 알고 있을 뿐만 아니라 심지어 해당 모듈의 구체적인 버전도 알고 있는 경우에만 확실하다고 할 수 있습니다.

```
[BetterPython]$ python code/math1.py
RuntimeWarning: invalid value encountered in sqrt
  print(f"{fn.__name__}({num}) -> {fn(num)}")
sqrt(-1) -> nan
ceil(4.5) -> 5.0
isfinite((nan+infj)) -> False

[BetterPython]$ python code/math2.py
math domain error
ceil(4.5) -> 5
must be real number, not complex

[BetterPython]$ python code/math3.py
sqrt(-1) -> 1j
ceil(4.5) -> 5.0
isfinite((nan+infj)) -> False
```

세 개의 스크립트가 서로 다른 실행 결과를 보여 주기 때문에, 분명 각각의 코드에서 서로 다른 버전의 sqrt() 함수가 사용되었음을 알 수 있습니다. 반면에 ceil()과 isfinite()의 경우에는 조금 모호합니다.

ceil()은 서로 다른 데이터 자료형을 가지는 두 개의 답을 반환했습니다. 그러나 내부적으로 구현이 진짜 두 개인지 아니면 세 개지만 그 결과가 같은 것인지는 불분명합니다. 실제로 cmath에는 ceil()이 구현되어 있지 않기 때문에 여기에서는 math와 numpy의 구현 중 하나가 사용되고 있는 것이며 그 결과 값이 우연히 같을 뿐입니다.

isfinite()도 두 개의 다른 답을 생성했지만, 그중 하나는 실제 결과가 아니라 예외입니다. 어쨌든 isfinite()에도 세 가지 구현이 존재하며, 그중에서도 numpy 구현에서는 다양한 선택 인자를 사용할 수 있기 때문에 배열뿐만 아니라 스칼라에서도 요소별로 동작합니다.

물론 어느 하나의 모듈에서 가져온 이름을 나중에 다른 모듈에서 가져온 이름으로 덮어쓸 수 있으며, 심지어 이름이 지정되어 있어도 마찬가지입니다. 하지만 이름을 명시적으로 지정하면 내부적으로 어떻게 동작하는지 더 분명하게 이해할 수 있습니다.

여러 개의 모듈에 모두 포함된 이름을 지정하여 가져오기

```
from numpy import sqrt
from cmath import sqrt
from math import sqrt
# ...나머지 코드...
```

앞의 예제를 봅시다. sqrt라는 이름을 계속 덮어쓰고 있다는 점이 눈에 띕니다. 그 결과로 가장 마지막의 math의 정의만 사용되기 때문에, cmath나 numpy의 정의에는 접근할 수 없습니다. 그럼에도 불구하고 앞의 두 모듈에 sqrt가 정의되어 있지 않다면 ImportError가 발생합니다. 물론 가져오는 방식을 변경하여 이름 공간이 지정된 cmath.sqrt를 사용하거나 from cmath import sqrt as csqrt처럼 아예 다른 이름을 지정해 가져올 수도 있습니다. 어떤 방식을 선택하든 코드 자체에서 명확하게 드러납니다.

> **Note ☰** **규칙에는 예외가 있습니다**
>
> 숙련된 파이써니스타 중 많은 분들이 지금 하려는 말에 반감을 가질 것이라고 생각합니다. 하지만 저는 여전히 import * 패턴을 사용해도 괜찮은 표준 라이브러리 모듈이 몇 가지 있다고 생각합니다.
>
> itertools 모듈은 '느긋한 반복자 대수'를 처리하는 유용한 함수를 많이 포함하고 있으며, 설계상 다른 모듈과 잘 어울리고 상대적으로 다른 모듈에서 잘 사용되지 않는 독특한 이름을 가지고 있습니다. 만약 filterfalse()와 takewhile()을 사용하면, 나중에 repeat()와 chain()이 필요하다는 것을 알게 될 것입니다. 어떤 의미에서는 itertools의 모든 이름을 __builtins__에 넣는 것도 합리적이라고 생각합니다.
>
> 저는 또한 제3자 라이브러리 more_itertools에 대해서도 비슷한 태도를 견지하고 있습니다. 다른 곳에서 이야기하겠지만, 이 라이브러리는 훨씬 더 많은 이름을 가지고 있습니다. 이 라이브러리도 자체적으로 잘 동작할 뿐만 아니라 itertools와 함께 사용해도 잘 동작합니다.

⊙ 계속

반면에 스크립트를 다음과 같이 명시적으로 시작하는 것은 그리 어려운 일이 아닙니다.

```
from itertools import (filterfalse, takewhile, repeat, chain,
 groupby, tee)
```

추가로 다른 것을 사용하고 싶다면 그저 목록에 추가하면 됩니다. 저는 collection.abc에 대해서도 동일한 의견인데, 이 안에 포함되어 있는 AsyncIterable이나 MutableMapping 같은 이름은 제3자 모듈을 포함한 어느 모듈에서도 의도치 않게 재사용될 가능성이 거의 없습니다. 따라서 import *를 사용해도 거의 문제되지 않습니다.

사실 특정 모듈에서 사용해야 하는 특정 기능들은 매우 제한적이기 때문에, 이름이 충돌하는 것을 너무 걱정할 필요가 없습니다. collections.namedtuple을 사용하는 경우, 다른 컬렉션을 동시에 사용하는 경우는 거의 없습니다. dataclasses.dataclass, fractions.Fraction, decimal.Decimal은 각 모듈에 포함되어 있는 거의 유일한 이름입니다. 하지만 마지막에 있는 decimal 모듈의 경우에는 decimal.getcontext, decimal.setcontext, decimal.localcontext도 많이 사용되므로, import *를 사용하는 것이 더 나을 수도 있습니다.

3.1.3 비어 있거나 지나치게 일반적인 except 문

파이썬에서는 예전 코드와의 호환성을 위해 구체적인 예외를 명시하지 않은 형태의 빈 except 문을 사용할 수 있습니다. 하지만 이는 절대 사용하면 안 되는 잘못입니다. 더 적절한 하위 클래스가 있는데도 불구하고 더 넓은 범위의 예외를 잡는 것도 종종 일어나는 잘못입니다. 물론 예외를 잡는 범위를 어디까지 좁히는 것이 최선인지 결정할 때 애매모호한 부분이 있을 수 있으며, 각각에 대한 별도의 판단이 필요합니다.

일반적으로 코드 블록에서 '무언가 잘못되었다'는 사실에만 집중하면, 큰 고민 없이 적용한 해결책이 실제 발생한 근본적인 문제를 놓칠 수 있습니다.[5] 잡는

---

[5] 감기에 걸렸을 때의 치료 방법이 바이러스를 없애는 원인요법이 아니라 증상을 완화하는 대증요법인 것과 비슷합니다.

예외의 범위를 실제로 어떻게 해결할지 알고 있는 것들로 좁혀서 예외 처리의 의도를 명확하게 표현해야 합니다. 비록 최선의 예외 처리 방식이 프로그램의 실행을 중지시키는 것이라고 해도 마찬가지이며, 적어도 왜 그렇게 하는지 신중하게 검토해야 합니다.

파이썬에는 풍부한 예외 계층 구조가 있으며, 대부분의 제3자 라이브러리는 목적에 맞는 추가적인 예외를 이용해 계층 구조를 확장합니다. 물론 표준 라이브러리의 모듈도 기본 예외를 확장하지만 적어도 그 모듈을 사용하지 않는 한 노출되지 않습니다. 당연한 이야기지만 해당 모듈을 사용해야만 볼 수 있기 때문입니다.

간단한 파이썬 프로그램을 통해 이 계층 구조를 손쉽게 살펴볼 수 있으며, 그 결과는 그림 3-1과 같습니다.

code/exception-hierarchy.py 소스 코드

```python
def asciiDocTree(cls, level=1):
    print (f"{'*' * level} {cls.__module__}.{cls.__name__}")
    for i in cls.__subclasses__():
        asciiDocTree(i, level+1)

asciiDocTree(BaseException)
```

이 책은 AsciiDoc 형식[6]으로 작성되었으며 편의를 위해 중첩 글머리 기호 형식을 사용했으므로, 이 코드를 약간 수정하면 다른 형식의 트리 구조를 출력할 수 있습니다. 결과를 살펴보면 몇 가지 내장 예외가 다른 모듈의 예외를 참조하는 것을 알 수 있습니다.[7] 목록에서 계층 구조의 대부분을 차지하고 있는 builtins.Exception의 자식은 기울임체로 표시되어 있습니다.

---

[6] https://asciidoc.org
[7] 목록에서 굵은체로 표시된 예외가 이에 해당하며, 여러 모듈에서 참조하는 경우도 있어 하나의 모듈이 여러 번 표시되어 있는 경우도 있습니다.

❤ 그림 3-1 내장 예외 계층 구조

```
builtins.BaseException
    builtins.BaseExceptionGroup
        builtins.ExceptionGroup
    builtins.Exception
        builtins.ArithmeticError
            builtins.FloatingPointError
            builtins.OverflowError
            builtins.ZeroDivisionError
        builtins.AssertionError
        builtins.AttributeError
        builtins.BufferError
        builtins.EOFError
        builtins.ImportError
            builtins.ModuleNotFoundError
            zipImport.ZipImportError
        builtins.LookupError
            builtins.IndexError
            builtins.KeyError
            encodings.CodeRegistryError
        builtins.MemoryError
        builtins.NameError
            builtins.UnboundLocalError
        builtins.OSError
            builtins.BlockingIOError
            builtins.ChildProcessError
            builtins.ConnectionError
                builtins.BrokenPipeError
                builtins.ConnectionAbortedError
                builtins.ConnectionRefusedError
                builtins.ConnectionResetError
            builtins.FileExistsError
            builtins.FileNotFoundError
            builtins.InterruptedError
            builtins.IsADirectoryError
            builtins.NotADirectoryError
            builtins.PermissionError
            builtins.ProcessLookupError
            builtins.TimeoutError
            io.unsupportedoperation
            signal.itimer_error
        builtins.ReferenceError
        builtins.RuntimeError
            builtins.NotImplementedError
            builtins.RecursionError
            _frozen_importlib.DeadlockError
        builtins.StopAsyncIteration
        builtins.StopIteration
```

```
    builtins.SyntaxError
      builtins.IndentationError
        builtins.TabError
    builtins.SystemError
      encodings.CodeRegistryError
    builtins.TypeError
    builtins.ValueError
      builtins.UnicodeError
        builtins.UnicodeDecodeError
        builtins.UnicodeEncodeError
        builtins.UnicodeTranslateError
      io.unsupportedoperation
    builtins.Warning
      builtins.BytesWarning
      builtins.DeprecationWarning
      builtins.EncodingWarning
      builtins.FutureWarning
      builtins.ImportWarning
      builtins.PendingDeprecationWarning
      builtins.ResourceWarning
      builtins.RuntimeWarning
      builtins.SyntaxWarning
      builtins.UnicodeWarning
      builtins.UserWarning
    builtins.ExceptionGroup
    warnings._OptionError
builtins.GeneratorExit
builtins.KeyboardInterrupt
builtins.SystemExit
```

두 파일에서 숫자를 읽어, 첫 번째 파일의 숫자를 두 번째 파일의 숫자로 나눈 결과를 담은 컬렉션을 생성하는 프로그램을 작성한다고 가정해 봅시다. 이 프로그램은 여러 가지 형태의 오류가 발생할 가능성이 있습니다. 거의 대부분의 프로그램은 잠재적으로 실패할 수 있는 코드를 포함하고 있습니다.

첫 번째 코드에서는 비어 있는 except를 사용하고 있는데, 대부분의 린터와 자료형 검사 도구가 이에 대해 문제가 있다고 표시할 것입니다.

code/divide1.py 소스 코드

```python
#!/usr/bin/env python
import sys
numerators = sys.argv[1]
```

```
denominators = sys.argv[2]

try:
    ratios = []
    num_fh = open(numerators)                                # ❶
    den_fh = open(denominators)
    for string_a, string_b in zip(num_fh, den_fh, strict=True):
        a = float(string_a.strip())
        b = float(string_b.strip())
        ratios.append(a/b)
    print(ratios)
except:
    print("Unable to perform divisions")
finally:
    num_fh.close()
    den_fh.close()
```

❶ 다른 절에서 open()을 사용할 때 상황 정보 관리자를 사용하는 것이 더 나은 이유를 설명합니다. 그럼에도 불구하고 finally를 사용한 이유는 열린 파일의 정리를 수행할 수 있을 뿐만 아니라 이 문제를 더 잘 설명해 주기 때문입니다.

앞의 코드를 실행해 봅시다.

```
[BetterPython]$ code/divide1.py numerators1.txt denominators1.txt
Unable to perform divisions
```

try 블록에서 **무언가** 문제가 발생했습니다. 그러나 발생한 문제가 어떤 것인지에 대한 정보는 거의 없습니다. 따라서 15, 16번 줄의 except를 다음과 같이 수정하여 조금 더 많은 정보를 얻어 보겠습니다.

code/divide2.py 소스 코드(일부)

```
except Exception as err:
    print(f"Unable to perform divisions:\n   (err)")
    print(f"Partial results: {ratios}")
```

이 스크립트에서 표시되는 부동 소수점 숫자는 소수점 이하 여섯 자리를 초과하지 않기 때문에 더 깔끔한 결과를 보여 주지만, 이 코드를 직접 실행해 보면 더 긴 값을 볼 수 있습니다. 나열된 권한 오류를 다시 확인하려면 chmod -r denominators3.txt 또는 운영 체제별로 이와 동일한 효과를 가지는 명령어를 실행해야 합니다.

이 코드를 실행하면 비어 있는 except만 가지고는 확인이 불가능한 문제에 대한 정보를 얻을 수 있습니다. 여러 개의 데이터 파일을 사용하여 실행해 보겠습니다.

```
[BetterPython]$ code/divide2.py numerators1.txt denominators1.txt
Unable to perform divisions:
    float division by zero
Partial results: [0.737704, 1.15, 2.0]

[BetterPython]$ code/divide2.py numerators1.txt denominators2.txt
Unable to perform divisions:
    zip() argument 2 is shorter than argument 1
Partial results: [0.737704, 1.15, 2.0, 0.326086, 0.0]

[BetterPython]$ code/divide2.py numerators1.txt denominators3.txt
Unable to perform divisions:
    [Errno 13] Permission denied: 'denominators3.txt'
Partial results: []
Traceback (most recent call last):
[...]
NameError: name 'den_fh' is not defined

[BetterPython]$ code/divide2.py numerators1.txt denominators4.txt
Unable to perform divisions:
    [Errno 2] No such file or directory: 'denominators4.txt'
Partial results: []
Traceback (most recent call last):
[...]
NameError: name 'den_fh' is not defined

[BetterPython]$ code/divide2.py numerators1.txt denominators5.txt
[0.737704, 1.15, 2.0, 0.326086, 0.0, 0.962962]
```

여러 가지 서로 다른 오류가 발생했습니다. 다음 예와 같이 이러한 오류 상황을 더 구체적으로 처리하면 프로그램을 더 견고하게 만들 수 있습니다.

```python
#!/usr/bin/env python
import sys

numerators = sys.argv[1]
denominators = sys.argv[2]

try:
    ratios = []
    num_fh = open(numerators)
    den_fh = open(denominators)
    line = 0
    for string_a, string_b in zip(num_fh, den_fh, strict=True):
        line += 1
        a = float(string_a.strip())
        b = float(string_b.strip())
        ratios.append(a / b)
    print([f"{r:.3f}" for r in ratios])
except ZeroDivisionError:
    print(f"Partial results: {[f'{r:.3f}' for r in ratios]}")
    print(f"Attempt to divide by zero at input line {line}")
except ValueError as err:
    print(f"Partial results: {[f'{r:.3f}' for r in ratios]}")
    desc = err.args[0]
    if "zip()" in desc:
        print(desc)
    elif "could not convert" in desc:
        print(f"String is not numeric at input line {line}")
except PermissionError:
    print(f"Partial results: {[f'{r:.3f}' for r in ratios]}")
    print("Insufficient permission to file(s). Run as sudo?")
except FileNotFoundError as err:
    print(f"Partial results: {[f'{r:.3f}' for r in ratios]}")
    print(f"File {err.filename} does not exist")
except OSError as err:
```

```
      # PermissionError, FileNotFoundError 이후 상위 클래스
      print(f"Partial results: {[f'{r:.3f}' for r in ratios]}")
      print(err)
  finally:
      try:
          num_fh.close()
          den_fh.close()
      except NameError:
          # 열린 순서대로 닫히며, 두 번째 파일의 open() 작업에서 실패하더라도
          # 첫 번째 파일은 여기서 닫힙니다.
          pass
```

확장된 버전은 훨씬 더 많은 일을 합니다. 예제가 아닌 실제 프로그램에서는 발생한 오류의 유형에 따라 단순히 여러 가지 메시지를 출력하는 데 그치지 않고, 서로 다른 except 블록 안에서 문제를 실제로 해결할 것입니다.

앞의 코드에서 주목해야 할 부분은 PermissionError와 FileNotFoundError를 잡은 except 블록의 다음 except 블록에서 이 두 가지 예외의 상위 클래스인 OSError를 잡는다는 점입니다. 앞의 코드에서 어떤 오류가 발생했을 때 이를 해결하려고 시도하고 있음에도 불구하고 여전히 open()이 실패하는 또 다른 오류 전부를 구체적으로 고민한 것이 아니라는 것을 알 수 있습니다.

어떤 블록에는 '우리가 생각하지 못한 것이라면 무엇이든 잘못될 수 있다'는 생각에 따라 모든 유형의 오류를 기록하는 except Exception이 마지막에 위치할 수 있습니다. 이 블록은 프로그램의 목적에 따라 오류를 무시하고 나머지를 계속 진행하거나, 동일한 예외를 다시 발생시키기 위해 비어 있는 raise를 사용할 수도 있습니다.

이제 새로운 버전을 실행해 봅시다.

```
[BetterPython]$ code/divide3.py numerators1.txt denominators1.txt
Partial results: ['0.738', '1.150', '2.000']
Attempt to divide by zero at input line 4
```

```
[BetterPython]$ code/divide3.py numerators1.txt denominators2.txt
Partial results: ['0.738', '1.150', '2.000', '0.326', '0.000']
zip() argument 2 is shorter than argument 1

[BetterPython]$ code/divide3.py numerators1.txt denominators3.txt
Partial results: []
Insufficient permission to file(s). Run as sudo?

[BetterPython]$ code/divide3.py numerators1.txt denominators4.txt
Partial results: []
File denominators4.txt does not exist

[BetterPython]$ code/divide3.py numerators1.txt denominators5.txt
['0.738', '1.150', '2.000', '0.326', '0.000', '0.963']
```

여기서 사용된 데이터 파일의 내용은 그 내용이 중요한 것이 아니므로 표시하지 않았습니다. 데이터 파일은 단순히 한 줄에 하나의 숫자를 나열한 텍스트 파일입니다. 그러나 이 코드에서는 해당 파일에 float 자료형으로 변환할 수 없는 문자열을 가진 줄이 포함된 경우를 고려한다는 점에 주목하세요.

안타깝게도 zip(strict=True)와 float("abc")를 사용하더라도 두 경우 모두 ValueError를 발생시킬 뿐 더 구체적인 하위 클래스 기반의 예외를 발생시키지 않습니다. 따라서 이런 경우 예외 객체 안에 포함된 실제 메시지를 보고 except 블록 안에서 이를 구분해야 합니다. 하지만 파이썬의 버전에 따라 오류 메시지가 변경되지 않는다는 보장이 없기 때문에 이는 취약점이 될 수 있습니다. 앞의 코드에서는 단순하게 메시지 안에 일부 특정 문자열이 포함되어 있는지 확인할 뿐입니다. 사실 파이썬 3.10 이후 오류 메시지를 개선하기 위한 의식적인 노력이 이루어지고 있지만, 여기서 말하는 '개선'은 결국 '변경'을 의미하기 때문에 메시지가 변경되지 않는다고 보장하는 것은 사실상 불가능합니다.

3.2 단순 문자열 연결의 2차 시간 복잡도

> **Note ≡ 실행 시간 복잡도 이해하기**
>
> 이 절의 제목에는 컴퓨터 과학에서 사용되는 용어가 포함되어 있습니다. 수학에서 '2차적인 (quadratic)'이라는 단어는 2차 다항식(x^2)을 의미합니다. 물론 컴퓨터 과학에서도 정확히 같은 의미를 가지지만 어떤 의미인지 곧바로 떠오르지 않을 수 있습니다.
>
> 컴퓨터 과학에서는 종종 다양한 알고리즘의 대문자 O(빅 O) 표기법[8]을 언급합니다. 이 책에서는 이에 대해 여러 항목에서 다룹니다.
>
> 간단히 요약하면 대문자 O 복잡도는 운영되는 데이터의 크기와 컴퓨터가 그 연산을 수행하는 데 걸리는 시간 사이의 관계를 표현합니다. 우리가 바랄 수 있는 최선은 $O(1)$로, 코드가 데이터의 크기와 상관없이 같은 시간이 걸리는 것을 의미합니다. 더 일반적으로는 $O(N)$을 달성할 수 있는데, 이는 계산 시간이 데이터 크기와 같은 비율로 증가하는 것을 의미합니다. 조금 더 나쁘지만 자주 보이는 것은 $O(N \times logN)$인데, 이는 데이터 크기에 그 로그 값을 곱한 값이 계산 시간에 해당합니다.
>
> 2차적인 $O(N^2)$에 해당하는 동작을 만나면 걱정되기 시작합니다. 하지만 그보다 더 나쁜 동작도 있을 수도 있습니다. 어떤 계산은 데이터 크기의 세제곱이나 네제곱에 해당하는 시간이 걸릴 수 있습니다. 우리가 흔히 마주치는 최악의 동작은 지수적이라고 불리며 $O(2^N)$에 해당합니다. 이러한 알고리즘은 데이터 크기가 증가할수록 기하급수적으로 다루기 힘들어집니다. 일부 난제들은 이러한 지수적 복잡도를 개선할 수 없습니다.

파이썬에서 문자열을 연결할 때는 직관적인 + 연산자를 사용합니다. 하지만 동일한 연산자가 다른 자료형에서는 전혀 다른 의미를 가질 수 있습니다. 예를 들어 + 연산자는 내부적으로 객체의 클래스에 있는 이중 밑줄 메서드[9]인 __add__() 또는 __radd__()를 호출하는 방식으로 숫자를 더하거나 목록을 합치기도 합니다.

---

8 https://ko.wikipedia.org/wiki/점근_표기법
9 파이썬에서 앞과 뒤에 두 개의 밑줄(_)이 붙은 이름을 이중 밑줄 또는 던더(dunder)라고 하며, 이 책에서도 종종 볼 수 있습니다.

이런 코드는 직관적이고 읽기 쉬우며 완벽하게 파이썬다운 코드에 해당합니다.

```
firstname = "David"
lastname = "Mertz"
degree = "Ph.D."

fullname = firstname + " " + lastname            # ❶
if degree:
    fullname += ", " + degree
```

❶ 이것은 f 문자열을 사용하는 것이 더 나을 수 있습니다.

그러나 이렇게 좋은 코드도 연결 연산을 너무 많이 수행하면 금방 나빠질 수 있습니다.

```
>>> from pprint import pprint
>>> def lorem_ipsum(n=10):
...     phrase = ""
...     for _ in range(n):
...         phrase = phrase + get_word() + " "        # ❶
...     return phrase
...
>>> pprint(lorem_ipsum(), width=68)
('engobe rereads hussif bethwacks aubade followup rabic privateerings
nonsegregation sniffed ')
```

❶ 문자열을 연결합니다.

아직까지 이 코드는 상당히 파이썬답게 유지되고 있으며 **사용된 방식**에도 아무런 불만이 없습니다. 다른 예제와 마찬가지로 여기서 사용된 소스 코드와 데이터 파일은 https://gnosis.cx/better에서 찾을 수 있습니다. 여기서 중요한 것은 get_word()가 매번 호출될 때마다 어떤 문자열을 반환한다는 것입니다.[10]

---

10 SOWPODS 영어 단어 목록(https://en.wikipedia.org/wiki/Collins_Scrabble_Words)에서 무작위로 단어를 선택하는 것은 식자공이 선호하는 'Lorem ipsum' 예문처럼 일정한 문자 간격을 이루지는 않겠지만, 이 책에서는 크게 의미가 없습니다.

그러나 이 코드를 사용하여 더 큰 구절을 생성하려고 시도하면 어떤 일이 벌어질까요?

```
>>> %timeit lorem_ipsum(10)
5.85 µs ± 54 ns per loop (mean ± std. dev. of 7 runs, 100,000
loops each)
>>> %timeit lorem_ipsum(1000)
957 µs ± 8.09 µs per loop (mean ± std. dev. of 7 runs, 1,000 loops
each)
>>> %timeit lorem_ipsum(100_000)
5.64 s ± 33.8 ms per loop (mean ± std. dev. of 7 runs, 1 loop
each)
```

10개의 단어를 선택하는 시간과 1,000개의 단어를 선택하는 과정에서 대부분의 시간은 사용 가능한 267,752개의 단어 중에서 무작위로 하나의 단어를 선택하는 데 소비됩니다. 그렇기 때문에 100배 더 오래 걸리는 것이 아니라 대략 200배 더 오래 걸립니다. 그러나 연결된 문자열의 크기를 다시 100배 증가시키면, 단어의 길이에 따라 다소 차이가 있지만 대략 5,500배 더 오래 걸립니다.

여기서 일어나는 일은 많은 연결 작업에서 변경 불가능한 문자열이 계속해서 할당되고 해제되는 작업입니다. CPython이 내부적으로 약간 과할당을 사용하기 때문에 모든 연결 작업에서 매번 할당이 일어나는 것은 아니지만, 그럼에도 불구하고 이런 일은 흔하게 일어납니다. 이로 인해 복잡도가 단어 수에 따라 $O(N^2)$, 즉 대략 2차적으로 늘어납니다.

다음 코드에서 lorem_ipsum() 함수를 거의 변경하지 않고도 해결할 수 있는 방법을 소개합니다. 그러나 하나의 긴 문자열을 만드는 것 이상의 작업이 필요한 경우 이러한 접근 방식은 일반화될 수 없습니다. 파이썬은 목록에 추가하는 것처럼 제자리 문자열 연결에 최적화되어 있으며, 이는 분할 상환 $O(N)$ 비용이 발생합니다. 분할 상환 비용에 대해서는 '7장 데이터 구조의 잘못된 사용'의 '목록 중간에서 요소를 삭제하거나 추가하기' 절에서 더 자세히 살펴봅니다.

```
>>> def lorem_ipsum(n=10):
...     phrase = ""
...     for _ in range(n):
...         phrase += get_word() + " "                    # ❶
...     return phrase
...
>>> %timeit lorem_ipsum()
5.37 µs ± 194 ns per loop (mean ± std. dev. of 7 runs, 100,000
loops each)
>>> %timeit lorem_ipsum(1000)
549 µs ± 6.04 µs per loop (mean ± std. dev. of 7 runs, 1,000 loops
each)
>>> %timeit lorem_ipsum(100_000)
53.1 ms ± 765 µs per loop (mean ± std. dev. of 7 runs, 10 loops
each)
```

❶ += 연산자를 제자리 연산자(in-place operator)라고 합니다.

너무나 완벽한 비율이네요! 그러나 이렇게 간단한 형태로 표현할 수 없는 함수나 순환 구문의 경우 두 가지 추가 선택 사항을 염두에 두는 것이 좋습니다. 이는 제자리 연결이 요구 사항을 간단하게 해결할 수 없는 상황에 유용합니다.

```
>>> def lorem_ipsum(n=10):
...     words = []
...     for _ in range(n):
...         words.append(get_word())
...     return " ".join(words)
...
>>> %timeit lorem_ipsum()
4.55 µs ± 54.4 ns per loop (mean ± std. dev. of 7 runs, 100,000
loops each)
>>> %timeit lorem_ipsum(1000)
426 µs ± 3.43 µs per loop (mean ± std. dev. of 7 runs, 1,000 loops
each)
```

```
>>> %timeit lorem_ipsum(100_000)
47.5 ms ± 917 µs per loop (mean ± std. dev. of 7 runs, 10 loops
each)
```

마지막의 str.join()을 사용하면 몇 퍼센트가량 더 빨라지는 경우가 있지만 여기에선 그리 중요하지 않습니다. 중요한 건 목록과 문자열의 크기가 선형으로 비례해 증가한다는 것입니다.

또 다른 접근 방식으로 io.StringIO 연속 순서열을 사용하는 방법이 있습니다.

파일처럼 문자열을 추가할 수 있는 연속 순서열

```
>>> from io import StringIO
>>> def lorem_ipsum(n=10):
...     buff = StringIO()
...     for _ in range(n):
...         buff.write(get_word() + " ")
...     return buff.getvalue()
...
>>> %timeit lorem_ipsum()
5.69 µs ± 176 ns per loop (mean ± std. dev. of 7 runs, 100,000
loops each)
>>> %timeit lorem_ipsum(1000)
548 µs ± 9.33 µs per loop (mean ± std. dev. of 7 runs, 1,000 loops
each)
>>> %timeit lorem_ipsum(100_000)
57.2 ms ± 430 µs per loop (mean ± std. dev. of 7 runs, 10 loops
each)
```

io.StringIO 역시 선형으로 비례해 크기가 커지는 특징을 가지고 있으며, 앞에서 다루었던 접근 방식과 속도가 비슷합니다. 연속 순서열을 사용하면 단순한 경우에는 약간 느릴 수 있지만, 파일과 같은 객체를 사용하면 .seek(), .tell(), .readlines()와 같은 연산을 할 수 있기 때문에 종종 유용합니다. 더욱이 영속성 등을 위해 실제 파일 시스템을 사용한다면 파일과 같은 형태의 객체들이 코드 안에서 쉽게 대체될 수 있습니다.

표 3-1에 문자열을 추가하는 여러 가지 방법의 성능을 비교해 보았습니다.

▼ 표 3-1 데이터 크기에 따른 문자열 추가 방법 성능 측정(μs 단위)

문자열 추가 방법(μs)	문자열 10개	문자열 1,000개	문자열 100,000개
문자열 추가	5.85	957	5,640,000
제자리 연결	5.37	549	53,100
맨 끝에 list.join() 사용	4.55	426	47,500
StringIO 쓰기	5.69	548	57,200

3.3 파일을 열 때 상황 정보 관리자 사용하기

상황 정보 관리자는 정리가 필요한 리소스를 관리해 주는 중요한 기제입니다. 가장 흔한 예는 파일을 여는 것입니다.

파이썬의 초기 버전에는 상황 정보 관리자가 없었기 때문에, 파일 작업을 마친 후 명시적으로 파일을 닫는 건 프로그래머의 책임이었습니다. 그러나 상황 정보 관리자가 존재하는 지금도 많은 개발자가 일정이 급해서 또는 한 번 쓰고 버릴 코드라는 생각에서 또는 문제되지 않을 것이라는 안일한 가정 하에 이전 방식으로 파일을 처리하고 있습니다. 저 역시 마찬가지로 이런 나쁜 습관이 있으며, 인정하고 싶지는 않지만 최근에도 분명 이런 식으로 처리한 적이 있을 것입니다.

저도 이렇게 대충 작성하는 방식으로 다음 코드와 비슷한 코드를 수없이 작성해 왔습니다.

code/wordcount 소스 코드

```python
#!/usr/bin/env python
import os

n_words = 0
for root, dir_, files in os.walk("src"):
    for name in files:
        if name.endswith(".adoc"):
            filepath = os.path.join(root, name)
            fh = open(filepath)
            n_words += len(fh.read().split())

print(f"Total words in book draft: {n_words:,}")
```

이 스크립트는 제가 몇 분 전에 작성한 것으로, 이를 통해 이 책의 집필 진행 상황을 확인할 수 있습니다. 이 책을 구성하는 많은 수의 작은 파일들은 중첩된 디렉터리에 AsciiDoc이라는 텍스트 형식으로 작성되어 있습니다. AsciiDoc 형식은 reStructuredText 또는 마크다운(Markdown) 형식과 유사합니다. 하지만 여기서 중요한 건 기본적으로 단순한 텍스트 파일이라는 것입니다.

```
[BetterPython]$ code/wordcount
Total words in book draft: 65,376
```

앞의 코드는 단어 수를 세는 알고리즘 중에서는 꽤나 단순한 축에 속합니다. 여기서 더 중요한 것은 이 코드가 파이썬의 암시적 쓰레기 수집(implicit garbage collection)에 완전히 의존하고 있다는 것입니다. 물론 이 방식은 이 코드에 한해 아마 문제없이 잘 동작할 것입니다. fh가 반복적으로 다시 연결될 때 열린 파일 객체에 대한 참조 카운트는 0이 되기 때문에, 정리 과정에서 TextIOWrapper 객체[11]의 .__del__() 메서드가 호출되어 파일을 닫습니다.

---

[11] fh는 이 객체의 인스턴스입니다.

그러나 이러한 예상은 특히 동시성을 활용하는 훨씬 복잡한 프로그램을 만나는 즉시 확실한 보장이 어려울 수 있습니다. 뒤에서 자세히 설명하겠지만 위험은 최소한 두 가지입니다. 먼저 파일이 닫히지 않을 수 있는데, 흐름 제어가 실제로 fh.close() 호출에 도달하지 않거나 범위 종료 또는 프로그램 종료가 쓰레기 수집을 강제하는 데 실패하기 때문입니다. if/elif/else 분기나, 파이썬 3.10 이상부터 지원되는 match/case 분기가 제대로 처리되지 않아 흐름 제어에 실패하는 경우도 있지만, 가장 많이 발생하는 문제는 처리되지 않은 예외가 발생하여 fh.close()에 명시적으로 도달하지 못하고 고아가 되어 떠다니는 파일 핸들이 남아 있게 되는 것입니다.

3.3.1 첫 번째 위험

첫 번째 위험은 열린 파일 핸들의 개수가 운영 체제의 제한에 도달하는 것입니다.

운영 체제 파일 핸들 제한

```
>>> files = [open(f"tmp-{n:04d}.txt", mode="w") for n in range
(10_000)]
Traceback (most recent call last):
[...]
OSError: [Errno 24] Too many open files: 'tmp-1011.txt'

>>> from glob import glob
>>> sorted(glob("tmp-*.txt"))[-4:]
['tmp-1007.txt', 'tmp-1008.txt', 'tmp-1009.txt', 'tmp-1010.txt']
```

10,000개의 파일을 열고자 했으나, 실제로는 훨씬 적은 수의 파일만 생성되었습니다. 이론적으로는 resource.setrlimit()를 사용하여 특정 숫자로 조정할 수 있지만, 어느 시점부터는 운영 체제 자체의 한계에 부딪힐 것입니다. 게다가 임의로 한계를 늘리면 컴퓨터가 수행하고 있는 다른 작업이 지연되거나 오류가

발생할 수 있습니다. 따라서 10,000개의 임시 파일을 한 번에 여는 시도는 좋은 생각이 아닙니다. 정확히 말하면 한 번에 몇 개의 파일만 열어 사용하고, 미리 파일을 열어 두는 대신 필요할 때마다 파일을 열어 사용하는 방식을 사용해야 합니다.

많은 임시 파일을 안전하게 사용하기

```
# 색인을 통해 파일 이름을 완전히 재현할 수 있다면,
# 목록에서 이를 미리 생성할 필요가 없습니다.
# 이름이 단순한 번호 매기기보다 더 복잡한 절차에 의해 생성된다고 가정해 보세요.
filenames = [f"tmp-{n:04d}.txt" for n in range(10_000)]

while (index := more_work_needed()) is not None:
    if not 0 <= index <= 9999:
        raise IndexError(f"Cannot access temporary file {index}")
    with open(filenames[index], mode="a") as tmpfile:    # ❶
        data = get_information_to_store()                # ❷
        tmpfile.write(data)
```

❶ 동일한 색인이 반복된다는 가정 하에 추가 모드가 더 나을 가능성이 높습니다.

❷ 다른 절과 마찬가지로, 이 기능의 예제 코드는 https://gnosis.cx/better에 있으며, 다양한 문자열을 반환하는 모든 함수가 동일합니다.

3.3.2 두 번째 위험

두 번째 위험은 열려 있는 파일을 닫지 않으면 저장을 위해 대기 중인 일부 내용이 실제로 저장 매체에 기록되지 않을 수 있다는 것입니다. 실제로 파일이 닫히지 않으면 그 파일의 권한이나 존재 여부마저 엉망이 될 수 있습니다. 다시 말하지만 상황 정보 관리자를 사용하면 이 문제를 안전하게 처리할 수 있습니다.

```
import os
fh = open("crash.txt", mode="w")
fh.write("Hello, world!\n")
fh.flush()
fh.write("Goodbye!\n")
os._exit(1)
fh.close()
```

분명 이 프로그램은 작은 예제에 불과하지만, .close() 메서드 호출이 포함되어 있다는 점에 주목하세요. 물론 절대로 실행되지는 않습니다.

```
[BetterPython]$ python code/crash.py                      # ❶
[BetterPython]$ cat crash.txt                             # ❷
Hello, world!
```

❶ 프로그램을 실행합니다.

❷ crash.txt에 생성된 내용 전체를 출력합니다.

3.3.3 취약성 수정하기

모든 open()을 상황 정보 관리자로 감싸기만 해도 위험을 완화할 수 있습니다.

```
import os
with open("crash.txt", mode="w") as fh:
    fh.write("Hello, world!\n")
    fh.write("Goodbye!\n")
os._exit(1)
```

실제로 os._exit()로 재현된 것과 같은 시스템 수준의 충돌이 발생할 경우 열려 있는 파일의 물리적 기록 과정(flushing)은 제대로 처리되지 않습니다. 즉,

'Hello, world!'와 'Goodbye!' 쓰기 작업 사이에 충돌이 발생하면 일부 데이터는 디스크에 저장되지 않습니다. 하지만 쓰기 작업을 with 블록 안에서 처리하는 한 적어도 그 위험을 최소화할 수 있습니다.

```
[BetterPython]$ python code/safe-crash.py
[BetterPython]$ cat crash.txt
Hello, world!
Goodbye!
```

제대로 실행되면 모든 fh.write() 행이 crash.txt에 데이터를 출력합니다. 상황 정보 관리자를 직접 작성하는 방법은 https://docs.python.org/3/reference/datamodel.html#context-managers에서 자세히 알아볼 수 있습니다. 파이썬 문서는 상황 정보 관리자가 내부적으로 어떻게 동작하는지에 대한 '내부 구조'를 잘 설명해 줍니다.

3.4 .sort()와 sorted()의 선택적 매개 변수 key

sorted()와 list.sort()의 선택적 매개 변수인 key를 사용하면 코드를 더 깔끔하고 빠르며 견고하게 만들 수 있습니다. key 함수를 적절하게 사용하지 않는 것은 흔히 저지르는 잘못입니다.

파이썬에서 컬렉션이나 반복 가능 객체를 정렬할 때 필요한 요구 사항은 의외로 매우 적은데, 각 객체는 연속 순서열에서 인접한 객체와 **보다 작음**(less than) 비교를 수행할 수 있어야 합니다.

보다 작음 비교가 가능하다면 사용자 정의 객체에 정렬 기능을 제공하는 것은 매우 쉬운 일입니다. 다음 코드에서 그 예를 볼 수 있습니다.

정렬 가능한 사용자 정의 객체 생성하기

```
>>> class Thing:
...     def __init__(self, value):
...         self.value = value
...     def __lt__(self, other):
...         return self.value < other.value
...     def __repr__(self):
...         return f"Thing({self.value})"
...
>>> sorted([Thing(2), Thing(-17), Thing(55), Thing(7)])
[Thing(-17), Thing(2), Thing(7), Thing(55)]
>>> things = [Thing(2), Thing(-17), Thing(55), Thing(7)]
>>> things.sort()
>>> things
[Thing(-17), Thing(2), Thing(7), Thing(55)]
```

Note ≡ **정렬이 가지는 예상 외의 어려움과 복잡성**

모든 객체가 보다 작음 비교를 할 수 있는 것은 아니며, 가끔 연속 순서열의 정렬 가능성이 요소의 원래 순서에 따라 달라지는 놀라운 결과를 이끌어 낼 수도 있습니다.

하지만 이러한 상황보다 더 자주 만날 수 있는 오류는 서로 다른 자료형의 반복 가능 객체를 정렬하려고 시도하다가 다양한 형태의 TypeError를 만나는 것입니다. 다음 코드에서 그 예를 볼 수 있습니다.

```
>>> sorted([5, Strange(), 1, Strange(), 2+3j])
[1, 5, StrangeObject, StrangeObject, (2+3j)]
>>> sorted([5, Strange(), 2+3j, Strange(), 1])
[1, 5, StrangeObject, StrangeObject, (2+3j)]
>>> sorted([5, Strange(), 1, 2+3j, Strange()])
Traceback (most recent call last):
[...]
TypeError: '<' not supported between instances of 'complex' and 'int'
```

○ 계속

주어진 객체 연속 순서열이 부분적으로 호환되지 않는 경우, 언제 성공하고 언제 실패할지를 정말로 이해하려면 팀소트(Timsort) 알고리즘[12]의 세부 사항을 이해해야 합니다. 물론 이를 이해하는 것은 가치 있는 일이지만, 그렇지 않다고 해서 이 책의 내용을 이해할 수 없는 것은 아닙니다.

Thing 클래스가 실제로 사용되려면 추가적인 속성과 메서드가 필요하겠지만, 정렬에 대해 이야기하기에는 이것으로도 충분합니다. 물론 좀 더 보기 좋은 형태로 결과를 출력해 주는 .__repr__() 메서드가 있으면 좋겠지요.

개발자가 sorted() 함수나 list.sort() 메서드에 전달할 수 있는 선택적 예약어 매개 변수인 key를 알지 못하면 그 코드는 비효율적이거나 잘못 실행될 가능성이 높습니다. 특히 이러한 문제가 있는 코드는 가끔 원하던 순서가 아닌 잘못된 기준으로 정렬되는 결과가 나타날 수도 있습니다.

예를 들어 Thing 객체를 숫자 순서가 아니라 주어진 나머지 연산(modulus arithmetic) 결과의 숫자 순서(Z_n)를 기준으로 정렬해야 한다고 가정해 봅시다. 이때 가장 먼저 떠오르는 생각은 이러한 기능을 가지는 Thing의 하위 클래스를 생성하는 것입니다.

> **Note ≡** **(해당 구상 컬렉션이 정렬 가능할 경우) 반복 가능 객체는 정렬 가능합니다.**
>
> 파이썬은 사용할 수 있다면 구상 컬렉션보다 반복 가능 객체를 더 선호합니다. 정렬된 결과는 여전히 구상 컬렉션이지만 그렇다고 해서 반복 가능 객체가 처음부터 구상 컬렉션일 필요는 없습니다. 다음 예를 확인해 봅시다.
>
> ```
> >>> from random import randint
> >>> def make_things():
> ...     for _ in range(5):
> ...         yield Thing(randint(1, 1000))        # ❶
> ...
> >>> sorted(make_things())
> [Thing(544), Thing(651), Thing(666), Thing(799), Thing(920)]
> ```
>
> ❶ yield가 있기 때문에 이 함수는 생성기 함수가 됩니다.

---

[12] https://ko.wikipedia.org/wiki/팀소트

```
>>> class ModThing(Thing):
...     def __init__(self, value: int, mod: int=7):
...         self.value = value
...         self._mod = mod
...
...     def __lt__(self, other):
...         return self.value % self._mod < other.value % other._mod
...
>>> sorted([ModThing(2), ModThing(-17), ModThing(55), ModThing(7)])
[Thing(7), Thing(2), Thing(-17), Thing(55)]
```

클래스가 나머지(modulus)를 직접 가지고 있어야 할 다른 이유가 있을 수도 있지만, 이 예와 같이 정렬 자체에만 관심이 있다면 다음 코드에서 같은 결과를 더 쉽게 낼 수 있습니다.

```
>>> sorted([Thing(2), Thing(-17), Thing(55), Thing(7)],
...     key=lambda thing: thing.value % 7)
[Thing(7), Thing(2), Thing(-17), Thing(55)]
```

정렬되는 기본 객체를 일관된 형태의 변환으로 나타낼 수 있는 것은 모두 key 함수로 사용할 수 있습니다. 가공-정렬-복원(decorate-sort-undecorate) 패턴은 모든 항목에 대해 두 항목을 비교하는 함수를 사용하는 것보다 시간 복잡성 측면에서 훨씬 더 효율적입니다. 이에 대한 내용은 위키백과의 슈바르츠 변환(Schwartzian transform)[13]에서 확인할 수 있습니다. 상대적으로 비효율적인 비교 함수 방식의 정렬은 많은 프로그래밍 언어에서 여전히 사용되고 있으며, 파이썬에서도 2.4 버전에서 DSU 정렬이 도입되기 전까지 오랫동안 사용되었습니다.

---

[13] https://en.wikipedia.org/wiki/Schwartzian_transform

대부분 명명된 함수가 더 명확하게 표현할 수 있지만, 이 상황에서는 람다 함수를 사용하는 것이 절대적으로 적절합니다. 그러나 사용자 정의 람다 함수보다 속도나 가독성 면에서 operator.itemgetter나 operator.attrgetter 같은 함수를 사용하는 것이 더 유용한 경우가 많습니다. 이 함수는 특히 중첩이 매우 많은 역직렬화된(deserialized) JSON 데이터를 처리할 때 매우 유용합니다.

dict 키 기반의 정렬에 operator.itemgetter 사용하기

```
>>> from operator import itemgetter
>>> students = [
...     dict(name="Xian", grade="B", age=10),
...     dict(name="Jane", grade="B", age=12),
...     dict(name="John", grade="A", age=15)
... ]
>>> sorted(students, key=itemgetter('age'), reverse=True)
[{'name': 'John', 'grade': 'A', 'age': 15},
 {'name': 'Jane', 'grade': 'B', 'age': 12},
 {'name': 'Xian', 'grade': 'B', 'age': 10}]
>>> sorted(students, key=itemgetter('name'))
[{'name': 'Jane', 'grade': 'B', 'age': 12},
 {'name': 'John', 'grade': 'A', 'age': 15},
 {'name': 'Xian', 'grade': 'B', 'age': 10}]
```

클래스에 저장된 데이터인 경우 operator.attrgetter도 매우 유사한 동작을 하지만, 정렬되는 각 인스턴스에 매개 변수로 전달된 속성에만 접근합니다.

3.5 불확실한 키에는 dict.get() 사용하기

dict 객체에서 간과하기 쉬운 것이 바로 get() 메서드가 제공하는 편리성입니다. 다른 방식은 일반적으로 약간 번거롭고 불편한데 반해, get() 메서드는 매우 편리하며 유용합니다.

앞 절에서 정렬 예제에 사용했던 학생 목록의 예를 계속 사용하되, 이번에는 그 목록에 학생을 몇 명 더 추가해 보겠습니다.

```
students = [
    dict(name="Xian", grade="A-", age=10),
    dict(name="Jane", grade="B", age=12),
    dict(name="John", grade="C", age=15),
    dict(name="Pema", age=14),
    dict(name="Thandiwe", grade="B+")
]
```

학생 목록을 이용해 간단한 보고서를 작성하려고 합니다. 다소 어색해 보이지만 일부 누락된 데이터는 다음과 같이 처리할 수 있습니다.

도약 전에 살펴보기(look-before-you-leap) **접근 방법(LBYL)**

```
>>> print("| Name      | Grade | Age")
... print("+----------+------+-----")
... for student in students:
...     name = student['name'] if 'name' in student else "MISSING"
...     grade = student['grade'] if 'grade' in student else "PASS"
...     age = student['age'] if 'age' in student else "?"
...     print(f"| {name:9s} | {grade:<4s} | {age}")
...
```

```
| Name      | Grade | Age
+-----------+-------+-----
| Xian      | A-    | 10
| Jane      | B     | 12
| John      | C     | 15
| Pema      | PASS  | 14
| Thandiwe  | B+    | ?
```

뒤에 언급할 '4장 파이썬 고급 활용'에서 경고하는 내용과 달리, 때로는 허락보다 용서받기(forgiveness-not-permission) 접근 방법이 코드를 더 나쁘게 만드는 경우가 있습니다.

```
>>> print("| Name      | Grade | Age")
... print("+-----------+-------+-----")
... for student in students:
...     try:
...         name = student['name']
...     except KeyError:
...         name = "MISSING"
...     try:
...         grade = student['grade']
...     except KeyError:
...         grade = "PASS"
...     try:
...         age = student['age']
...     except KeyError:
...         age = "?"
...     print(f"| {name:9s} | {grade:<4s} | {age}")
...
| Name      | Grade | Age
+-----------+-------+-----
| Xian      | A-    | 10
| Jane      | B     | 12
| John      | C     | 15
| Pema      | PASS  | 14
| Thandiwe  | B+    | ?
```

이 예제를 비롯해 사전을 사용하여 작업하는 많은 경우, 이 두 가지 접근 방법은 둘 다 그다지 적절하지 않습니다. LBYL과 EAFP 모두 작업에 너무 많은 코드가 필요하기 때문에 가독성이 떨어집니다. 가장 깔끔하고 단순한 해결책은 '기본값을 선택하는 것'입니다.

단순하게 기본값을 사용하는 접근 방법

```
>>> print("| Name      | Grade | Age")
... print("+----------+------+-----")
... for student in students:
...     print(f"| {student.get('name', 'MISSING'):9s} "
...           f"| {student.get('grade', 'PASS'):<4s} "
...           f"| {student.get('age', '?')}")
...
| Name      | Grade | Age
+----------+------+-----
| Xian      | A-    | 10
| Jane      | B     | 12
| John      | C     | 15
| Pema      | PASS  | 14
| Thandiwe  | B+    | ?
```

print() 함수의 매개 변수를 여러 줄로 나누는 것은 단순하게 특정 값을 기본값으로 설정하는 의도를 표현하고, 순환 구문에 추가 변수가 사용되는 것을 피하려는 목적이 있습니다.

3.6 정리

이 장에서는 매우 일상적으로 사용되는 기능이 너무나도 간단하게 문제를 일으킬 수 있는 경우를 살펴보았습니다. 이러한 평범한 함정은 올바른 결과를 얻을 수는 있지만, 실제 필요보다 훨씬 더 많은 실행 시간 비용을 소모하는 코드부터 부적절한 이름의 선택이 모호함이나 충돌을 일으키는 경우, 익숙하고 관용적인 파이썬다운 접근 방식이 필요하다는 것을 알지 못하는 경우[14]까지 다양하다는 것을 알았습니다.

이 책에서 우리는 많은 것이 가능하다는 것과 그럼에도 불구하고 그중 많은 것은 피하는 것이 최선이라는 것도 알게 될 것입니다. '5장 할 수 있다고 해서 해야 한다는 뜻은 아닙니다'에서는 상당히 고급 수준에 해당하는 기능을 '충동적'으로 사용하는 예시들을 살펴볼 것입니다. 그러나 이 장의 함정들은 파이썬 프로그램을 새로 작성할 때뿐만 아니라 기존의 코드를 수정하거나 확장하는 모든 순간에 수행하는 작업을 보여 줍니다. 즉, 이렇게 간단한 것들도 충분히 잘못될 수 있습니다.

물론 전부 그런 것은 아니지만, 이 장에서 소개하는 잘못 중 많은 것이 이전에 사용했던 다른 프로그래밍 언어 습관에서 비롯된 경우가 많았습니다. 파이썬다운 코드를 적극적으로 활용하여 파이썬을 사용하는 습관을 바꾸면 결과적으로 자신과 동료에게 친절함을 베푸는 결과로 이어질 것입니다.

---

14 하지만 이는 반대로 극단적인 상황에서 문제를 해결하는 열쇠가 되기도 합니다.

4^장

파이썬
고급 활용

이 장에서는 앞 장에 이어 파이썬의 자체적인 특징에 초점을 맞추어, 내장 함수와 항상 기본적으로 사용되는 몇 가지 표준 라이브러리 함수에 대해 살펴봅니다. 그러나 제목에서 알 수 있듯이 여기에서 다루는 잘못은 파이썬에 익숙하지 않은 프로그래머 입장에서는 (아직) 자주 다루지 않는 기능에 대한 것입니다.

'3장 파이썬의 여러 가지 함정'에서는 여러 패턴과 안티 패턴을 비롯해 완전히 잘못 작성된 몇몇 코드를 통해 이름을 제대로 지정하는 것이 얼마나 중요한지 알아보았습니다. 이 장에서 우리가 살펴보는 잘못은 크게 보면 같은 주제에 속하지만, 자신의 능력을 너무 과신해 고급 개발자라고 착각하는 사람들을 비롯해 고급 개발자가 자주 저지르는 잘못을 다룹니다.

종종 잘못 사용되거나 혹은 반드시 사용되어야 할 곳에서 사용되지 않는 기능으로는 객체 자료형을 확인하는 것, 반복자 대수, 가공자(decorator), f 문자열 등이 있습니다. 이 장에서 다루는 주제 중 일부는 아직 익숙하지 않을 수도 있지만, 이에 대해 읽다 보면 새로운 가능성을 인식하는 데 도움이 될 것입니다.

4.1 type(x) == type(y) 비교하기

BETTER PYTHON CODE

파이썬 함수가 다형성을 가지기를 바라는 것은 어찌 보면 당연합니다. 내장 함수 중 상당수가 다양한 자료형의 객체에 대응합니다. 예를 들어 len(), repr(), float(), sum() 함수는 다양한 객체를 받을 수 있습니다. 물론 각 함수마다 받을 수 있는 객체 자료형이 동일한 것은 아닙니다.

직접 함수를 작성할 때 오리 정형(duck typing)으로 작성하곤 할 텐데, 이 경우 어떤 형태의 정형도 우회할 수 있습니다. 종종 EAFP[1] 접근법 기반의 try/except 블록도 사용됩니다. 그럼에도 불구하고 함수에 전달된 값의 자료형이나 함수 안에서 생성된 지역 변수에 따라 다른 작업을 수행하고 싶은 경우가 반드시 있기 마련입니다.

구상 연속 순서열(concrete sequence)에 대해 벡터화된 방식으로 이항 연산 (binary operation)을 수행하는 함수를 만들어 봅시다. 뒷장에서는 NumPy나 Pandas처럼 벡터화가 본질인 라이브러리를 다루겠지만, 여기서는 자료형을 직접 비교하는 것이 목적이므로 파이썬 자체에만 집중하겠습니다.

Note ☰   오리처럼 꽥꽥거리기

위키백과(wikipedia)에서는 '오리 정형'에 대한 상세한 정의와 설명을 제공합니다.[2]

> 오리 정형은 컴퓨터 프로그래밍에 오리 테스트(duck test)[3]를 적용한 것입니다. 이는 특정 목적으로 객체를 사용할 수 있는지 여부를 결정하는 방법입니다. 명목적 자료형(nominative typing)에서는 객체가 선언되면 해당 자료형을 가집니다. […] 오리 정형에서 객체가 해당 자료형이 요구하는 메서드와 속성을 모두 가지고 있으면 그 객체는 해당 자료형에 해당합니다. 오리 정형은 주어진 객체와 해당 자료형이 요구하는 메서드 및 속성을 쓰임새에 근거해 동등한 구조로 이해하는 것입니다.

파이썬다운 프로그래밍에서는 오리 정형의 특성을 매우 빈번하게 활용합니다.

---

vector_op() 함수(결함이 있는 구현)

```
from operator import add                                    # ❶

def vector_op(seq1, seq2, op=add):
    if type(seq1) != type(seq2):
```

3.5절에서 살펴보았던 '허락보다 용서를 구하는 것이 쉽다(Easier to ask forgiveness than seek permission)'라는 개념의 접근 방법입니다.

오리처럼 걷고 오리처럼 꽥꽥거리면 그것은 오리여야 한다(If it walks like a duck and it quacks like a duck, then it must be a duck).

4장 파이썬 고급 활용   127

```python
        raise ValueError("Both sequences must have same collection
type")

    if type(seq1) == list:                              # ❷
        return [op(x, y) for x, y in zip(seq1, seq2, strict=True)]

    if type(seq1) == tuple:                             # ❸
        return tuple(op(x, y) for x, y in zip(seq1, seq2,
strict=True))

    if type(seq1) == str:                               # ❹
        nums1 = seq1.split()
        nums2 = seq2.split()
        new = (op(float(x), float(y)) for x, y in zip(nums1, nums2,
strict=True))
        return " ".join(str(n) for n in new)

    raise ValueError("Unsupported type for collections")
```

❶ 명명된 함수로서의 덧셈입니다.

❷ 자료형을 list와 비교했지만, 하위 클래스와 비교하지 않습니다.

❸ 자료형을 tuple과 비교했지만, 하위 클래스와 비교하지 않습니다.

❹ 자료형을 str과 비교했지만, 하위 클래스와 비교하지 않습니다.

이 함수는 여러 종류의 매개 변수와 함께 사용할 수 있습니다.

```python
>>> from operator import mul
>>> vector_op("3 4 7", "2 -1 3", mul)
'6.0 -4.0 21.0'
>>> vector_op((3, 4, 7), (2, -1, 3), mul)
(6, -4, 21)
>>> vector_op([3, 4, 7], [2, -1, 3], mul)
[6, -4, 21]
>>> vector_op((3, 4, 7), (2, -1, 3), lambda x, y: (2*x) ** y)
(36, 0.125, 2744)
>>> vector_op([3, 4, 7], (2, -1, 3), mul)
Traceback (most recent call last):
```

```
[...]
ValueError: Both sequences must have same collection type
>>> vector_op([3, 4, 7], [2, -1], mul)
Traceback (most recent call last):
[...]
ValueError: zip() argument 2 is shorter than argument 1
```

함수가 그럴듯하게 동작합니다. 그러나 많은 종류의 유용한 매개 변수 자료형에 명백히 대응하지 못합니다. 정말 이례적이지만 하위 클래스를 지원하면 안 되는 경우를 제외한다면, 이 코드는 다음 예제와 같이 isinstance() 기반의 일반적인 방식으로 구현하는 것이 훨씬 더 합리적입니다.

```
>>> from collections import namedtuple
>>> Vector3D = namedtuple("Vector3D", "x y z")
>>> vec1 = Vector3D(3, 4, 4)
>>> vector_op(vec1, (2, -1, 3))
Traceback (most recent call last):
[...]
ValueError: Both sequences must have same collection type

>>> vec2 = Vector3D(x=2, y=-1, z=3)
>>> vector_op(vec1, vec2)
Traceback (most recent call last):
[...]
ValueError: Unsupported type for collections

>>> isinstance(vec1, tuple)
True
```

사실 vector_op() 함수가 지원하는 자료형의 전문화를 쉽게 지원할 수 있습니다. 앞의 코드에서 실패하는 호출이 간단히 동작한다면 훨씬 더 유용할 것입니다. 이와 마찬가지로 추가 작업 없이도 list나 str의 하위 자료형을 원활하게 사용할 수 있는데 그걸 허용하지 않을 이유가 있을까요?

이외에도 list, tuple, str이 속해 있는 추상 프로토콜을 지원하는 건 어떨까요? 어떤 객체가 각 분기의 작업에 사용될 수 있을 정도로 충분히 구조적으로 형식화되어 있다면 정확하게 동일한 자료형이 아니라도 그 기능을 활용할 수 있습니다.

```
from collections.abc import MutableSequence, Sequence, ByteString
from operator import add

def vector_op(seq1, seq2, op=add):
    if isinstance(seq1, (ByteString, str)) and isinstance(seq2,
(ByteString, str)):                                           # ❶
        nums1 = seq1.split()
        nums2 = seq2.split()
        new = (op(float(x), float(y)) for x, y in zip(nums1, nums2,
strict=True))

        if isinstance(seq1, ByteString):
            as_str = " ".join(str(n) for n in new)
            return type(seq1)(as_str.encode("ascii"))         # ❷
        else:
            sep = type(seq1)(" ")                             # ❷
            return sep.join(type(seq1)(n) for n in new)

    # issubclass(MutableSequence, Sequence)이기 때문에,
    # 가변성과 불변성에 대한 구현을 특별하게 처리할 수 있습니다.
    # 하지만 구상 컬렉션을 생성기 표현식을 통해 구성하므로
    # 이 과정을 여기서 처리합니다.
    if isinstance(seq1, Sequence) and isinstance(seq2, Sequence):
        new = (op(x, y) for x, y in zip(seq1, seq2, strict=True))
        try:
            return type(seq1)(new)                            # ❷
        except TypeError:
            # 안타깝게도 namedtuple은 생성기 단독으로 인스턴스화할 수 없으며
            # 각각의 매개 변수를 따로 제공해야 합니다.
            return type(seq1)(*new)

    raise ValueError("Unsupported type for collections")
```

❶ issubclass(str, Sequence)이므로 문자열과 유사한 객체를 먼저 확인해야 합니다.

❷ 두 개의 연속 순서열이 '호환'되지만 서로 같은 자료형이 아닐 때는, 첫 번째 연속 순서열의 자료형을 참조합니다.

새로운 구현은 (주석을 고려하지 않을 경우) 코드가 좀 더 짧아졌음에도 불구하고 훨씬 더 유연하게 동작합니다. 사용 예는 다음과 같습니다.

```
>>> vector_op(vec1, vec2)
Vector(x=5, y=3, z=7)
>>> vector_op(vec1, (2, -1, 3))
Vector(x=5, y=3, z=7)
>>> vector_op(vec1, [2, -1, 3])                    # ❶
Vector(x=5, y=3, z=7)
>>> vector_op("3 4 7", "2 -1 3", mul)
'6.0 -4.0 21.0'
>>> vector_op(b"3 4 7", b"2 -1 3", mul)
b'6.0 -4.0 21.0'
>>> vector_op(b"3 4 7", "2 -1 3")                  # ❶
b'5.0 3.0 10.0'

>>> vector_op([3, 4, 4], (2, -1, 3))               # ❶
[5, 3, 7]
>>> vector_op((3, 4, 4), [2, -1, 3])               # ❶
(5, 3, 7)
```

❶ 서로 다른 하위 자료형을 혼합할 때 너무 지나친 유연성을 원하지 않는다면, 코드를 약간 수정하여 쉽게 바꿀 수 있습니다.

두 번째 구현에는 약간의 마법 코드가 남아 있는데, 결과를 구성할 때 사용할 정확한 클래스를 결정하기 위해 type(seq1)을 검사하는 부분입니다. 마법을 좀 적게 사용하는 버전이라면 Sequence 자료형의 혼합이 매개 변수로 전달될 때 단순하게 목록을 반환하게 할 수도 있습니다. 약간의 마법이 추가된다고 해서 해당 코드가 파이썬답지 않은 것은 아니며, 때로는 오히려 이러한 힘을 현명하고 더 강력하게 사용할 수 있습니다.

4.2 (다시 한번) 이름 지정

이름을 올바르게 지정하는 건 파이썬다운 프로그래밍의 기본 특징입니다. 이미 '3장 파이썬의 여러 가지 함정'에서 좋은 이름에 대한 몇 가지 고려 사항에 대해 이야기한 바 있습니다. 이 절에서는 좀 더 깊은 이야기를 할 것입니다. 이러한 고급 사례에 대해서도 항상 주의를 기울여야 합니다.

4.2.1 내장 이름의 재정의

파이썬의 표준 라이브러리 모듈에는 __builtins__라는 상당히 큰 모듈이 있으며, 기본적으로 언어가 가지고 있는 예약어(keyword)는 상대적으로 적은 수로 구성되어 있습니다. 파이썬의 버전이 갱신되면서 일부 내용이 표준 라이브러리에서 예약어로 이동하기는 했지만, 대부분의 파이썬 프로그래머는 이 두 가지를 구분하려고 그다지 애쓰지 않습니다.

파이썬 번역기가 시작될 때 __builtins__의 모든 정보가 자동으로 적재됩니다. 적어도 일반적으로 가장 많이 사용되는 구현인 CPython인 경우에는 확실히 그렇다고 말할 수 있습니다. 물론 표면적으로는 그저 '많은 이름들'일 뿐입니다.

그렇다면 파이썬 3.12의 실제 예약어에는 어떤 것들이 있는지 살펴보겠습니다.

파이썬 3.12의 예약어

```
>>> import keyword
>>> keyword.kwlist
['False', 'None', 'True', 'and', 'as', 'assert', 'async', 'await',
'break', 'class', 'continue', 'def', 'del', 'elif', 'else',
'except', 'finally', 'for', 'from', 'global', 'if', 'import', 'in',
```

```
'is', 'lambda', 'nonlocal', 'not', 'or', 'pass', 'raise', 'return',
'try', 'while', 'with', 'yield']
>>> len(keyword.kwlist)
35
```

반면에 기술적으로 예약어는 아니지만 내장된 이름들은 훨씬 더 많습니다.
__name__과 __package__처럼 이중 밑줄이 붙은 것들은 실행되는 코드에 따라
다르게 설정된다는 점에서 조금 특별합니다. 하지만 일반적인 이름들은 기본적
으로 항상 사용할 수 있는 기능을 의미합니다. 목록이 길지만, 훑어보는 것이
유용합니다. 익숙하지 않았던 이름을 새로 알게 되거나 부분적으로 잊고 있던
이름들을 떠올릴 수 있을 테니까요.

파이썬 3.12의 내장 이름 목록(이중 밑줄 제외)

```
>>> [b for b in dir(__builtins__) if not b.startswith("_") and b not
in keyword.kwlist]
['ArithmeticError', 'AssertionError', 'AttributeError',
'BaseException', 'BaseExceptionGroup', 'BlockingIOError',
'BrokenPipeError', 'BufferError', 'BytesWarning',
'ChildProcessError', 'ConnectionAbortedError', 'ConnectionError',
'ConnectionRefusedError', 'ConnectionResetError',
'DeprecationWarning', 'EOFError', 'Ellipsis', 'EncodingWarning',
'EnvironmentError', 'Exception', 'ExceptionGroup',
'FileExistsError', 'FileNotFoundError', 'FloatingPointError',
'FutureWarning', 'GeneratorExit', 'IOError', 'ImportError',
'ImportWarning', 'IndentationError', 'IndexError',
'InterruptedError', 'IsADirectoryError', 'KeyError',
'KeyboardInterrupt', 'LookupError', 'MemoryError',
'ModuleNotFoundError', 'NameError', 'NotADirectoryError',
'NotImplemented', 'NotImplementedError', 'OSError',
'OverflowError', 'PendingDeprecationWarning', 'PermissionError',
'ProcessLookupError', 'RecursionError', 'ReferenceError',
'ResourceWarning', 'RuntimeError', 'RuntimeWarning',
'StopAsyncIteration', 'StopIteration', 'SyntaxError',
'SyntaxWarning', 'SystemError', 'SystemExit', 'TabError',
'TimeoutError', 'TypeError', 'UnboundLocalError',
```

```
'UnicodeDecodeError', 'UnicodeEncodeError', 'UnicodeError',
'UnicodeTranslateError', 'UnicodeWarning', 'UserWarning',
'ValueError', 'Warning', 'ZeroDivisionError', 'abs', 'aiter', 'all',
'anext', 'any', 'ascii', 'bin', 'bool', 'breakpoint', 'bytearray',
'bytes', 'callable', 'chr', 'classmethod', 'compile', 'complex',
'copyright', 'credits', 'delattr', 'dict', 'dir', 'divmod',
'enumerate', 'eval', 'exec', 'exit', 'filter', 'float', 'format',
'frozenset', 'getattr', 'globals', 'hasattr', 'hash', 'help', 'hex',
'id', 'input', 'int', 'isinstance', 'issubclass', 'iter', 'len',
'license', 'list', 'locals', 'map', 'max', 'memoryview', 'min',
'next', 'object', 'oct', 'open', 'ord', 'pow', 'print', 'property',
'quit', 'range', 'repr', 'reversed', 'round', 'set', 'setattr',
'slice', 'sorted', 'staticmethod', 'str', 'sum', 'super', 'tuple',
'type', 'vars', 'zip']
>>> len([b for b in dir(__builtins__) if not b.startswith("_") and
b not in keyword.kwlist])
146
```

True나 None 같은 몇몇 특이한 경우는 예약어지만 그와 동시에 __builtins__
에도 포함되어 있습니다. 이렇게 '언제나 사용 가능한' 다양한 이름의 차이는 그
저 할당이 가능한지의 여부일 뿐입니다.

예약어와 내장 이름의 할당 시 차이

```
>>> FutureWarning = "FutureWarning"
>>> lambda = "λ"
  File "<stdin>", line 1
    lambda = "λ"
           ^
SyntaxError: invalid syntax
```

예약어와 내장 이름을 즉석에서 모두 외울 수 있는 파이썬 개발자는 아마 거의
없을 테지만, 대부분 이 이름을 가끔씩 사용해 보았을 것입니다.

앞의 예제와 같은 재정의는 실수로라도 발생할 확률이 매우 낮기 때문에 문
제를 일으키는 경우도 매우 적습니다. FutureWarning은 라이브러리에서 미

래에 폐기할 예정인 API에 사용됩니다. 그리고 작성자로서 또는 원숭이 패치 (monkey patch)를 이용해 라이브러리 자체에서 이를 재정의하지 않는 한, 라이브러리는 진짜 버전을 그대로 유지할 것입니다.

그러나 __builtins__에는 많은 생각을 하지 않으면 쉽게 덮어쓸 가능성이 있는 이름이 있습니다. 저 역시 많은 이름에 대해 이런 '잘못'을 저질러 왔습니다. 때로는 이 이름들이 __builtins__ 모듈에 추가되기도 전에 작성된 경우도 있습니다.

내장 이름 잘못 덮어쓰기

```python
# 함수 안에서 자연스럽게 보이는 이름 사용하기
def total_receipts(receipts):
    sum = 0
    for receipt in receipts:
        sum += receipt.amount
    return sum

# 데이터베이스 색인 컬럼
sql = "SELECT id, firstname, lastname, age FROM persons"
for row in cur.execute(sql):
    id, first, last, age = row
    if id = prior_person_id:
        raise ValueError("Cannot re-process this record")
    # ... 다른 코드
```

물론 이 예제와 같은 사용 방식에서는 '잘못'이 그리 중요하지 않을 수도 있습니다. 만약 내장 함수인 sum()이 total_receipts() 함수 안에서 사용되지 않는다면 표준 이름을 (지역적으로) 덮어썼다는 사실은 더 이상 아무런 의미가 없습니다.

id를 덮어쓰는 경우 이를 사용하는 것이 자연스럽게 느껴지겠지만, 오류 발생 확률은 더 올라갑니다. 제가 구성한 형태의 순환 구문은 더 큰 함수나 메서드의 본체 안에 존재할 수 있으며, 실제로 해당 함수가 __builtins__.id() 함수를 사용하려고 할 수 있습니다. 이 말은 이 함수가 __builtins__ 이름 공간에 여전히 존재한다는 뜻입니다. 물론 원칙적으로 이 이름을 덮어쓸 수 있지만, 아주 좋지 않은 생각입니다.

개발자가 보기에 자연스럽게 사용자 정의 변수의 이름으로 사용하고 싶은 이름은 많지 않습니다. 하지만 몇 가지는 그런 유혹을 떨치기 어려운데, 다음 예제에서 이를 확인할 수 있습니다.

내장 이름 덮어쓰기의 유해성

```
>>> input = input("Your name? ")                               # ❶
Your name? David Mertz
>>> input
'David Mertz'
>>> input = input("Your name? ")                               # ❷
Traceback (most recent call last):
  File "<stdin>", line 1, in <module>
TypeError: 'str' object is not callable
```

❶ 여기서는 내장 함수인 input()입니다.

❷ 이제 input이라는 이름은 문자열로 넘어간 상태입니다.

이 코드는 순전히 예를 들기 위해 가상으로 만든 잘못된 예제일 뿐이며, 실제 코드를 작성할 때 제가 이런 잘못을 저지른 적은 없다고 단언할 수 있습니다. 솔직히 저는 지역 변수에 StopAsyncIteration이라는 이름을 붙이려고 생각해 본 적이 없는데, 제 프로그램에서 사용자 정의 값에 직관적으로 사용되는 이름처럼 보였기 때문입니다. 이러한 잘못을 자연스럽게 저지를 만한 이름은 20개가 채 되지 않을 것입니다.

이 문제에 대한 일반적인 해결책은 다음 예제와 같이 사용자 정의 이름의 뒤에 밑줄을 추가하는 것입니다.

```
>>> input_ = input("Your name? ")
Your name? Bob Loblaw
>>> input_
'Bob Loblaw'
>>> input_ = input("Your name? ")
Your name? Kitty Sanchez
>>> input_
'Kitty Sanchez'
```

4.2.2 보호된 속성에 직접 접근하기

클래스나 모듈이 자체적으로 사용하기 위해 정의한 보호된(protected) 이름에 해당 클래스나 모듈 외부에서 접근하려는 시도는 (일반적으로) 잘못된 것입니다. 파이썬에서는 프로그래밍적으로 이에 대해 어떤 제한도 하지 않기에 접근하기 매우 용이합니다. 따라서 이 이름들을 직접 사용하려는 유혹에 말려들기 쉽지만, 반드시 피해야 합니다. 그러나 많은 파이썬 코드가 이 요구 사항을 만족하지 못하며 그 결과 종종 문제가 발생합니다.

파이썬에는 모듈, 클래스, 이름 공간을 정의하는 객체와 같이 이름 공간 내의 이름을 정의하는 관행이 있는데, 하나 또는 두 개의 밑줄을 이름 앞에 붙여 해당 이름을 보호된 이름이나 비공개(private) 이름으로 선언할 수 있습니다. 이러한 구분 방식은 C++, Java 같은 언어와 유사하지만, 파이썬의 방식은 매우 헐거워서 단지 이름 앞에 밑줄을 하나만 붙이면 보호된 이름으로 간주하고 두 개를 붙이면 비공개 이름으로 간주하는 것입니다. 하지만 이는 잘해 봐야 약한 비유에 가깝습니다.

또한 파이썬에는 이름의 앞과 뒤에 이중 밑줄을 사용하는 관행이 있는데, 공식 문서에서 언급하고 있듯이 어떤 연산자를 재정의하거나 내장 기능이나 표준 라이브러리의 기능을 지원하는 목적 외에는 이 이름을 사용하면 안 됩니다.

프레임워크인 경우에 한해 내부적인 목적으로 사용하는 이중 밑줄 이름이 허용될 수 있지만, 사실 그러한 패턴도 피하는 것이 좋습니다. 예를 들어 클래스와 관련이 있다면 .__lshift__()나 .__call__()을 반드시 재정의해야 하지만, .__modify__()와 같은 이름을 사용하는 것은 피해야 합니다. 다른 이유는 차치하더라도 파이썬의 이후 버전에서 이 이름을 추가할지도 모르기 때문입니다.

모듈과 클래스 제작자들은 '이 속성을 직접 사용하지 마십시오'라는 요구 사항을 사용자에게 알리기 위해 속성 이름 앞에 밑줄을 붙이는 관행을 흔히 따릅니다. 물론 그 방식을 개발자들에게 프로그래밍적으로 강제할 수는 없지만, 최소한 그러한 의도는 명확하게 전달할 수 있습니다.

예제로 합리적인 기능과 코드를 가진 선형 합동 생성기(Linear Congruential Generator, LCG) 클래스를 작성해 보겠습니다.[4] '8장 보안'의 '무작위성의 종류' 절에서, 파이썬의 유사 난수 생성기(Pseudo-Random Number Generator, PRNG)인 메르센 트위스터에 대해 자세히 살펴볼 것입니다. 일반적으로 선형 합동 생성기가 파이썬이 제공하는 유사 난수 생성기보다 좋지 않다고 인식되지만, 선형 합동 생성기 역시 여전히 운영 중인 많은 상용 소프트웨어에서 유사 난

---

4 https://ko.wikipedia.org/wiki/선형_합동_생성기

수 생성기로 사용되고 있는 만큼, (설정에 따라 다르겠지만) 아주 형편없지는
않습니다.

```python
class LinearCongruentialGenerator:
    def __init__(self, seed: int = 123):                # ❸
        self.__seed: int = seed                         # ❶
        self._multiplier: int = 1_103_515_245           # ❷
        self._modulus: int = 2**32                      # ❷
        self._increment: int = 1                        # ❷

        # 따라야 할 간단한 규칙들
        assert 0 < self._modulus
        assert 0 < self._multiplier < self._modulus
        assert 0 <= self._increment < self._modulus
        assert 0 <= seed < self._modulus

        # 점화식의 초기 적용
        self._state = ((self._multiplier * self.__seed + self._
increment) % self._modulus)

    @property
    def seed(self):
        return self.__seed

    def next(self):
        # 상태 증가
        self._state = ((self._multiplier * self._state + self._
increment) % self._modulus)
        return self._state / self._modulus
```

❶ '비공개' 속성입니다.

❷ '보호된' 속성입니다.

❸ 자료형 주석(type annotation)은 실행 시 강제되지는 않지만 그 의도를 문서화합니다.

이 클래스는 닫힘을 의미하는 0과 열림을 의미하는 1 사이에서 꽤 좋은 품질의
유사 난수를 생성합니다. 2**32 미만의 모든 정수 씨앗 값(seed)에 대해 서로
다른 난수 순서열을 생성합니다. 이 클래스의 사용 예는 다음과 같습니다.

```
>>> lcg = LinearCongruentialGenerator(456)
>>> [lcg.next() for _ in range(8)]
[0.9508262551389635, 0.8921057728584856, 0.5018460648134351,
0.16488368925638497, 0.7462635268457234, 0.6617225247900933,
0.06575838476419449, 0.07386434846557677]
>>> lcg2 = LinearCongruentialGenerator(9876)
>>> [lcg2.next() for _ in range(8)]
[0.9167962749488652, 0.9652843165677041, 0.09186752885580063,
0.6128534006420523, 0.5585974934510887, 0.8420640060212463,
0.9102171016857028, 0.9698882394004613]
```

난수 생성기의 본래 목적을 달성하기 위해, 사용자가 생성기에서 사용되는 씨
앗 값을 확인할 수 있게 하는 것은 괜찮지만, 씨앗 값을 직접 수정하는 것은 불
가능해야 합니다.

```
>>> lcg.seed
456
>>> lcg.seed = 789
Traceback (most recent call last):
[...]
AttributeError: property 'seed' of 'LinearCongruentialGenerator'
object has no setter
```

이렇게 '비공개' 속성(attribute)에 접근하기 위해 읽기 전용 특성(property)을 사용
하는 패턴은 항상 염두에 두어야 하는 방법입니다. 클래스를 만든 이로서, 이
클래스의 인스턴스가 초기화에 사용된 씨앗 값을 항상 거짓 없이 알려주기를
원합니다.

하나의 밑줄로 시작하는 '보호된' 속성은 그리 민감하지 않습니다. **아마** 이러한
속성을 변경하여 기능을 '합리적'으로 유지시킬 수도 있을 것입니다. 물론 때에
따라서는 그렇지 않을 수도 있습니다.

```
>>> lcg3 = LinearCongruentialGenerator(456)
>>> [lcg3.next() for _ in range(3)]                                    # ❶
[0.9508262551389635, 0.8921057728584856, 0.5018460648134351]

>>> lcg3._multiplier = 22695477                                        # ❷
>>> [lcg3.next() for _ in range(3)]
[0.8215138253290206, 0.1279368051327765, 0.818344411207363]

>>> lcg3._multiplier = 0                                               # ❸
>>> [lcg3.next() for _ in range(2)]
[2.3283064365386963e-10, 2.3283064365386963e-10]
```

❶ 씨앗 값 기반의 초기 숫자는 재현 가능합니다.

❷ 합리적인 곱셈기(multiplier)이지만 씨앗 값에서의 재현성을 손상시킵니다.

❸ 곱셈기의 잘못된 선택은 생성기를 심각하게 손상시킵니다.

앞의 예에서 볼 수 있는 0의 곱셈기는 **최악**으로, 이를 사용하면 생성기가 항상 같은 숫자만 생성하게 됩니다. 일부 다른 값도 나쁜 선택이 될 수 있지만, 대부분 분포를 악화시킬 뿐입니다. 좋은 곱셈기, 나머지 연산, 증가치에 대한 구체적인 세부 사항을 논하려면 상대적으로 매우 복잡한 정수론(number theory)으로 들어가며, 소수성(primality), 상대 소수성(relative primality), 특히 곱셈기가 4로 나누어지는 성질(divisibility)을 비롯한 여러 요소들이 영향을 미칩니다. 다시 말해, 일반 사용자들은 이러한 클래스의 세부 사항을 일부 또는 전혀 모를 테니, 이러한 속성을 건드리면 안 됩니다.

> **Note ≡ 밑줄 이름의 첫 번째 규칙은 '이름 가공에 대해 이야기하지 않는 것'입니다.**
>
> 파이썬의 초기 이중 밑줄 이름에는 작은 비밀이 숨겨져 있습니다. 이 이름은 사실 비공개가 아니며, 사용자가 이름 가공(name mangling)에 대해 알고 있다면 어렵지 않게 접근할 수 있습니다. 다음 예를 살펴보겠습니다.
>
> ```
> >>> lcg.__seed
> Traceback (most recent call last):
> [...]
> ```

↻ 계속

비공개 또는 보호된 속성을 사용할 때 발생할 수 있는 또 다른 위험은 해당 모
듈이나 라이브러리의 개발자가 다음 버전에서도 해당 속성을 유지할지 확신할
수 없다는 것입니다. 해당 코드의 개발자가 매우 합리적인 이유로 코드를 재설
계하거나 리팩토링할 수 있으며 예제 클래스의 lcg.seed나 lcg.next()와 같은
문서화된 인터페이스에 대한 역호환성만 유지될 가능성도 있습니다.

예를 들면 저는 예제에 제시한 LCG 코드의 개발자로서 2의 거듭제곱에 대한
나머지 값을 변경해 사용하도록 할 수 있습니다. 지금은 이 값이 코드 안에 고
정(hard coding)되어 있지만, 하위 클래스를 이용하면 외부로 노출된 API는 그
대로 유지하되 내부 구조를 전부 변경할 수도 있습니다. 이에 따라 다음과 같이
구현을 변경할 수 있습니다.

```python
class LinearCongruentialGenerator:
    def __init__(self, seed: int=123):
        self.__seed: int = seed
        self._multiplier: int = 1_103_515_245
        self._modpow: int = 32
        self._increment: int = 1

    # ...다른 코드...
```

```
    def next(self):
        # 상태 증가
        self._state = ((self._multiplier * self._state + self._
increment) % 2**self._modpow)
        return self._state / 2**self._modpow
```

새로운 구현은 이전 구현에서 문서화된 모든 기능을 그대로 유지하고 있기 때문에, 동일한 씨앗 값이 주어지면 정확히 동일한 숫자 연속 순서열을 생성할 것입니다. 그러나 보호된 속성인 ._modulus는 이 버전에서 더 이상 존재하지 않습니다. 그 속성에 부적절하게 의존했던 하위 사용자는 자신의 코드가 깨지는 경험을 하게 될 것입니다. 심지어 해당 값을 변경하지 않고 확인만 했다 하더라도 이는 달라지지 않습니다. 그런데 보호된 속성을 실제로 수정하는 코드를 작성했다면 오히려 오류가 확실하게 드러나지 않을 수 있습니다. 파이썬 인스턴스가 어떤 목적으로도 사용되지 않는 속성을 연결할 수 있기 때문입니다. ._modulus를 변경하더라도 생성된 연속 순서열에는 어떠한 영향도 미치지 않는데, 다시 말해 이런 상황은 코드를 잘못 작성한 하위 사용자들에게 당황스러운 일입니다.

마지막으로 이름 앞에 밑줄을 붙이는 것에 대해 모듈과 클래스가 매우 유사하다는 점을 언급하고 넘어가겠습니다. 모듈 내부에는 종종 이러한 비공개 또는 보호된 이름이 있을 것입니다. import의 기제는 이러한 것들에 대한 접근성을 약간 떨어뜨리지만, 그렇다고 완벽하게 가려주지도 않습니다. 그럼에도 불구하고 모듈의 개발자가 특정 이름을 사용하지 말 것을 요청했다면, 그 말을 믿고 문서화되어 있거나 드러난 이름만 사용해야 합니다.

4.3 사용 빈도가 낮은 기능에 주목하기

파이썬에는 훌륭하지만 자주 떠올릴 필요가 없는 기능이 많이 있습니다. 그러나 해당 기능이 필요할 때 이를 모르거나 활용하지 않는 것은 잘못입니다.

> **Note ≡ 가끔 예외가 적용되는 규칙들**
>
> 이 절의 내용에 위반되지만 그것이 적절한 특이한 경우가 몇 가지 있습니다. 심지어 파이썬의 표준 라이브러리에도 존재합니다. 가장 주목할 만한 경우는 다음과 같습니다.
>
> ```
> >>> from collections import namedtuple
> >>> Person = namedtuple("Person", "first last handedness")
> >>> david = Person("David", "Mertz", "Left")
> >>> david
> Person(first='David', last='Mertz', handedness='Left')
> >>> david._fields
> ('first', 'last', 'handedness')
> >>> david._asdict()
> {'first': 'David', 'last': 'Mertz', 'handedness': 'Left'}
> ```
>
> namedtuple이 해결해야 하는 특별한 문제는 Person과 같이 생성된 특별 객체가 가지는 속성이 무엇이든 가능하다는 것입니다. 일부 namedtuple 클래스에는 .fields라는 항목이 완벽하게 합리적일 수 있습니다. 반면에 .asdict라는 이름의 항목은 조금 합리성이 떨어집니다.
>
> 이 상황을 비롯한 극소수의 다른 상황에는 namedtuple에서 실제로 문서화되거나 약속된 API에는 이름 앞에 하나의 밑줄이 붙어 있는 속성과 메서드가 여러 개 포함되어 있습니다.

아는 것이 힘입니다. 대체로 이 말은 틀리지 않습니다. 하지만 다음 장에서는 '모르는 게 약이다'라는 격언이 더 적절한 경우를 살펴볼 것입니다.

4.3.1 f 문자열 디버깅

이 책에는 유용한 기능을 모르기에 저지르는 잘못이 몇 가지 있습니다. **f 문자열 디버깅**으로 할 수 있는 작업은 다른 방법으로도 완벽하게 처리할 수 있습니다. 이 기법을 사용하면 코드를 더 보기 좋게 만들 뿐만 아니라 좀 더 쉽게 디버깅할 수 있을 뿐입니다.

파이썬 3.8부터 지원하는 작지만 놀랍도록 멋진 기능은 f"{var=}" 패턴을 사용하는 f 문자열 형식입니다. 이 형식은 단순히 일반적인 f 문자열의 형식 규칙에 따라 변수의 이름과 그 값을 포함한 형식의 문자열을 생성합니다. 이 형식을 좀 더 자세히 표현하더라도 f"var={var}" 정도일 뿐입니다.

앞의 '3장 파이썬의 여러 가지 함정'에서 '비어 있거나' 혹은 지나치게 일반적인 예외가 잘못인 이유와 그 문제를 해결하는 방법에 대해 살펴본 바 있습니다. 다음 코드는 지나치게 일반적인 예외를 사용하고 있다고 느껴지겠지만 예외 처리를 원하는 수준으로 세밀하게 조정하는 과정에서 유용할 수 있습니다.

code/divide1b.py 소스 코드

```python
#!/usr/bin/env python
import sys
numerators = sys.argv[1]
denominators = sys.argv[2]

try:
    ratios = []
    num_fh = open(numerators)
    den_fh = open(denominators)
    for string_a, string_b in zip(num_fh, den_fh, strict=True):
        a = float(string_a.strip())
        b = float(string_b.strip())
        ratios.append(a/b)
    print([f"{r:.3f}" for r in ratios])
except Exception as err:
    print("Unable to perform divisions")
```

앞에서 이와 거의 동일한 코드에 대해 이야기할 때 살펴본 것처럼, 이 스크립트에서는 여러 가지 많은 문제가 발생할 가능성이 있습니다. 하지만 잠시 뒤에 이 코드가 보여 주는 일반적인 오류의 구체적인 원인을 확인하는 방법을 살펴보겠습니다.

```
[BetterPython]$ code/divide1b.py numerators1.txt denominators1.txt
Unable to perform divisions
[BetterPython]$ code/divide1b.py numerators1.txt denominators2.txt
Unable to perform divisions
[BetterPython]$ code/divide1b.py numerators1.txt denominators3.txt
Unable to perform divisions
[BetterPython]$ code/divide1b.py numerators1.txt denominators4.txt
Unable to perform divisions
[BetterPython]$ code/divide1b.py numerators1.txt denominators5.txt
['0.738', '1.150', '2.000', '0.326', '0.000', '0.963']
```

이 책에서 볼 수 있는 대부분의 코드와 마찬가지로 이 예제 코드도 간단한 코드입니다. 하지만 개발 중인 라이브러리나 애플리케이션의 함수에서 비슷한 논리를 쉽게 발견할 수 있습니다. 실제로 이 함수는 오류들을 전혀 만나지 못한 채 오랫동안 동작할 수도 있습니다. 하지만 예제에서 **무엇이** 잘못된 것인지 파악할 필요가 있습니다.

디버거(debugger)를 사용하는 것은 분명히 가치 있는 접근 방법입니다.[5] 또한 다음 코드에서 출력되고 있는 상세 정보를 로깅 체계로 보내는 것이 바람직할 때가 많습니다. 먼저 출력되는 오류가 좀 더 가치 있는 정보를 포함하도록 수정해 봅시다.

code/divide1c.py 소스 코드

```
#!/usr/bin/env python
import sys
numerators = sys.argv[1]
```

---

[5] 개인적으로는 표준 라이브러리 모듈 PDB 기반의 PuDB에 특별한 애정을 가지고 있습니다. 하지만 많은 개발자들이 VS Code나 PyCharm과 같은 그래픽 사용자 인터페이스 편집기나 통합 개발 환경에 포함된 더욱 시각적인 디버거를 선호할 것입니다.

```
denominators = sys.argv[2]
num_fh = den_fh = string_a = string_b = None

try:
    ratios = []
    num_fh = open(numerators)
    den_fh = open(denominators)
    for string_a, string_b in zip(num_fh, den_fh, strict=True):
        a = float(string_a.strip())
        b = float(string_b.strip())
        ratios.append(a/b)
    print([f"{r:.3f}" for r in ratios])
except Exception as err:
    print("Unable to perform divisions")
    print(f"{err=}\n{numerators=}\n{denominators=}\n"
          f"{num_fh=}\n{den_fh=}\n{string_a=}\n{string_b=}")
```

오류가 발생한 두 가지 경우를 확인해 보면 무엇이 잘못되었는지 이해하기 훨씬 쉬워집니다. 이를 통해 특정 문제를 방지하거나 확인하는 가장 적합한 방법을 결정할 수 있습니다.

```
[BetterPython]$ code/divide1c.py numerators1.txt denominators1.txt
Unable to perform divisions
err=ZeroDivisionError('float division by zero')
numerators='data/numerators1.txt'
denominators='data/denominators1.txt'
num_fh=<_io.TextIOWrapper name='data/numerators1.txt' mode='r'
encoding='UTF-8'>
den_fh=<_io.TextIOWrapper name='data/denominators1.txt' mode='r'
encoding='UTF-8'>
string_a='3\n'
string_b='0\n'

[BetterPython]$ code/divide1c.py numerators1.txt denominators3.txt
Unable to perform divisions
err=PermissionError(13, 'Permission denied')
numerators='data/numerators1.txt'
denominators='data/denominators3.txt'
```

```
num_fh=<_io.TextIOWrapper name='data/numerators1.txt' mode='r'
encoding='UTF-8'>
den_fh=None
string_a=None
string_b=None
```

다음 예제처럼 특별한 = 표시로 f 문자열과 일반적인 형식화 선택 사항을 함께
사용할 수 있습니다.

```
>>> from math import pi
>>> f"{pi=:<0.6f}"
'pi=3.141593'
```

4.3.2 가공자의 우아한 마법

앞 절과 뒤의 두 절에서 다루는 내용과 마찬가지로, 이 절에서 다루는 문제는
무언가를 잘못 써서 생긴 잘못이 아니라 무언가를 빠뜨려서 생긴 잘못에 해당
합니다. 가공자가 반드시 필요한 작업은 없지만, 가공자를 사용하면 코드의 품
질과 가독성이 향상되는 경우가 많습니다.

> **Note ☰** **'더 이상 아무것도 없다'의 문자 그대로의 의미**
>
> 제가 가공자는 전혀 필요하지 않다고 말하는 것은, **엄밀한 의미**(stricto sensu)에서 굳이 **사용하
> 지 않아도 되는** 편리한 기능과 달리 좀 더 문자 그대로의 의미로 이야기하는 것입니다. 가공자
> 가 사용된 모든 코드는 기계적인 작은 변환을 통해 가공자를 사용하지 않는 코드로 다시 작성
> 할 수 있습니다.
>
> **가공자의 사용 예**
>
> ```
> @some_decorator
> def my_function(this, that):
>     # 내부 구현
>     return a_value
> ```

○ 계속

앞의 코드와 의미는 완전히 동일하지만, 다음과 같이 의미를 덜 강조하는 형태로 작성할 수 있습니다.

가공자 없이 재작성

```
def my_function(this, that):
    # 내부 구현
    return a_value

my_function = some_decorator(my_function)
```

두 코드의 의미가 동일하다는 것은 가공자가 실제로 하는 일을 정확히 설명해 줍니다. 함수 또는 클래스를 정의할 때 사용한 이름을 원본 함수 또는 클래스를 매개 변수로 받아 변환된 객체를 반환하는 새로운 객체에 연결하는 것 그 이상도 이하도 아닙니다.

파이썬에서는 필요로 하는 공통 기능을 여러 개의 함수에서 구현해야 할 때, 함수 내부에 해당 기능을 직접 구현하는 대신 가공자를 통해 대량의 함수와 클래스에 해당 공통 기능을 '주입(inject)'할 수 있는데, 여기서 가공자의 가치는 이런 일종의 관점 지향 프로그래밍[6]을 제공하는 것이라고 할 수 있습니다.

함수를 특정 작업을 수행하는 것으로 간주하면, 관점에 해당하는 가공자는 많은 함수가 각각 자신의 작업을 실행하는 방식을 재구성하는 것이라고 생각할 수 있습니다. 매우 객체 지향적인 사고 방식을 기반으로 기본 클래스나 혼합(mixin)을 사용하여 다른 객체에 공통된 기능을 부여할 수 있지만, 대부분의 경우 가공자를 사용하는 것이 객체 지향 프로그래밍 기반의 설계보다 더 간결하고 가독성이 높으며 취약점도 훨씬 더 적습니다.

또한 많은 가공자가 파이썬 자체에 내장되어 있거나 표준 라이브러리 모듈[7] 내에 존재합니다. 이 중 소수의 몇 가지는 횡단 관심사(cross-cutting concern)와 관련이 있지만, 어쨌든 가공자는 함수, 클래스 또는 클래스의 메서드 앞의 접두사(prefix)라는 우아한 형태로 정의되어 대상을 특별하게 구성합니다.

---

[6] https://ko.wikipedia.org/wiki/횡단_관심사
[7] 특히 functools

이 절의 내용은 둘로 나눌 수 있습니다. 먼저 유용한 가공자, 특히 관점 지향적인 가공자를 직접 작성하는 방법을 살펴보고, 이어서 가장 일반적이고 유용한 '표준' 가공자에 대해서 살펴보겠습니다. 두 가지 요소 모두 반드시 알아 두어야 할 만한 충분한 가치가 있으며, 이를 활용하지 못하면 코드의 품질은 더 나빠질 것입니다.

가공자 작성하기

일반적으로 가공자는 간단히 다른 함수를 매개 변수로 받아 **어떤 것**을 반환하는 함수입니다. 파이썬의 의미론 안에서 그 어떤 것은 모든 파이썬 객체가 **해당될 수 있습니다**. 그러나 거의 대부분의 상황에서 함수와 메서드에 적용된 가공자는 거의 항상 호출 가능한 객체(callable)를 반환합니다. 게다가 이 호출 가능한 객체는 거의 항상 가공된 함수나 메서드와 동일하거나 적어도 거의 동일한 호출 특징(call signature)[8]을 가집니다. 클래스에 적용된 가공자는 새로운 클래스를 반환하지만, 이 클래스는 코드 안에서 직접적으로 대상 클래스를 조정하거나 향상시키는 등의 밀접한 목적을 가지는 클래스입니다.

다음 코드에서 아주 간단한 좋은 예와 나쁜 예를 확인할 수 있습니다. '좋은' 가공자를 작성하는 더 나은 방법을 이해하기 위해 천천히 음미하며 읽어 보세요.

(아주) 좋은 가공자와 나쁜 가공자

```
>>> def bad_decorator(fn):                          # ❶
...     return 42
...
>>> @bad_decorator
... def fused_multiply_add(a, b, c):
...     return (a * b) + c
...
>>> fused_multiply_add(4, 7, 3)
Traceback (most recent call last):
[...]
```

---

8 함수나 메서드의 매개 변수 구조와 자료형 정보 그리고 반환 값의 자료형 정보를 뜻합니다.

```
TypeError: 'int' object is not callable

>>> import sys
>>> def ok_decorator(fn):
...     def inner(*args, **kws):
...         print(f"Calling {fn.__name__}{args}", file=sys.stderr)
...         return fn(*args, **kws)
...     return inner
...
>>> @ok_decorator
... def fused_multiply_add(a, b, c):
...     return (a * b) + c
...
>>> fused_multiply_add(4, 7, 3)
Calling fused_multiply_add(4, 7, 3)                          # ❷
31
>>> fused_multiply_add.__name__                              # ❸
'inner'
```

❶ 이 가공자를 좋게 이야기하면 '표기법을 남용'한 것입니다.

❷ 주입된 이 횡단 기능은 '꽤 훌륭한 것'입니다.

❸ 자기 검사의 세부 사항을 잃어버리는 것은 좋지 않지만 해결 가능합니다.

횡단 관심사를 표현하는 꽤 훌륭한 가공자를 두 개 작성해 보겠습니다. 이 작성 과정에는 파이썬 표준 라이브러리에 포함되어 있는 매우 좋은 가공자 생성기 (decorator factory)를 사용합니다.

벡터화 가공자

```
>>> from functools import wraps
>>> from collections.abc import Sequence
>>> def vectorize(fn):
...     @wraps(fn)                                          # ❶
...     def inner(*args):
...         if len(args) > 1:                               # ❷
...             return fn(*args)
```

```
...            elif isinstance(args[0], Sequence):
...                return [fn(*a) for a in args[0]]
...            else:                                          # ❸
...                raise ValueError("Requires original arguments or
sequence of tuples")
...        return inner
...
>>> @vectorize
... def fused_multiply_add(a, b, c):
...     "Multiply and accumulate"
...     return (a * b) + c
...
>>> fused_multiply_add(4, 7, 3)
31
>>> fused_multiply_add([(4, 7, 3), (7, 2, 4), (12, 1, 5)])
[31, 18, 17]

>>> fused_multiply_add.__name__
'fused_multiply_add'
>>> fused_multiply_add?                                        # ❹
Signature: fused_multiply_add(a, b, c)
Docstring: Multiply and accumulate
File:      ~/git/PythonFoibles/...
Type:      function
```

❶ 함수의 호출 특징을 보존하는 데 도움이 되는 편리한 **가공자 생성기**입니다.

❷ 원본 함수가 두 개 이상의 인자를 받는다고 가정합니다.

❸ 이미 하나의 연속 순서열을 받고 있는 함수를 벡터화할 때는 동작하지 않습니다.

❹ @wraps(fn)을 이용해 함수의 모든 속성을 보존합니다.

> **Note ≡**   **가공자와 가공자 생성기**
>
> 가공자와 가공자 생성기 사이에는 종종 간과되는 구분이 있습니다. 심지어 파이썬의 공식 문서에서조차 이 구분이 명확하지 않은 경우가 많습니다.

↻ 계속

실제 가공자는 함수, 메서드, 클래스를 받아 수정된 형태로 반환합니다. 그러나 일반적으로 사용되는 많은 가공자는 사실상 매개 변수 형태인 '가공자 생성기'입니다. 이러한 생성기는 완전히 다른 매개 변수를 전달받고, 자체적으로 가공자를 반환합니다. 실제로 많은 가공자들은 이 두 가지 역할을 모두 수행하도록 구성되어 있습니다. 물론 이는 혼란을 가져올 수는 있지만 함수 자체를 더 유용하게 만들어 줍니다.

예를 들어 훌륭한 표준 라이브러리인 lru_cache는 이러한 이중 기능을 제공합니다.

```
>>> def mandelbrot(z0:complex, orbits:int=255) -> int:        # ❶
...     z = z0
...     for n in range(orbits):
...         if abs(z) > 2.0:
...             return n
...         z = z * z + z0
>>> %timeit mandelbrot(0.0965-0.638j)                         # ❷
1.7 µs ± 6.82 ns per loop (mean ± std. dev. of 7 runs, 1,000,000
loops each)
>>> from functools import lru_cache
>>> @lru_cache
... def mandelbrot(z0, orbits=255):
...     z = z0
...     for n in range(orbits):
...         if abs(z) > 2.0:
...             return n
...         z = z * z + z0
...
>>> %timeit mandelbrot(0.0965-0.638j)                         # ❸
91.8 ns ± 0.507 ns per loop (mean ± std. dev. of 7 runs,
10,000,000 loops each)

>>> @lru_cache(maxsize=50, typed=True)                        # ❹
... def mandelbrot(z0, orbits=255):
...     z = z0
...     for n in range(orbits):
...         if abs(z) > 2.0:
...             return n
...         z = z * z + z0
```

○ 계속

❶ 자료형 주석은 문서화를 위한 것으로, 기능상 어떤 효과도 가지고 있지 않습니다.

❷ 가공되지 않은 mandelbrot() 함수는 하나의 점과 255번 반복 기준으로 꽤 빠르게 동작합니다.

❸ %timeit은 많이 호출되기 때문에 거의 대부분의 호출이 캐시되어 더 빨라집니다.

❹ 가공자 생성기는 @lru_cache 기능의 세부 사항을 변경합니다.

이 가공자의 큰 장점은 여러 개의 매개 변수를 받는 **어떤** 함수에서도 내부에서 벡터화에 대한 조건 논리를 다시 작성하지 않고도 재사용할 수 있다는 것입니다. 따라서 가공하는 모든 함수는 수행해야 할 연산에만 집중할 수 있으며, 벡터화에 관련된 부분은 가공자에게 모두 맡길 수 있습니다.

물론 NumPy의 'ufuncs[9]'도 NumPy 배열을 비롯한 연속 순서열에 대해 같은 일을 하며, 심지어 더 최적화되어 있습니다. 하지만 예제의 코드는 벡터화 가능한 모든 파이썬 연속 순서열에도 사용할 수 있습니다.

이와 비슷하게 함수가 얼마나 자주 호출되는지 추적하는 상황을 가정해 봅시다.

함수 호출 횟수 세기

```
>>> def count_calls(fn):
...     @wraps(fn)
...     def inner(*args):
...         inner.num_calls += 1
...         return fn(*args)
...     inner.num_calls = 0
...     return inner
...
>>> @count_calls
... def fused_multiply_add(a, b, c):
...     return (a * b) + c
...
>>> [fused_multiply_add(*args) for args in [(4, 7, 3), (7, 2, 4),
(12, 1, 5)]]
```

---

9 https://numpy.org/doc/stable/reference/ufuncs.html

```
[31, 18, 17]
>>> fused_multiply_add.num_calls
3
>>> fused_multiply_add(7, 6, 5)
47
>>> fused_multiply_add.num_calls
4
```

파이썬 함수는 추가 속성을 완벽하고 자유롭게 덧붙일 수 있으며, 이를 통해 실행 시 함수의 사용과 관련된 상태를 유지합니다.

표준 가공자

파이썬 표준 라이브러리에는 유용한 가공자가 많이 포함되어 있습니다. 앞 절에서 `__builtins__`의 @property에 대해 언급한 바 있는데, 이와 유사하게 @staticmethod와 @classmethod 가공자도 클래스 내 메서드의 동작을 변경하는 방법으로 사용됩니다.

이 절의 앞부분에서 @functools.lru_cache가 동일한 매개 변수가 주어졌을 때 항상 같은 값을 반환하는 순수 함수(pure function)의 속도를 어떻게 높일 수 있는지 확인했습니다. 표준 라이브러리에 포함된 흥미로운 가공자 중 하나인 @dataclasses.dataclass는 주로 '기록(record)'을 저장하는 데 사용되는 클래스의 기능을 '향상'시켜 줍니다. 데이터 클래스는 '6장 적절한 데이터 구조 선택하기'에서 다룰 예정입니다.

@functools.lru_cache와 유사한 가공자로는 파이썬 3.9에 추가된 @functools.cache가 있습니다. 이는 최근에 가장 사용 빈도가 낮은(least-recently-used, LRU) 캐시의 무한 변형입니다. 두 방법에는 모두 장단점이 있습니다. 무한 캐시는 더 빠르지만 메모리의 사용을 무한정 늘릴 수도 있습니다.

클래스에 사용되는 가공자에는 @functools.total_ordering이라는 흥미로운 가공자가 있습니다. 사용자 정의 클래스의 인스턴스에 정렬 기능을 부여하고 동등성과 비동등성의 비교를 지원하려면 .__lt__(), .__le__(), .__gt__(), .__ge__(), .__eq__()를 구현해야 합니다. 이를 구현하기 위해 많은 작업이 필요하지만, 가공자를 사용하면 이 과정을 더 쉽게 처리할 수 있습니다.

```
>>> import random
>>> from functools import total_ordering, cached_property
>>> @total_ordering
... class Person:
... def __init__(self, firstname, lastname):
...     self.firstname = firstname
...     self.lastname = lastname
...
... def __eq__(self, other):                                    # ❶
...     return (self.firstname == other.firstname and self.lastname
== other.lastname)
...
... def __gt__(self, other):                                    # ❶
...     return ((self.lastname, self.firstname) > (other.lastname,
other.firstname))
...
... @cached_property                                            # ❷
... def lucky_number(self):
...     print(f"Generating for {self.firstname} {self.lastname}")
...     return random.randint(1, 100)
...
>>> person1 = Person("David", "Mertz")
>>> person2 = Person("Guido", "van Rossum")
>>> person3 = Person("Grace", "Hopper")
>>> person1 <= person3                                          # ❸
False

>>> person1.lucky_number
Generating for David Mertz
88
>>> person1.lucky_number                                        # ❹
88
>>> person2.lucky_number
```

```
Generating for Guido van Rossum
17
>>> person2.lucky_number                                    # ❹
17
```

❶ 비교를 위한 이중 밑줄 메서드 중 두 가지를 구현하면 나머지 비교 연산은 자동으로 생성됩니다.

❷ 이 속성은 한 번만 계산되며 이후에는 캐시 값을 반환합니다.

❸ 비교 연산인 .__le__()는 직접 구현하지 않았음에 유의합니다.

❹ 두 번째 접근은 부작용도 없으며 randint()를 다시 호출하지도 않습니다.

파이썬 표준 라이브러리 곳곳에 유용한 가공자가 많이 있고, 많은 라이브러리와 프레임워크에서도 자체적인 가공자를 제공합니다. 대부분의 경우에 가공자는 명시적으로 코드를 작성하지 않아도 깔끔하고 최소한의 표현으로 가독성 높은 코드를 생성하도록 도와줍니다. 물론 다른 요소들과 마찬가지로 가공자 역시 잘못 사용될 가능성이 있지만, 제대로 사용하면 코드를 더욱 파이썬다운 코드로 만들어 줍니다.

4.3.3 itertools (충분히) 사용하기

여기서는 개발자들이 itertools 모듈이라는 더 나은 방식을 놔두고 먼 길로 돌아가는 경우를 설명합니다. 이 함정이 잘못된 결과 값을 보여 주는 경우는 거의 없지만, 종종 올바른 결과 값을 더 느리게 보여 주며, 때로는 대문자 O 시간 복잡도가 훨씬 나쁘기 때문에 사용 가능한 시간과 컴퓨터의 자원을 빠르게 소모하는 경우도 있습니다.

기본 파이썬 언어는 매우 강력합니다. 파이썬이 강조하는 개념에는 느긋한 계산(lazy computation)이 있습니다. 구체적으로 파이썬에서 반복 가능한 객체는 매우 크거나 크기에 제한이 없을 수 있습니다. 물론 (일반적으로) 구상 컬렉션도 반복 가능하지만, 구상 컬렉션이 아닌 많은 반복 가능한 객체는 한 번에 정확하게 하나의 객체만 생성하는 좋은 형태를 갖추고 있으며, 메모리 역시 거의 해당 객체가 필요로 하는 만큼만 사용합니다.

> **Note ≡ 반복 가능한 객체와 반복자**
>
> 이 개념에 익숙하지 않은 경우, 반복 가능한 객체(iterable)와 반복자(iterator) 사이의 다소 미묘한 차이를 간과하기 일쑤입니다. 많은 반복 가능한 객체가 반복자이기도 하다는 사실이 이 혼란스러움을 해소시켜 주지는 않습니다. 이들은 각각 collections.abc.Iterable과 collections.abc.Iterator에 의해 프로그래밍적으로 정의됩니다.
>
> 간단히 말해 반복 가능한 객체는 내장 함수인 iter()에 전달되면 반복자를 반환하는 객체입니다. 반복자는 내장 함수 next()에 전달되면 값을 반환하거나 StopIteration을 발생시키는 단순한 객체입니다. 이 간단한 두 가지 속성이 반복 가능한 객체와 반복자를 반복 구문, 순환 표현식, 반복 가능한 상황에서 멋진 동작을 이끌어냅니다.
>
> 생성기 함수가 호출되면 반복자를 반환합니다. 하지만 반복 가능한 객체와 반복자는 사용자 정의 클래스에서도 정의될 수 있습니다. 일반적으로 객체를 연산자 및 내장 함수와 함께 동작할 수 있도록 하는 것은 이중 밑줄 메서드입니다. 다음 코드는 이러한 클래스의 전형적인 예입니다.

반복 가능한 클래스는 반복자이기도 합니다

```
>>> class Ones:
...     def __next__(self):
...         return 1
...     def __iter__(self):
...         return self
...
>>> list(zip(Ones(), "ABC"))
[(1, 'A'), (1, 'B'), (1, 'C')]
```

Ones 클래스의 인스턴스는 iter()에 전달될 때 자기 자신을 반환하기 때문에, Ones()는 반복 가능한 객체면서 반복자이기도 합니다. 여기서는 zip()의 매개 변수로 사용되는 것도 반복 가능한 상황이므로 암시적으로 iter()에 전달됩니다. 이것은 itertools.repeat(1)로 표현하는 것과 동일한데, 이 역시 값을 끊임없이 생성합니다. (예제에서는 숫자 1이 이에 해당합니다.)

반복 가능한 객체에서 각 객체를 생성하는 작업이 연산, 입출력, 메모리 사용을 많이 요구하는 경우에는 한 번에 하나의 객체만 생성하는 것이 더 나은 프로그램을 만듭니다. 당연한 이야기처럼 들리겠지만, 메모리 부족 오류로 충돌하거나 컬렉션 생성을 완료하는 데 몇 달이 걸리는 프로그램보다는 그렇지 않은 프로그램이 낫습니다. 마찬가지로 대규모 데이터의 경우에도 당장 **하나의 데이터**를 처리하고 그에 따른 부분적인 결과를 생성할 수 있다면, 항상 최종적인 집계 결과를 생성해야 하는 것보다 더 낫습니다. 시간에 민감한 데이터라면 이것이 필수 요구 사항인 경우가 대부분입니다. (자가 조정 산업 기기(self-adjusting industrial equipment)나 주식 종목 표시(stock ticker)처럼 무한한 데이터 연속 순서열을 상상해 보세요.)

이 절에서 설명하는 다른 기능과 마찬가지로, 표준 라이브러리 itertools 모듈의 함수로 할 수 있는 작업 중 이 함수가 없다고 해서 불가능한 작업은 없습니다. 실제로 해당 모듈의 공식 문서[10]에서 제공하는 모든 함수는 파이썬 기반의 (대략적인) 구현 예제와 함께 제공됩니다. (기반이 되는 CPython 버전은 C로 작성되어 있기 때문에, 몇 가지 경계 사례에서 미묘하게 다른 동작을 할 수 있음에 유의합니다.) itertools가 제공하는 함수의 목적은 무한하거나 매우 큰 반복자를 다룰 때 사용할 수 있는 일종의 기본 내장 언어를 제공하는 것입니다. itertools를 대체하는 함수를 직접 작성할 수도 있지만, 대부분 미묘하게 잘못 구현된 코드로 인해 완전히 느긋한 계산을 하지 못하고 의도치 않게 대량의 메모리를 소모하게 되는 함정을 만나게 됩니다.

itertools 문서는 모듈 내의 함수 못지 않게 많은 레시피(recipe)를 포함하고 있습니다. 이 레시피 중 어떤 것은 대여섯 줄에 불과하지만, 모듈의 구성 요소를 올바르게 결합하고 있어 경계 사례를 부수거나 나쁜 대문자 O 시간 복잡도를 초래하는 미묘한 오류를 범하지 않습니다.

---

[10] https://docs.python.org/3/library/itertools.html

FASTA 읽기

반복자를 사용하는 간단한 프로그램을 살펴보고, 이어서 itertools의 함수를 사용하여 이들을 결합해 보겠습니다. FASTA 형식[11]은 생물정보학에서 핵산 또는 아미노산 서열을 기술하는 텍스트 형식입니다. 이 형식은 주로 .fa, .fna, .fra, .fasta와 같은 확장자를 가진 단일 파일로, 그 안에는 수만 개의 단일 문자 코드를 포함하고 있는 수십만 개의 서열이 저장되어 있습니다. 예를 들어 FASTA 파일은 1mℓ의 흙이나 바닷물로부터 유전적 다양성 분석을 표현할 수 있으며, 각각의 기록은 구별 가능한 박테리아 종을 설명합니다. 역시 미세생물의 다양성은 놀랍습니다.

증분 방식으로 FASTA 파일을 읽는 생성기 함수

```
from collections import namedtuple
FASTA = namedtuple("FASTA", "Description Sequence")

def read_fasta(filename):
    with open(filename) as fh:
        line = next(fh)
        if not line.startswith(">"):
            raise ValueError(f"{filename} does not appear to be in
FASTA format")
        description = line[1:].rstrip()
        nucleic_acids = []
        for line in fh:
            if line.startswith(">"):
                yield FASTA(description, "".join(nucleic_acids))
                description = line[1:].rstrip()
                nucleic_acids = []
            else:
                nucleic_acids.append(line.rstrip())            # ❶
        yield FASTA(description, "".join(nucleic_acids))
```

---

[11] https://www.ncbi.nlm.nih.gov/BLAST/fasta.shtml

❶ FASTA 파일은 반드시 그런 것은 아니지만, 일반적으로 서열 블록은 한 줄에 80자 길이입니다. 또한 개행(newline) 문자는 아무런 의미가 없습니다.

다음 코드는 두 개의 서열이 포함된 파일을 읽는 예제로, 각각 화이자와 모더나의 COVID-19 백신이 가지고 있을 것으로 추정되는 mRNA 서열을 포함하고 있습니다.[12]

```
>>> for vaccine in read_fasta("COVID-19-vax-mRNA.fasta"):
...     print(f">{vaccine.Description}")
...     print(vaccine.Sequence[:60] + "...")
...
>Spike-encoding_contig_assembled_from_BioNTech/Pfizer_BNT-162b2
GAGAATAAACTAGTATTCTTCTGGTCCCCACAGACTCAGAGAGAACCCGCCACCATGTTC...
>Spike-encoding_contig_assembled_from_Moderna_mRNA-1273
GGGAAATAAGAGAGAAAAGAAGAGTAAGAAGAAATATAAGACCCCGGCGCCGCCACCATG...
```

이제 이 반복 가능한 FASTA 데이터를 이용한 작업을 해 보겠습니다.

반복 길이 부호화

동일한 기호가 연속적으로 많이 이어지는 데이터는 종종 반복 길이 부호화(run-length encoding, RLE)로 압축률을 높일 수 있습니다. 반복 길이 부호화는 복잡한 압축 알고리즘 내부의 구성 요소 중 하나로 활용되는 경우가 많습니다.

특히 itertools를 사용하면 반복 길이 부호화와 복호화를 간결하게 구현할 수 있으며, 이 구현은 느긋한 처리라는 미덕까지 갖추고 있습니다. 즉, 다음의 두 함수는 모두 한 번에 하나의 값을 처리하며, 반복 가능한 객체를 매개 변수로 받아들이기 때문에 대규모나 무한한 데이터 연속 순서열을 효율적으로 처리할 수 있습니다.

---

12 여기서 사용된 데이터는 https://gnosis.cx/better/data/COVID-19-vax-mRNA.fasta에서 다운로드할 수 있습니다. 이 자료는 "Assemblies of putative SARS CoV2 spike encoding mRNA sequences for vaccines BNT-162b2 and mRNA-1273"(Dae-Eun Jeong, Matthew McCoy, Karen Artiles, Orkan Ilbay, Andrew Fire, Kari Nadeau, Helen Park, Brooke Betts, Scott Boyd, Ramona Hoh, Massa Shoura)에서 가져온 것입니다. (https://github.com/NAalytics)

```python
from collections.abc import Iterable, Iterator
from itertools import groupby, chain, repeat

def rle_encode(it: Iterable) -> Iterator:
    for k, g in groupby(it):
        yield (k, len(list(g)))

def rle_decode(it: Iterable) -> Iterator:
    yield from chain.from_iterable(repeat(x, n) for x, n in it)
```

이 함수들은 느긋하게 동작하는 것을 강조하기 위해 주석 처리되어 있습니다. itertools의 groupby(), chain.from_iterable(), repeat() 함수를 이용해 코드를 간결하고 느긋한 형태로 유지합니다. chain.from_iterable()의 매개 변수는 그 자체로 생성기 순환 표현식입니다. 왜 이렇게 우아하게 동작하는지 궁금하다면 각 함수와 모듈 내의 여러 가지 유용한 함수들의 공식 문서를 확인해 보기를 권장합니다. 이들의 동작 원리를 파악하면 내부에서 일어나는 일을 이해하는 데 큰 도움이 됩니다.

```python
>>> from itertools import islice
>>> for vaccine in read_fasta("COVID-19-vax-mRNA.fasta"):
...     encoded = rle_encode(vaccine.Sequence)              # ❶
...     first5_regions = islice(encoded, 5)                 # ❶
...     print(vaccine.Description)
...     print(list(first5_regions))                         # ❷
...
Spike-encoding_contig_assembled_from_BioNTech/Pfizer_BNT-162b2
[('G', 1), ('A', 1), ('G', 1), ('A', 2), ('T', 1)]
Spike-encoding_contig_assembled_from_Moderna_mRNA-1273
[('G', 3), ('A', 3), ('T', 1), ('A', 2), ('G', 1)]
```

❶ 객체 seq와 first5_regions는 구상 객체가 아닌 느긋한 반복자입니다.

❷ 반복자에서 목록을 생성할 때만 메모리가 할당됩니다.

여기서 짝지어진 함수들이 서로 대칭임을 확인할 수 있습니다.

```
>>> for vaccine in read_fasta("data/COVID-19-vax-mRNA.fasta"):
...     encoded = rle_encode(vaccine.Sequence)
...     decoded = rle_decode(encoded)
...     print(vaccine.Description)
...     print(decoded)
...     print("".join(islice(decoded, 60)) + "...")
...
Spike-encoding_contig_assembled_from_BioNTech/Pfizer_BNT-162b2
<generator object rle_decode at 0x7f5441632810>
GAGAATAAACTAGTATTCTTCTGGTCCCCACAGACTCAGAGAGAACCCGCCACCATGTTC...
Spike-encoding_contig_assembled_from_Moderna_mRNA-1273
<generator object rle_decode at 0x7f54416f7440>
GGGAAATAAGAGAGAAAAGAAGAGTAAGAAGAAATATAAGACCCCGGCGCCGCCACCATG...
```

함수 rle_encode()와 rle_decode()는 부호화와 복호화의 대상이 문자에 국한되지 않으며, 단지 예제에서 편리하게 사용하기 위해 이런 식으로 구성된 것뿐입니다. 사실 연속적으로 반복 가능한 모든 종류의 값에 대한 객체는 이 함수에 의해 문제없이 부호화되거나 복호화될 수 있습니다. 또한 무한한 반복자인 경우에도 한 번에 정해진 수의 값을 요청하는 한 이 함수는 잘 동작할 것입니다.

더 많은 '반복자 대수'

물론 앞의 예제처럼 정확히 두 개의 비교적 짧은 핵산 서열을 가진 파일에 대해 반복자를 구체화하는 데 있어 느긋한 구현에 대해 지나치게 걱정하는 것은 다소 어리석고 불필요하게 에너지를 소모하는 일입니다. 그럼에도 불구하고 앞에서 언급한 것처럼 다른 유사한 파일은 훨씬 더 큰 컬렉션과 훨씬 더 긴 서열을 가질 수 있습니다. 또한 다른 많은 데이터도 매우 크거나 또는 느린 네트워크 등을 통해 데이터를 얻어 처리하는 것처럼 데이터를 생성하는 시간이 오래 걸릴 수 있습니다. 여기서 이야기한 기술들은 이러한 경우에도 똑같이 적용할 수 있습니다.

itertools에 포함되어 있는 추가 함수에는 dropwhile(), takewhile(), pairwise(), accumulate(), tee(), permutations(), combinations(), zip_longest(), filterfalse()가 있습니다. filter()는 내장 함수지만 itertools의 '정신적' 일부분으로 간주됩니다. map(), range(), enumerate(), zip()도 마찬가지입니다. 이 목록은 완전하지 않지만 적어도 제가 가장 자주 사용하는 함수일 것입니다. 훌륭한 공식 문서에서는 모듈의 모든 내용을 설명하고 있습니다. __builtins__에 이미 포함된 itertools와 비슷한 일을 하는 함수들을 itertools가 여러 방면에서 확장한다는 것을 고려하면, from itertools import *는 이 책의 다른 곳에서 언급했던 import * 패턴을 권장하지 않는 드문 경우에 해당합니다.

매우 큰 FASTA 데이터가 있을 때 동일한 핵산이 길게 연속되는 모든 (RNA) 서열을 식별해야 한다고 가정해 봅시다. 하지만 일단 하나의 서열 안에서 원하는 결과를 찾고 나면, 해당 서열의 나머지는 굳이 검사하지 않고 바로 넘어가고 싶을 것입니다.

```
>>> for vaccine in read_fasta("data/COVID-19-vax-mRNA.fasta"):
...     long_seq = next(dropwhile(lambda run: run[1] < 8, rle_
encode(vaccine.Sequence)), None)
...     print(vaccine.Description)
...     print(f"First long nucleotide duplication: {long_seq}")
...
Spike-encoding_contig_assembled_from_BioNTech/Pfizer_BNT-162b2
First long nucleotide duplication: None
Spike-encoding_contig_assembled_from_Moderna_mRNA-1273
First long nucleotide duplication: ('A', 9)
```

반복자 대수의 간결함과 강력함을 살펴보기 위해, 꽤 유명한 수학적 수열을 살펴보겠습니다. **교대 조화 급수**(alternating harmonic series)는 2의 자연 로그에 수렴합니다. 특별히 빠른 수렴은 아니지만, 우아하게 구현하면 여러 반복자 결합 함수를 우아하게 활용할 수 있습니다.

$$\sum_{n=1}^{\infty} \frac{(-1)^{n+1}}{n} = 1 - \frac{1}{2} + \frac{1}{3} - \frac{1}{4} + \frac{1}{5} - \cdots$$

```
>>> from math import log
>>> log(2)
0.6931471805599453

>>> from itertools import accumulate, cycle, islice
>>> alt_harm = accumulate(sign/denom for (denom, sign) in
enumerate(cycle([1, -1]), start=1))
>>> for approx in islice(alt_harm, 1_000_000, 1_000_003):    # ❶
...     print(approx)
...
0.6931476805592526
0.6931466805612526
0.6931476805582526
>>> for approx in islice(alt_harm, 4_000_000, 4_000_001):    # ❷
...     print(approx)
...
0.6931470805601476
```

❶ 첫 백만 세 개의 항을 누산기(accumulator)에 사용합니다.

❷ 이것이 이어지는 4백만 항이므로, 모두 5백만 항입니다.

이 절에서 소개한 itertools의 용도는 극히 일부에 불과합니다. 이 모듈의 함수는 무수히 많은 방법으로 결합될 수 있으며, 이러한 결합을 생각하는 능력은 모든 파이썬 개발자에게 귀중한 기술입니다.

4.3.4 more-itertools 제3자 라이브러리

제3자 라이브러리인 more-itertools는 앞 절에서 다루었던 표준 라이브러리 itertools의 구성 요소를 확장해 주는 아름답고 소중한 보석과도 같습니다. 이 장의 다른 절에서 소개했던 내용과 마찬가지로 여기서 다루는 문제는 정기적으로 수행하는 많은 작업을 더 쉽게 만들어 주는 편리한 도구를 알지 못해서 발생하는 것입니다.

> **Note** ≡ JavaScript 세계에서 온 개발자들은 Lodash 라이브러리[13]가 익숙할 것입니다. 이 라이브러리는 제가 JavaScript를 사용해야 할 때 파이썬 개발자로서 그리워하던 강력한 기능들을 JavaScript에 추가해 줍니다. Lodash 라이브러리가 하는 일은 대부분은 itertools와 more-itertools가 제공하는 것과 유사한 함수를 구현하는 것입니다.
>
> 하지만 이 책은 파이썬에 관한 내용을 다루는 책이므로, JavaScript나 Lodash를 사용해 본 적이 없어도 이 절을 읽는 데 어려움이 없을 것입니다.

어떤 면에서 more-itertools는 '배터리가 내장된 표준 라이브러리에서 누락된 라이브러리[14]'라고 생각할 수 있습니다. 저는 requests와 pytest도 비슷한 범주에 넣고 싶습니다. 물론 실제로 포함되지 않은 합리적인 이유도 충분히 이해합니다. 8장에서는 requests가 항상 선호되는 이유에 대해 살펴볼 것입니다. 그리고 부록은 pytest가 표준 라이브러리보다 더 나은 선택임을 전제로 하고 있습니다.

파이썬 프로그래머들이 NumPy와 Pandas를 널리 사용하고 있기 때문에 이 책에서도 다루고 있지만, 그렇다고 해서 이들이 표준 라이브러리에 포함되어야 한다고는 생각하지 않습니다. 이 라이브러리는 다소 다른 영역에 속하며 파이썬과는 개발 주기가 다릅니다. 이외에 파이썬 개발자들이 선호하는 라이브러리로는 Matplotlib[15], Scikit-learn[16], Flask[17], FastAPI[18], Pillow[19]가 있습니다. 분명히 이러한 라이브러리에서도 잘못을 할 수 있지만, 이 책에서는 다루지 않습니다.

---

[13] https://lodash.com
[14] 배터리가 내장되었다는 말은 파이썬의 표준 라이브러리가 아주 넓은 범위의 다양한 기능을 모두 포함하고 있는 일종의 만능 도구 같은 점을 표현합니다.
[15] https://matplotlib.org
[16] https://scikit-learn.org
[17] https://flask.palletsprojects.com
[18] https://fastapi.tiangolo.com
[19] https://pillow.readthedocs.io, 파이썬 화상 라이브러리(Python Image Library)의 포크(fork)입니다.

제가 more-itertools를 특별히 여기는 이유는 앞에서 언급한 다른 제3자 라이브러리와 달리 특정 영역에 한정되지 않기 때문입니다. more-itertools를 사용하면 파이썬에서 할 수 있는 대부분의 작업이 조금 더 명확해지고 쉬워집니다.

저는 파이썬 프로그램에서 from itertools import *를 사용하는 것을 전적으로 반대하지는 않지만, 안타깝게도 from more_itertools import *에 대해서는 같은 말을 할 수 없습니다. 그 안의 함수들은 분명 서로 잘 화합하여 동작하도록 설계되어 있으며, 마찬가지로 itertools를 비롯하여 반복자와 함께 동작하는 일부 내장 함수와도 잘 동작합니다. 그럼에도 불구하고 more-itertools의 몇 가지 이름은 다른 목적으로 사용될 가능성이 있어 충돌할 여지가 있습니다. interleave_longest()라는 이름을 일반적으로 사용할 일은 없겠지만, locate(), replace(), difference(), consume(), collapse()와 같은 몇 가지 이름은 more-itertools와 전혀 관계없는 목적에 사용될 수 있는 일반적인 이름이라고 볼 수 있습니다.

itertools 문서에 있는 대부분 혹은 모든 레시피는 more-itertools에서 직접 가져올 수 있는 함수 형태로 구현되어 있습니다. 뿐만 아니라 고급 수준의 '반복자 대수'를 위한 100여 개의 멋진 추가 함수도 포함되어 있습니다. 이 책에서 그 함수를 모두 소개할 수는 없지만, 공식 API 문서[20]에서 확인해 볼 수 있습니다. 여기서는 그중에 특히 멋진 것으로 생각되는 예를 하나 들어 보겠습니다.

서로 다른 소프트웨어 시스템 간의 교환 형식으로 JSON이 떠오르면서 고도로 중첩된 데이터 구조가 표준으로 사용되고 있습니다. 하지만 **파이썬의 선**의 다섯 번째 줄에 따르면 파이썬에서는 '평탄함이 중첩보다 낫습니다'. 때로는 별도의 맞춤 코드를 작성하지 않고도 중첩 데이터를 처리하는 편리한 방법이 필요합니다. 보통 이러한 맞춤 코드에는 재귀가 가장 적합합니다. 그러나 가끔 더 간단한 함수가 있었으면 하는 생각이 드는데, 다음은 그 예입니다.

---

[20] https://more-itertools.readthedocs.io/en/stable/api.html

```
>>> from more_itertools import collapse
>>> data = [
...         [
            [
             [
              [
               [
                [
                 'insures'
                ],
                'mostests', 'fugs', 'debouchments'
               ],
               'impostumated', 'astringe', 'mazeful'
              ],
...           'handrails', 'floridean', 'oxymoron'
             ],
...          'reprinter', 'confessionals', 'pornocracies'
            ],
...         'wryly', 'lobotomizes', 'gelatinous', 'lipidoplast'
           ],
...        'muscardines', 'contexts', 'orphanism', 'aftmost'
...       ]
>>> collapse(data)
<generator object collapse at 0x7f5432ed49a0>
>>> list(collapse(data))
['insures', 'mostests', 'fugs', 'debouchments', 'impostumated',
'astringe', 'mazeful', 'handrails', 'floridean', 'oxymoron',
'reprinter', 'confessionals', 'pornocracies', 'wryly',
'lobotomizes', 'gelatinous', 'lipidoplast', 'muscardines',
'contexts', 'orphanism', 'aftmost']
```

collapse()를 호출한 직접적인 결과가 느긋한 반복자라는 멋진 결과를 볼 수
있습니다. 더군다나 이 결과는 itertools와 more-itertools의 함수들과 결합
하여 처리될 수 있습니다.

더 좋은 점은 이 함수가 한 번에 하나 이상의 요소를 구체화하지 않아도 다른 반복자를 생성하는 반복자에서도 잘 동작한다는 점입니다.

```
>>> from random import random, randint, choice, seed
>>> def word_tree(words=None):
...     if words is None:
...         words = [word.rstrip() for word in open("sowpods")]
...     if random() < 0.75:
...         yield word_tree(words)
...     for _ in range(randint(1, 4)):
...         yield choice(words)
...
>>> seed(4)                                        # ❶
>>> wt = word_tree()
>>> wt
<generator object word_tree at 0x7f5432d0d990>
>>> next(wt)
<generator object word_tree at 0x7f5432d0f2e0>     # ❷
>>> seed(4)                                         # ❶
>>> for word in collapse(word_tree()):
...     print(word, end=" ")
...
insures mostests fugs debouchments impostumated astringe mazeful
handrails floridean oxymoron reprinter confessionals pornocracies
wryly lobotomizes gelatinous lipidoplast muscardines contexts
orphanism aftmost
```

❶ 씨앗 값을 사용하여 재현 가능한 무작위성을 생성합니다.

❷ 반복자가 처음 생성하는 값은 그 자체로 반복자입니다.

이 책의 여러 곳에서 사용하고 있는 익숙한 SOWPODS 단어 목록은 https://gnosis.cx/better에서 다운로드할 수 있습니다.

4.4 자료형 주석은 실행 시간 자료형이 아니다

파이썬 개발자 사이에서 자료형 검사 도구가 인기를 얻고 있습니다. 서문에서 언급했듯이 자료형 주석의 다양한 잘못을 모두 다루기에 이 책은 분량과 방향 면에서 적절하지 않습니다. 심지어 자료형 주석을 사용하기로 결정했다 하더라도 결국 그 결정은 당사자의 **몫**이지 제가 의견을 제시할 수 있는 사항이 아닙니다.

자료형 주석의 사용 방법은 상당히 복잡하지만 점진적으로 사용을 늘려 가거나 혹은 최소한의 부분만 사용할 수 있으며, Mypy, Pytype, Pyright, Pyre와 같은 도구는 **점진적 자료형 주석**(gradual type annotation)을 구현합니다.[21] 파이썬 표준 라이브러리의 typing 모듈과 파이썬의 문법에 새로운 기능이 계속 추가되면서 2014년에 제출된 '자료형 제안(type hint)'라는 제목의 파이썬 향상 제안(Python Enhancement Proposal)인 PEP 484 이후 표현할 수 있는 정교함과 그에 따른 잘못이 모두 엄청나게 증가했습니다.[22]

여기서 중요한 것은 **대부분의 경우 자료형 주석이 파이썬의 실행 시간 동작에는 전혀 영향을 미치지 않는다**는 것입니다.

---

[21] 점진적 정형의 개념은 2006년에 제레미 시크(Jeremy Siek)와 왈리드 타하(Walid Taha)에 의해 도입되었으며, 이에 대한 자세한 배경 정보와 관련 지식은 https://wphomes.soic.indiana.edu/jsiek/what-is-gradual-typing에서 확인할 수 있습니다. 파이썬 이외에도 다양한 프로그래밍 언어와 도구가 이 개념을 구현하고 있습니다.

[22] 약간의 자부심을 얹어 말하면 파이썬 생태계에서 이러한 개념을 처음으로 공개 컨퍼런스에서 발표한 것이, 저의 2015년 벨라루스 PyCon의 기조연설인 '파이썬의 (앞으로의) 자료형 주석 체계'였다고 자신 있게 말할 수 있습니다. 물론 저는 이 흐름에서 반 발짝 떨어진 관찰자였고, 파이썬의 정형이 나아갈 구체적인 방향에 어떤 중요한 기여도 하지 않았음을 밝힙니다.

대부분의 다른 주제와 마찬가지로 몇 가지 유의할 점이 있습니다. 파이썬에서 주석은 잠재적으로 자기 검사(introspect)가 가능한 다른 것들과 마찬가지로 실행 시 적용할 수 있습니다. 다음 예를 살펴봅시다.

```
>>> def add(a: int, b: int) -> int:
...     c: int = a + b  # `c`에 대한 주석은 직접 드러나지 않음
...     return c
...
>>> add.__annotations__
{'a': <class 'int'>, 'b': <class 'int'>, 'return': <class
'int'>}
>>> add.__code__.co_varnames
('a', 'b', 'c')
>>> import inspect
>>> inspect.getsource(add)
'def add(a: int, b: int) -> int:\n c: int = a + b\n return c\n'
>>> import typing
>>> typing.get_type_hints(add)
{'a': <class 'int'>, 'b': <class 'int'>, 'return': <class
'int'>}
```

'일반' 파이썬 개발자가 자기 검사 기능을 사용하는 것은 드문 일입니다. 하지만 Pydantic 라이브러리[23]와 널리 사용되는 FastAPI[24]와 같은 라이브러리는 향상된 유용한 인터페이스를 통해 이런 유형의 자기 검사 기능을 자체적으로 제공합니다.

4.4.1 자료형 주석은 실행 시간 제약이 아니다

주석을 활용하는 간단한 파이썬 프로그램을 작성해 봅시다.

---

[23] https://docs.pydantic.dev
[24] https://fastapi.tiangolo.com

```
# type-violations.py
from typing import TypeVar

Numeric = TypeVar("Numeric", float, complex, contravariant=True)

def fused_multiply_add(a: Numeric, b: Numeric, c: Numeric) ->
Numeric:
    r: Numeric = (a * b) + c
    return r

print("fused_multiply_add(1, 2, 3)", end=" -> ")
try:
    print(fused_multiply_add(1, 2, 3))
except Exception as ex:
    print(type(ex))

print("fused_multiply_add('foo', 2, 'bar')", end=" -> ")
try:
    print(fused_multiply_add("foo", 2, "bar"))                # ❶
except Exception as ex:
    print(type(ex))

print("fused_multiply_add('foo', 2.0, 'bar')", end=" -> ")
try:
    print(fused_multiply_add("foo", 2.0, "bar"))              # ❷
except Exception as ex:
    print(type(ex))

print("fused_multiply_add(1+1j, 2.0, 3.0)", end=" -> ")
try:
    print(fused_multiply_add(1 + 1j, 2.0, 3.0))
except Exception as ex:
    print(type(ex))
```

❶ 20번째 줄.

❷ 26번째 줄.

정적 자료형 분석기 Mypy를 사용하면 이 스크립트에서 특정 문제를 찾을 수 있습니다.

```
[BetterPython]$ mypy type-violations.py
type-violations.py:20: error: Value of type variable "Numeric" of
"fused_multiply_add" cannot be "object"
type-violations.py:26: error: Value of type variable "Numeric" of
"fused_multiply_add" cannot be "object"
Found 2 errors in 1 file (checked 1 source file)
```

실행 시에는 동작이 조금 다릅니다.

```
[BetterPython]$ python type-violations.py
fused_multiply_add(1, 2, 3) -> 5
fused_multiply_add('foo', 2, 'bar') -> foofoobar
fused_multiply_add('foo', 2.0, 'bar) -> <class 'TypeError'>
fused_multiply_add(1+1j, 2.0, 3.0) -> (5+2j)
```

type-violations.py가 정적 분석과 실행 시간 양쪽에서 정형 문제를 가지고 있는 것을 확인할 수 있지만 오류는 다소 다릅니다. 추측에 불과하지만 정의된 함수의 이름에서 유추해 보건대, 개발자가 처음 작성할 때 fused_multiply_add() 함수가 문자열과 함께 사용되도록 의도하지 않았을 가능성이 높지만, 이 함수가 문서화되지 않았거나 정적으로 검사할 수 있는 정확한 주석이 없다면 이 추측 역시 확실하지 않습니다.

정적 분석이 실행 시간 자료형 검사보다 '더 엄격하다'고 일반화하고 싶을 수 있습니다. 물론 이 예제에서는 그것이 사실이긴 하지만 일반적으로는 그렇지 않습니다. 주석은 점진적으로만 사용될 수 있습니다. 또한 정적 검사기가 동적으로 발생하는 문제들을 찾아내지 못하는 수많은 경계 사례 유형(edge case)이 있습니다. 엄격한 TypeError 예외라 하더라도 일련의 오류 표시 사항은 정적 분석과 실행 시간 검사 **어느 쪽이든** 더 광범위할 수 있습니다. 더욱이 이 비교의 세부 사항은 사용되는 정적 분석 도구와 그 버전에 따라 달라집니다. 하지만 이 것에 대해 다루는 것은 이 책의 범위를 훨씬 벗어납니다.

이 특정 예제에서 실행 시간에 자료형 오류가 발생하는 이유를 알 수 있습니다.

```
>>> "foo" * 2
'foofoo'
>>> "foo" * 2.0
Traceback (most recent call last):
[...]
TypeError: can't multiply sequence by non-int of type 'float'
```

정적 분석 도구는 2와 2.0을 실수(floating point)로서 서로 교환하도록 허용하는 데 전혀 문제가 없을 것입니다. 이것이 typing.SupportsFloat이 사용되는 이 유이자 정적 분석기가 fused_multiply_add(1, 2, 3)에 대해 문제가 있다고 표 시하지 않는 이유입니다. 그러나 파이썬에서는 문자열을 정수로 '곱할' 수 있지 만, 실수인 경우 그 값이 정수와 실제로 같더라도 곱하는 것은 불가능합니다.

앞의 프로그램에서 **모든** 자료형 주석을 제거하더라도, 실행 시간 자료형 검사 와 프로그램의 동작은 전혀 달라지지 않을 것입니다.

4.4.2 typing.NewType()을 실행 시간 자료형으로 오해하기

이 절은 NewType()에 초점을 맞추고 있지만, typing 모듈에는 실행 시간 자료 형 검사의 기능과 혼동하기 쉬운 객체가 여럿 있습니다. 실제로 개발자를 헷갈 리게 하는 이중 역할을 하는 객체가 많으며, 특히 다른 자료형 체계의 프로그래 밍 언어를 사용하던 개발자는 그 함정에 빠질 가능성이 더 높습니다. 예를 들면 자료형 주석과 유사한 정적 정형을 가지는 언어를 사용했던 경우에 더욱 그렇 습니다.

typing.Sequence 같은 객체는 이러한 이중 역할 객체의 좋은 예입니다. 만약
연속 순서열에서만 제대로 동작하는 함수가 있다면, 아마 다음과 같이 작성할
것입니다.

```
>>> from typing import Sequence
>>> def double_middle_element(seq: Sequence[int]) -> Sequence[int]:
...     if len(seq) > 0:
...         middle = len(seq)//2
...         item = seq[middle] * 2
...         new = seq[:middle] + type(seq)([item]) + seq[middle+1:]
...     return new
...
>>> double_middle_element([5, 8, 4, 6, 2, 3])
[5, 8, 4, 12, 2, 3]
>>> double_middle_element((5, 8, 4, 6, 2, 3))
(5, 8, 4, 12, 2, 3)
```

파이썬의 자료형 주석에 숙달된 사용자라면 이 선언에 제약이 충분하지 않다고
생각할 수 있습니다. 이것은 비록 실행 시간 동작이라 **하더라도** 선언 자체가 제
약을 요구하지 않기 때문인데, 예를 들면 튜플이 매개 변수로 전달되더라도 반
드시 튜플이 반환되어야 한다고 제약하지 않습니다. 그러나 이것은 이 절에서
다루는 주제가 아닙니다.

이 코드가 확실히 부적절하게 선언된 것으로 보이는 일부 잘못된 사용을 잡아
낼 것이라고 예상합니다.

```
>>> double_middle_element("abcde")
"ab['cc']de"
>>> double_middle_element({1: 'a', 2: 'b', 3: 'c'})
Traceback (most recent call last):
[...]
TypeError: unhashable type: 'slice'
```

이 코드는 뜻하지 않게 문자열을 매개 변수로 받더라도 '동작'합니다. 원하던 결과가 아닐 수 있지만 예외가 발생하지는 않습니다. 그러나 사전 형태의 매개 변수는 해당 매개 변수가 **정수의 연속 순서열이 아니**라는 사실이 예외 발생과는 전혀 관련이 없습니다.

실제로 실행 시간 검사를 해야 한다면, 다음과 같이 더 구체적으로 작성할 수 있습니다.

실행 시간에 검사되는 정수 연속 순서열 조작 함수

```
>>> def double_middle_element(seq):
...     "Double middle element in sequence of ints or return
unchanged"
...     if not isinstance(seq, Sequence) or not seq:
...         return seq
...     if not all(isinstance(i, int) for i in seq):
...         return seq
...     middle = len(seq)//2
...     item = seq[middle] * 2
...     return seq[:middle] + type(seq)([item]) + seq[middle+1:]
...
>>> double_middle_element((5, 8, 4, 6, 2, 3))
(5, 8, 4, 12, 2, 3)
>>> double_middle_element([5, 8, 4, 6, 2, 3])
[5, 8, 4, 12, 2, 3]
>>> double_middle_element({1: 'a', 2: 'b', 3: 'c'})
{1: 'a', 2: 'b', 3: 'c'}
>>> double_middle_element("abcde")
'abcde'
```

동일한 Sequence 객체가 정적 역할과 실행 시간 역할 어느 쪽도 할 수 있지만, 양쪽의 목적에 사용되는 코드는 서로 구조가 다릅니다. Pydantic을 사용하면 두 역할을 통합할 수 있지만 '동일한 객체는 상황에 따라 다른 작업을 수행한다'는 기본 개념을 떠올리는 것은 실제로 그리 어려운 일이 아닙니다.

그러나 typing의 일부 객체들은 확실히 유인적 위험물을 제공합니다. 예를 들어 주로 C++로 개발하지만 파이썬 역시 10년 이상 사용해 온 제 동료는 프로그램의 다른 곳에서 isinstance() 검사를 할 수 있는 특수한 정수를 원했습니다. 이러한 바람은 매우 합리적입니다. 특정 장소에서 일반 정수가 사용되지 않아야 한다는 의미에서 UserId는 특별한 유형의 정수에 해당할 것입니다. 또는 온도계 온도, 백분위 순위, 마일과 킬로미터를 혼동하지 않도록 하고 싶은 거리 측정을 위해 정수가 필요할 수도 있습니다. 잘못된 종류의 단위나 값이 들어왔는지 아는 것은 매우 유용합니다.

이러한 필요성을 고려할 때, 요구 사항에 대한 확실해 보이지만 사실 잘못된 해결책은 다음과 같습니다.

온도를 켈빈(Kelvin) 값으로 변환하는 잘못된 프로그램

```
>>> from typing import NewType
>>> Fahrenheit = NewType("F", float)
>>> Celsius = NewType("C", float)
>>> roomF = Fahrenheit(70.0)
>>> roomC = Celsius(21.1)
>>> def to_Kelvin(t):
...     if isinstance(t, Celsius):
...         return t + 273.15
...     elif isinstance(t, Fahrenheit):
...         return 5 * (t-32)/9 + 273.15
...     else:
...         return temp
...
>>> to_Kelvin(roomF)
Traceback (most recent call last):
[...]
TypeError: isinstance() arg 2 must be a type, a tuple of types, or a union
```

이 방법은 적어도 빠르게 오류를 확인할 수 있습니다. 그런데 이 방법이 왜 올바르게 동작하지 않았을까요? typing 문서를 주의 깊게 읽어 보면 '이러한 검사는 정적 자료형 검사기에 의해서만 강제된다'는 것을 알 수 있습니다.

이 문제를 실제로 해결하는 방법은 파이썬 1.0부터 사용해 온 평범하고 지루한 클래스 선언을 사용하는 것입니다. 단지 여기서는 보다 견고한 코드를 위해 최신 기능을 몇 가지 더 사용할 뿐입니다.

```
>>> class Celsius(float):
...     def __new__(cls, deg):
...         if deg < -273.15:
...             raise ValueError("Colder than absolute zero")
...         return super().__new__(cls, deg)
...
>>> class Fahrenheit(float):
...     def __new__(cls, deg):
...         if deg < -459.67:
...             raise ValueError("Colder than absolute zero")
...         return super().__new__(cls, deg)
...
>>> def to_Kelvin(t):
...     if isinstance(t, Celsius):
...         return t + 273.15
...     if isinstance(t, Fahrenheit):
...         return 5 * (t-32)/9 + 273.15
...     return t
...
>>> to_Kelvin(Celsius(21.1))
294.25
>>> to_Kelvin(Fahrenheit(70.0))
294.26111111111106
>>> to_Kelvin(294.3)
294.3
>>> Celsius(-300)
Traceback (most recent call last):
[...]
ValueError: Colder than absolute zero
```

범위 검사(bounds checking)를 신경 쓰지 않는다면, 그냥 class Celsius(float): pass와 같이 작성하는 것으로도 충분합니다.

4.5 정리

이 장에서는 다소 이질적으로 보이는 잘못들을 살펴보았지만, 사실은 모두 '일반적인 파이썬 관련 사항'이라 할 수 있는 영역에 속해 있습니다. 뒤에서는 좀 더 전문적이지만 중요도가 약간 떨어지는 분야인 테스트(testing), 데이터 구조(data structure), 보안(security), 수치 계산(numeric computing) 등에 대해 알아볼 것입니다.

여기서는 '3장 파이썬의 여러 가지 함정'에 이어 올바른 이름 지정에 대한 잘못을 다시 한번 언급했습니다. 좋은 이름과 파이썬다운 이름 지정 관행을 따르는 것은 더욱 지적인 프로그래머가 되는 데 여전히 매우 중요합니다.

이외에 알지 못하거나 잊어버려서 발생하는 잘못도 살펴봤습니다. 사실 파이썬에는 약간 애매하지만 매우 유용한 것들이 있습니다. 파이썬 문법이나 표준 라이브러리의 일부 기능에 대해 알고 있으면 작업이 더 쉬워지고, 코드의 가독성을 향상시킬 수 있습니다.

마지막 두 가지 잘못은 새로 파이썬을 접하는 개발자, 특히 정적 자료형 프로그래밍 언어에 더 익숙한 사람들이 혼동하는 것이었습니다. 이 책의 서론에서 이미 파이썬 정적 자료형 분석을 구체적으로 다루지 않는 이유에 대해 이야기한 바 있지만, 자료형 주석의 존재는 종종 일부 프로그래머를 잘못된 방향으로 이끕니다. 사실 이 책도 가끔 주석을 예제에 사용하지만, 이는 독자가 올바르게 이해할 수 있도록 강조하는 경우에 한합니다. 다시 말해, 대부분의 파이썬 사용자에게 주석은, 물론 종종 유용한 형태이긴 하지만, 단지 문서화의 한 형태일 뿐입니다.

5장

할 수 있다고 해서
해야 한다는
뜻은 아니다

파이썬은 많은 기능을 가지고 있으며 기능들은 모두 나름대로 존재 이유가 있습니다. 그러나 기능 중 많은 것이 법률가들이 말하는 '유인적 위험물(attractive nuisance)'을 만듭니다.[1] 사실 이 장은 긍정적인 내용과 부정적인 내용을 모두 다룹니다. 새로운 파이썬 개발자는 종종 흥미로운 다소 특이한 구조를 접하고는, 결국 그 가능성이 제시하는 함정에 걸려 넘어지게 됩니다. 이 장을 읽는 것이 학습을 촉진시키길 바라지만, 반면에 잘못된 사용을 따르라고 권장하는 것이 아니길 바랍니다. 다른 부분에서는 파이썬을 처음 접하는 사람들이 잘 모르는 몇 가지 기술에 대해 간단히 이야기합니다. 물론 이를 이용하지 않는 것은 잘못입니다. 그리고 파이썬을 오랫동안 사용했던 사람에게도 익숙하지 않은 새로운 기능도 한 가지 소개합니다.

5.1 메타클래스

이 절에서는 파이썬 설계의 좀 더 난해한 영역을 다룹니다. 메타클래스에 대해 들어 보았거나 작업하는 코드에 이미 메타클래스가 사용되고 있다면 이 절을 읽어 보기 바랍니다. 메타클래스를 아직 접해 보지 않았더라도 여전히 읽을 가치가 있지만, 반드시 알아야 한다고 여기기보다는 가볍게 즐기면서 읽어 보기 바랍니다. 이외에도 예기치 않게 이미 사용 중인 라이브러리에서 메타클래스를 사용하고 있을 수도 있습니다. 더 많이 아는 것은 언제나 도움이 됩니다.

---

1 유인적 위험물은 미국의 법률 원칙으로 어린이가 유인적 위험물에 이끌려 불법 침입을 하여 상해를 입었을 경우 땅 주인이 그에 대한 책임을 진다는 법리입니다. 이 원칙으로 인해 버려진 자동차, 목재, 모래 더미, 트램펄린, 경비원이 없는 수영장 등으로 인해 토지 소유자가 책임을 지는 경우가 발생할 수 있습니다. (https://dictionary. law.com) 파이썬에서 잘 알려지지 않은 일부 기능은 확실히 방치된 깊은 구덩이나 버려진 냉장고를 연상시키는 경우가 있습니다.

메타클래스는 파이썬의 매우 동적인 특성을 최대한 활용합니다. 심지어 클래스 객체 자체도 메타클래스를 선언하는 방식을 통해 코드에서 보이는 것과 다른 방식으로 생성될 수 있습니다. 더욱이 원칙적으로 메타클래스의 선택 자체가 동적일 수 있습니다. 메타클래스가 무엇을 **할 수 있는지**, 그리고 그런 일을 하는 것이 일반적으로 왜 잘못인지 보기 전에, 메타클래스가 처음 도입되었던 2000년대 초반에 발표된 내용이 20년이 지난 지금도 유효한지 한번 보겠습니다.

> 메타클래스는 99%의 사용자에게 있어 고민할 필요가 없는 마법 같은 기능입니다. 만약 메타클래스가 필요한지 궁금하다면, 이건 필요하지 않다는 의미입니다. 실제로 필요한 사람들은 이미 필요하다는 사실을 확실히 알고 있으며, 왜 필요한지도 설명할 필요가 없습니다.
>
> – 파이썬의 선의 저자, 팀 피터스(너무나 그리운 comp.lang.python 유즈넷 뉴스그룹에서)

팀 피터스의 글과 비슷한 시기, 즉 파이썬에 도입된 지 얼마되지 않은 시기에 저는 미셸 시미오나토(Michele Simionato)와 함께 파이썬 메타클래스에 대한 기사를 여럿 작성했습니다. 안타깝게도 저는 그 이후 벌어진 메타클래스와 관련된 많은 문제를 유발한 당사자 중 하나일 것입니다.

비록 저는 거의 대부분의 경우 메타클래스의 사용을 권장하지 않지만, 메타클래스를 광범위하게 사용하고 있는 주요 파이썬 프레임워크가 있습니다. (콜록, 콜록, 장…장고(django)[2]…) 물론 메타클래스를 사용하는 것이 가장 적절한 접근 방식일 수도 있지만, 파이썬 표준 라이브러리의 typing 모듈이 처음에는 메타클래스를 광범위하게 사용하다가 이후 그 사용을 중단한 것은 충분히 교훈적일 수 있습니다. 참고로 해당 모듈은 대부분 파이썬의 창시자인 귀도 반 로섬(Guido van Rossum)이 직접 작성한 것입니다.

---

2 https://www.djangoproject.com

메타클래스가 확실히 제대로 사용되고 있는 경우를 살펴보겠습니다. 구성 요소가 동적으로 적재되는 일종의 플러그인 체계가 있는 큰 코드 기반이 있고, 이 동적 구성에서 어떤 클래스가 생성되었는지 실행 시간에 검사할 수 있어야 한다고 가정해 봅시다.

클래스와 일부 플러그인의 등록 기능을 제공하는 메타클래스

```python
from math import sqrt
import os
import logging

log_level = os.environ.get("APP_LOG_LEVEL", 20)
logging.basicConfig(filename='app.log', level=log_level)

class PluginLoggerMeta(type):                                      # ❶
    def __init__(cls, name, bases, attrs):
        logging.info(f"Registering: {name}"
                     f"({', '.join(b.__name__ for b in bases)}): "
                     f"\n contains: {', '.join(attrs.keys())}")

class Plugin(metaclass=PluginLoggerMeta):
    pass

if True:                                                          # ❷
    class Point2d(tuple, Plugin):
        def __new__(self, x, y):
            return tuple.__new__(self, (x, y))

        @property
        def distance(self):
            return sqrt(self[0]**2 + self[1]**2)

if not False:                                                     # ❷
    class Point3d(tuple, Plugin):
        def __new__(self, x, y, z):
            return tuple.__new__(self, (x, y, z))

        @property
```

```
        def distance(self):
            return sqrt(self[0]**2 + self[1]**2 + self[2]**2)

print(Point2d(4, 5).distance, Point3d(3, 5, 7).distance)
```

❶ type의 메타클래스가 아니라 상속받은 것입니다.

❷ 운영 환경에서는 다른 외부 조건이 있을 수 있습니다.

이 구성은 잘 **동작하며** 등록한 플러그인을 로그에 기록하는 것은 너무나 완벽하
게 합리적인 목표라고 할 수 있습니다. 실제로 결과를 살펴봅시다.

metaclass.py 소스 코드 실행 결과

```
[BetterPython]$ python code/metaclass.py
6.4031242374328485 9.1104335791443
[BetterPython]$ cat app.log
INFO:root:Registering: Plugin():
  contains: __module__, __qualname__
INFO:root:Registering: Point2d(tuple, Plugin):
  contains: __module__, __qualname__, __new__, distance
INFO:root:Registering: Point3d(tuple, Plugin):
  contains: __module__, __qualname__, __new__, distance
```

그러나 등록한 플러그인을 기록하는 작업을 위해 이런 방식으로 메타클래스를
사용하는 것은 다른 접근 방법보다 분명히 **훨씬 더 취약합니다**. 플러그인 규칙에
따르면 Plugin을 상속받는 것처럼 **무엇인가**를 추가해야 동작하기 때문에, 이와
마찬가지로 다른 것을 요구할 수도 있습니다.

예를 들면 플러그인을 사용하는 프레임워크가 @register_plugin과 같은 가공
자를 요구할 수 있습니다. 해당 가공자는 다음과 같이 클래스 객체에 대한 정보
를 기록한 다음 해당 클래스를 그대로 반환해야 합니다.

메타클래스의 함정

파이썬에서 클래스를 생성할 때 실제로 '뒤에서' 일어나는 일은 일반적으로 생성자인 type()
을 호출하는 것입니다. 일례로 다음과 같은 튜플의 하위 클래스가 있습니다. (이때 __init__
() 대신 __new__()를 사용해야 하는데, 인스턴스가 이미 존재할 경우 불변 튜플을 초기화
과정 동안 변형할 수 없기 때문입니다.)

```
>>> from math import sqrt
>>> class Point2d(tuple):
...     def __new__(self, x, y):
...         return tuple.__new__(self, (x, y))
...
...     def distance(self):
...         return sqrt(self[0]**2 + self[1]**2)
...
>>> point = Point2d(3, 4)
>>> point
(3, 4)
>>> point.distance()
5.0
>>> point.__class__.__name__
'Point2d'
```

collections.namedtuple은 Point2d와 유사한 클래스를 동적으로 생성해 줍니다. 이를
이용하여 다음과 같이 작성할 수 있습니다.

```
>>> Point2d = type("Point2d", (tuple,),
...                 {"__new__": lambda self, x, y: tuple.__new__
(self, (x, y)),
...                  "distance": lambda self: sqrt(self[0]**2 +
self[1]**2)})
>>> point = Point2d(3, 4)
>>> point.distance()
5.0
>>> point.__class__.__name__
'Point2d'
```

● 계속

메타클래스는 클래스의 생성자로 type 자체가 아닌 type의 하위 클래스를 사용하는 클래스에 불과합니다.[3] 또는 이와 동등하게, 모든 (일반 형식의) 클래스 정의에 metaclass=type을 포함하여 기본 동작을 유지할 수 있습니다.

```python
def register_plugin(cls):
    logging.info(f"Registering: {cls.__name__} ...")
    return cls
```

사용하면 (logging 설정에 따라 다를 수 있지만) 다음과 같은 결과를 볼 수 있습니다.

```python
>>> @register_plugin
... class TestClass: pass
Registering: TestClass ...
```

마찬가지로 메타클래스를 사용하는 대신 상속을 사용하고 싶다면 간단하게 Plugin 클래스 안에 로그 기록용 __new__()를 포함하면 됩니다. 하지만 이를 단순한 취향 차이로 생각하면 안 됩니다. 메타클래스가 가지는 몇 가지 취약점 중 하나를 여기서 확인할 수 있습니다.

```python
>>> class NullMeta(type):
...     pass
...
>>> class NullBase(metaclass=NullMeta):
...     pass
...
>>> class MyStuff(Plugin, NullBase):
...     pass
...
Traceback (most recent call last):
    class MyStuff(Plugin, NullBase):
```

---

3 물론 엄밀히 말하면, 메타클래스가 반드시 type의 하위 클래스일 필요는 없습니다. 원칙적으로 이름, 기본 튜플, 속성이나 메서드의 사전을 매개 변수로 받는 어떤 호출 가능한 객체도 메타클래스가 될 수 있습니다. 만약 클래스 객체를 반환한다면 일반 함수일 수도 있습니다.

```
TypeError: metaclass conflict: the metaclass of a derived class must
be a (non-strict) subclass of the metaclasses of all its bases
```

오류 메시지는 꽤 상세하지만 본질적인 문제는 Plugin과 NullBase가 클래스 자신의 생성에 사용할 메타클래스로 서로 다른 두 개의 클래스, 즉 PluginLoggerMeta와 NullMeta를 암시하고 있기 때문에 파이썬 입장에서는 둘 중 어떤 것을 사용할지 결정할 수 없다는 것입니다. 양쪽 메타클래스에서 파생되는 사용자 정의 메타클래스를 모두 생성하는 방법도 있지만, 이는 또 다른 복잡한 문제를 일으킵니다.

코드에서 사용자 정의 메타클래스가 일반적으로 허용되는 순간, 다중 상속에 의한 충돌을 피하는 것이 거의 불가능합니다. 물론 이 접근 방법이 다른 접근 방법으로는 해결할 수 없는 작업을 한다면 이런 위험도 감수할 것입니다. 그러나 앞에서 보았던 것처럼 거의 대부분의 경우 클래스 가공자가 더 깨끗하고 가독성이 좋으며 사용자 정의 메타클래스가 할 수 있는 작업을 모두 할 수 있습니다.

5.2 원숭이 패치

파이썬처럼 고도로 동적인 언어의 기능 중 강력하지만 그만큼 잘못 사용될 가능성이 높은 기능이 바로 원숭이 패치(monkeypatching)를 허용하는 것입니다. 원숭이 패치를 사용하면 기존의 모듈이나 클래스도 실행 시간에 수정되기 때문에 특정 프로젝트의 필요에 맞춰 특화된 기능을 구현할 수 있습니다.

프로그래밍 언어 Ruby는 많은 부분에서 파이썬과 매우 유사합니다. 심지어 Ruby는 더 동적이기 때문에 파이썬에서는 원숭이 패치가 어렵거나 불가능한 것조차 Ruby에서는 쉽게 할 수 있습니다. 예를 들면 Ruby는 내장 자료형조차도 동적으로 변경할 수 있는데, 파이썬은 이를 허용하지 않습니다. 그런 이유도 있고 해서 Ruby 문화에서는 원숭이 패치가 파이썬보다도 훨씬 더 깊이 통합되어 있습니다. 반면에 이러한 문화적 경향은 Ruby 개발자 사이에서 안티 패턴으로도 여겨지고 있으나, Ruby에서 가장 널리 사용되고 있는 Rails 웹 프레임워크와 같은 많은 코드에서 원숭이 패치를 사용하고 있기 때문에, 이를 섣불리 제거할 경우 하위 호환성이 깨질 수 있습니다.

원숭이 패치에 대한 기사 중 영향력이 있는 글은 2008년에 아브디 그림(Avdi Grimm)이 작성한 '원숭이 패치가 Ruby를 파괴하고 있습니다(Monkey Patching Is Destroying Ruby)[4]'입니다. 기사가 등재된 날짜에서 알 수 있듯이 이에 대한 이야기는 예전부터 있었습니다. 사실 아브디 그림은 원숭이 패치라는 용어를 파이썬에서 차용한 것이라고 말했을 뿐만 아니라 파이썬이 원숭이 패치를 허용하는 선구적인 언어라고 생각했습니다.

2008년 시점에도 파이썬 개발자 사이에서 원숭이 패치가 잘 알려져 있긴 했지만 그렇다고 널리 사용된 것은 아닙니다. 그리고 지금 이 글을 쓰고 있는 2023년에도 달라지지 않았습니다. 파이썬 코드에서 원숭이 패치를 사용하는 경우를 만날 수 있다는 것은 분명하지만 이런 일이 자주 있는 것은 아닙니다. 일반적으로 원숭이 패치를 사용하는 것은 잘못이지만 항상 그런 것은 아닙니다. 파이썬에서는 클래스, 인스턴스, 소스 코드 자체, 몇 가지 객체들이 원숭이 패치의 대상이 될 수 있습니다. 하지만 여기서는 모듈에 원숭이 패치를 적용하는 가장 흔한 경우를 예로 들어 보겠습니다.

약간 억지스럽게 느껴질 수도 있지만 파이썬 개발자들이 원숭이 패치를 사용할 수밖에 없는 상황을 예로 들겠습니다. 공급 업체에서 전달된 CSV 데이터를 처리하는 애플리케이션이 있다고 가정해 봅시다. 예시 데이터 파일은 다음과 같습니다.

---

4 https://avdi.codes/why-monkeypatching-is-destroying-ruby

```
Balance,AccountNum,Owner
2913.94,3850234082,Omar
9102.53,0028382910,Sarita
5181.32,8213593023,David
# ...이하 행 생략...
```

다음 코드는 이 파일을 읽는 간단한 예제입니다.

```
import re
import sys

def get_5k_balances(rows):
    for row in rows:
        if re.match(r"5\d{3}\.\d{2}", row):
            balance, account_num, owner = row.split(",")
            yield (f"Account: {account_num}\n"
                   f"  Owner: {owner.strip()}\n"
                   f"Balance: ${float(balance):,.2f}\n")

# ... 더 많은 함수 ...

if __name__ == "__main__":
    for account in get_5k_balances(open(sys.argv[1])):
        print(account)
```

이 코드는 규정에 따라 실제로 모든 계좌 잔액에 대해 re.match()를 매번 수행합니다. 이 스크립트를 실행하면 지정된 파일을 순회하고 일부 행의 내용을 형식에 맞춰 출력합니다. 이때 Sarita와 Omar의 계좌에는 규정을 벗어나는 잔액이 들어 있습니다.

```
[BetterPython]$ python process-accounts.py accounts.csv
Account: 8213593023
  Owner: David
Balance: $5,181.32
```

얼마 후 공급 업체에서는 당좌 대월 잔액[5]을 도입하기로 하고 잔액 표시 앞에 항상 + 또는 - 기호를 붙이도록 형식을 변경합니다.

```
Balance,AccountNum,Owner
+2913.94,3850234082,Omar
+9102.53,0028382910,Sarita
+5181.32,8213593023,David
-1002.26,4890094375,Juana
# ...이하 행 생략...
```

앞에서 작성한 프로그램은 어떤 행도 처리할 수 없습니다. 그래서 코드 전체를 변경하는 대신 코드 안의 re.match() 호출에 대해 각 행의 앞쪽에 추가된 + 기호를 찾게 한다는 **현명한** 생각을 떠올릴 수 있습니다. 작업도 다음과 같이 매우 간단합니다.

monkey_plus.py 소스 코드

```
import re
from re import match as _match

def match_positive(pat, s, flags=0):
    return _match(rf"\+{pat}", s, flags)

re.match = match_positive
```

스크립트 상단에 import monkey_plus라는 코드를 한 줄 추가하고 이 파일을 process-accounts2.py라는 이름으로 저장하기만 하면 새로운 형식을 처리할 수 있습니다. 이때 get_5k_balances()뿐만 아니라 스크립트 안에서 re.match()를 사용하는 모든 함수가 영향을 받습니다.

---

[5] 흔히 마이너스 통장이라고 부르는 것으로, 대출 한도를 설정해 놓고 그 안에서 출금하면 대출로 설정되는 것을 의미합니다.

```
[BetterPython]$ python process-accounts2.py accounts-new.csv
Account: 8213593023
  Owner: David
Balance: $5,181.32
```

현명한 프로그래머는 process-accounts2.py의 모든 코드를 제어하고 있으며, re.match()가 사용되고 있는 곳은 잔액을 확인하는 한 곳뿐이라는 것에 주목합니다. 적어도 + 또는 - 기호로 시작하는 숫자를 확인하는 부분에만 사용됩니다.

아직은 아무것도 망가지지 않았습니다. 하지만 이 이야기 속의 현명한 프로그래머는 새로운 공급 업체에서 사용하는 형식의 데이터 파일을 처리할 때 사용될 수 있는 많은 기능 중에 어떤 것을 사용할지를 제어하는 선택 사항을 추가하는 것이 좋겠다고 결정합니다. 이에 따라 다음과 같은 코드를 작성하게 될 것입니다.

```
import re
import monkey_plus
import argparse

def get_5k_balances(rows):
    # ... 앞의 코드와 동일 ...

# ... 더 많은 함수 ...

if __name__ == "__main__":
    parser = argparse.ArgumentParser()
    parser.add_argument("datafile", type=str, help="CSV data file")
    parser.add_argument("-f", "--function", action="store",
default="get_5k_balances")
    args = parser.parse_args()
    func = eval(args.function)
    for account in func(open(args.datafile)):
        print(account)
```

하지만 안타깝게도 코드를 실행한 결과는 다음과 같습니다.

```
[BetterPython]$ python process-accounts3.py accounts-new.csv
usage: process-accounts3.py [-h] [-f FUNCTION] datafile
process-accounts3.py: error: the following arguments are required:
datafile
```

오류를 보는 순간 argparse의 매개 변수에 어떤 문제가 발생한 것인지 알아내려는 무의미한 시도를 하게 될 가능성이 높습니다. 아니면 너무나 영리한 함수인 eval()이 이름에서 함수의 객체를 가져오는 데 문제가 있는지 의문이 들 수도 있습니다.

하지만 여기서 발생한 문제는 위에 언급했던 것과는 하등 관계가 없습니다. 실제로는 argparse의 구현 코드 안에서 '보호된', 즉 이름에 밑줄이 붙어 있으며 밖으로 내보내지 않는 함수에서 re.match()를 사용하고 있기에 발생한 문제입니다. 이 모듈이 import re as _re를 사용했기 때문에 소스 코드를 보더라도 이를 놓칠 수도 있는데, 실제로는 _re.match() 형태로 호출됩니다. 이러한 안전 장치가 있음에도 불구하고, 원숭이 패치는 완전히 서로 다른 모듈을 심각하게 망가뜨렸으며, 심지어 이 경우에는 그 대상이 표준 라이브러리의 모듈입니다. 패치가 이루어진 함수를 사용할 것이라고 일말의 의심도 하지 않았던 코드를 눈에 띄지 않는 방식으로 망가뜨린 것입니다. 원숭이 패치가 변경하는 것은 동일한 모듈 **객체**로, 간접적인 가져오기를 통해 어떤 이름에 연결되었는지는 중요하지 않습니다.

물론 이 예제는 다소 인위적이며 실제로 표준 라이브러리 모듈의 함수를 변경하여 주입하는 일은 거의 없을 것입니다. 그러나 일부 제3자 라이브러리의 기능이 원하는 것과 **미세하게 다를 때**, 그 안의 함수, 클래스 속성, 메서드, 모듈 상수 등을 수정해 주입하고 싶을 수 있습니다. 그 결과 이 예제와 비슷하게 알지 못하는 곳에서 발생한 의존성과 변경 사항이 한데 결합하면서 예상치 못한 결과를 만날 확률이 높습니다.

이러한 상황을 실제로 만났을 때 가장 좋은 접근 방식은 과감하게 모든 관련 코드를 바꾸는 것입니다. 이 예제에서는 re.match()를 모두 다른 코드로 대체하는 것을 의미합니다. 만약 코드에서 match_positive()와 같은 함수를 정의한다고 할 때, 원본 함수의 호출 특징을 그대로 사용할 수 있으므로 단순하게 함수의 이름을 모두 찾아 바꾸면 됩니다. 제공된 모듈 함수는 가능하면 아니 무조건 그대로 놔두는 편이 훨씬 낫습니다.

5.3 읽기 메서드와 설정 메서드

BETTER PYTHON CODE

C++나 Java와 같은 일부 프로그래밍 언어에서 흔히 사용되는 패턴은 비공개(private)나 보호된(protected) 변수에 대한 접근을 제어하는 대신 읽기 메서드와 설정 메서드를 공개하는 것입니다. 다른 언어에 익숙한 프로그래머가 작성하는 코드에서 자주 볼 수 있는데, 파이썬에서 이 패턴을 사용하는 것은 잘못입니다.

얼핏 보기에 제가 읽기 메서드(getter)와 설정 메서드(setter)에 대해 경고하는 것이 '4장 파이썬 고급 활용'의 '보호된 속성에 직접 접근하기' 절에서 설명했던 내용과 모순되는 것처럼 보일 수 있습니다. 해당 절에서 저는 유사 보호된 인스턴스 속성[6]이나 유사 비공개 인스턴스 속성[7]을 직접 수정하는 경우에 대해 경고한 바 있습니다. 앞 문장에서 제가 '유사(pseudo)'라는 단어를 사용했는데, 그 이유는 파이썬에서 관행을 따르거나 가벼운 이름 가공을 사용하는 경우가 아니라면 해당 속성을 읽거나 변경하는 데 실제로 제약이 있는 것은 아니기 때문입니다.

---

[6] 이름 앞에 밑줄이 한 개 붙어 있는 속성
[7] 이름 앞에 밑줄이 두 개 붙어 있는 속성

Java와 같은 일명 '구속(bondage)과 규율(discipline)의 언어'는 클래스의 사용자가 **하면 안 되는** 일을 방지하려는 의도가 있습니다. 반면에 파이써니스타 사이에서 통용되는 말은 '여기 있는 우리는 모두 다 큰 어른이에요.'입니다. 다시 말해 클래스의 제작자는 이름 앞에 밑줄을 하나 또는 두 개 붙이는 행위로 접근 권고를 할 수는 있지만, 이는 C++나 Java의 접근 제어자(access modifier)[8]와는 다릅니다.

파이썬 인스턴스의 속성 이름 앞에 하나 또는 두 개 밑줄이 붙어 있다면 이것은 단순하게 클래스 제작자가 해당 속성에 접근하지 못하게 제한하려는 의도가 아니라, 해당 속성이 추후 사라지거나 그 의미나 포함하고 있는 값이 문서나 API에 의해 보장되지 않으며 추후 달라질 수 있음을 의미할 뿐입니다. 더군다나 해당 속성이 가지는 실제 의미가 일반적인 예상과 미묘하게 다를 수도 있습니다. 주의할 점은 클래스의 제작자가 직접 문서 등에서 언급하지 않는 한, 이 속성이 가지는 의미에 대해 어떤 보장이나 확신도 할 수 없다는 것입니다.

읽기 메서드와 설정 메서드로 돌아와서 파이썬에서 이러한 안티 패턴에 해당하는 간단한 예를 살펴보겠습니다. 다음 코드는 물론 잘 동작하지만 불편하게 느껴질 수 있습니다.

파이썬에서 Java 형식으로 작성하는 안티 패턴

```python
class GetterSetterExample:
    def __init__(self, value):
        self._value = value

    def get_value(self):
        return self._value

    def set_value(self, new_val):
        self._value = new_val
```

---

8 C++와 Java의 protected, private 외에 Visual Basic의 friend도 접근 제어자의 일종입니다.

설령 이러한 추가 메서드가 추가적인 작업을 수행하더라도 이 코드는 올바른 파이썬 방식이 아니라고 느껴질 것입니다. 맞습니다. ._value를 더럽히면 안 되며, 만약 간접적인 접근 방법이 필요하다면 속성(properties)을 사용하는 것이 훨씬 더 자연스럽습니다.

GetterSetterExample보다 조금 더 구체적인 예를 들어 보겠습니다. Rectangle 클래스를 작성하는데 다음과 같은 특별한 제약 조건이 있다고 가정해 봅시다. 그림 5-1과 같이 직사각형의 왼쪽 아래 모서리가 원점에 있을 때, 직사각형의 어떤 부분도 주어진 반지름을 가진 원 밖으로 나가지 않아야 합니다. 이 클래스를 파이썬 방식으로 작성하면 다음 코드와 같습니다.

❤ 그림 5-1 대각선 길이 규칙에 맞는 사각형과 맞지 않는 사각형

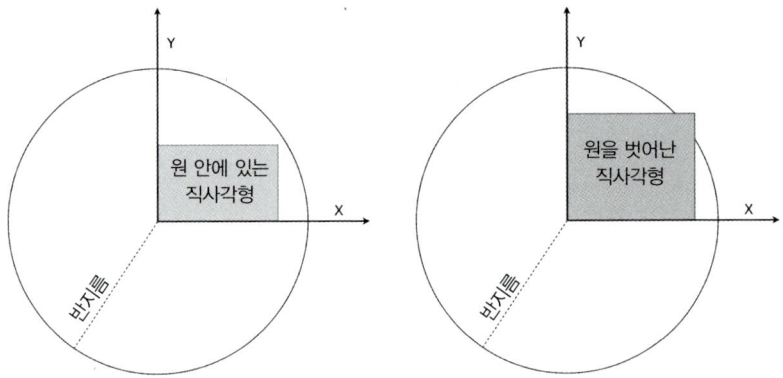

파이썬다운 파이썬 코드 작성하기

```
from sys import stderr
from math import sqrt

class BoundedRectangle:
    def __init__(self, x, y, radius=1):
        assert x > 0 and y > 0 and radius > 0          # ❶
        assert sqrt(x**2 + y**2) <= radius
        self._x = x
        self._y = y
```

```
        self._radius = radius                                    # ❷

    @property
    def x(self):
        return self._x

    @x.setter                                                    # ❸
    def x(self, new_x):
        if new_x < 0 or sqrt(new_x**2 + self._y**2) > self._radius:
            print("Rectangle bounds violated", file=stderr)
            return
        self._x = new_x

    @property
    def y(self):
        return self._y

    @y.setter
    def y(self, new_y):
        if new_y < 0 or sqrt(new_y**2 + self._x**2) > self._radius:
            print("Rectangle bounds violated", file=stderr)
            return
        self._y = new_y

    @property
    def area(self):
        return self._x * self._y
```

---

❶ 운영 환경 코드에서는 불변성을 단언하는 것 이상의 작업을 수행할 수 있습니다.

❷ 설계상 초기화가 끝나면 반지름을 변경할 수 있는 방법은 제공되지 않습니다.

❸ '설정 메서드'는 가공자에서 여전히 이름을 사용하지만 API에서는 그렇지 않습니다.

클래스를 정의하면서 코드의 양이 줄어들지 않았을 뿐만 아니라 가독성이나 명확함이 더 나아지지도 않은 것을 알아챌 수 있습니다. 파이썬에서의 절약은 클래스 작성자가 아닌 **사용자**를 위한 것입니다.

```
>>> from BoundedRectangle import BoundedRectangle
>>> rect = BoundedRectangle(0.65, 0.30)
>>> rect.x, rect.y, rect.area
(0.65, 0.3, 0.195)
>>> rect.y = 0.25
>>> rect.x, rect.y, rect.area
(0.65, 0.25, 0.1625)
>>> rect.y = 0.8
Rectangle bounds violated
>>> rect.x, rect.y, rect.area
(0.65, 0.25, 0.1625)
```

이 절을 간단하게 요약해 보면 .area처럼 읽기 전용이건 .x, .y처럼 읽고 쓰기
가 가능하건 간에 속성을 사용하는 것이 클래스의 사용자에게 더 단순하고 파
이썬다운 API를 제공한다는 것입니다. 물론 ._radius처럼 '보호된' 속성에 접근
하는 것은 여전히 클래스 작성자의 의도와 어긋나는 것이기에 예상치 못한 결
과가 발생할 수 있습니다. 이 클래스에서 반지름은 초기화를 할 때에만 설정되
며 이후에는 변경되지 않아야 합니다.

5.4 허락보다 용서받는 것이 더 쉽다

링커(linker)와 기계 독립적 프로그래밍 언어(machine-independent programming
language)를 발명하고 대중화시켰을 뿐만 아니라 프로그래밍 분야에서 버그

(bug)라는 용어를 실제로 입증[9]한 그레이스 호퍼[10] 제독은 '허락보다 용서받는 것이 더 쉽다.'라는 유명한 말을 남겼습니다. [11]

파이썬 세계는 물론 다른 프로그래밍 언어 커뮤니티에서도 EAFP와 LBYL은 흔히 사용됩니다. 사실 파이썬 공식 문서에서도 EAFP 용어를 설명[12]하고 있습니다. [13]

> 허락보다는 용서받는 것이 더 쉽습니다. 이 흔한 파이썬 코딩 방식은 유효한 키나 속성의 존재를 가정하고, 그 가정이 어긋났을 경우 예외를 잡아냅니다. 이 깔끔하고 빠른 방식은 많은 try와 except 문의 존재가 특징입니다. 이 기술은 C와 같이 다른 많은 언어에서 흔한 방식인 LBYL 방식과 대조됩니다.
>
> — 파이썬 문서, 용어집

이 절의 내용은 사실상 공식 문서를 약간 더 깊이 다루는 것에 불과합니다. 이 책에서 다루는 몇 가지 관심사와 마찬가지로 EAFP를 선호하는 것은 대략적인 경험에 따른 규칙에 불과할 뿐이며, LBYL을 사용한다고 해서 무조건 잘못으로 여겨서는 안 됩니다. 그러나 LBYL 패턴으로 코드를 작성하고 있다면 해당 코드를 EAFP 방식으로 작성하는 것이 더 나을 수 있는지 고민해 볼 가치는 분명히 있습니다.

간단한 예로 한 줄에 단어가 하나씩 있는 단어 목록 파일이 있다고 가정해 봅시다. 예제 코드에서 무작위로 단어를 선택하기 위해 앞에서 자주 다루었던

9　버그라는 용어는 에디슨(Thomas Edison)이 처음 사용하였고, 1940년에는 이미 조금씩 알음알음 사용되었으나, 호퍼 제독의 경우, 실제로 벌레가 시스템에 들어가서 문제를 일으킨 최초의 사례로 유명합니다.

10　그레이스 호퍼 제독(Admiral Grace Hopper, 1906~1992)은 COBOL의 어머니로도 유명한데, 최초로 영어로 명령을 입력하는 언어를 창시하였고, 컴파일러(compiler)의 개념을 최초로 제시했으며, 최초의 디버거(debugger)이기도 합니다.

11　실제 발언은 다음과 같습니다. 'If it's a good idea, go ahead and do it. It's much easier to apologize than it is to get permission. (좋은 발상이 생각났으면 일단 저질러야 한다. 허락받는 것보다 저질러놓고 사과하는 게 더 쉽다.)'

12　https://docs.python.org/3/glossary.html#term-EAFP

13　제 멋진 동료이자 이 책의 서문을 쓰기도 한 알렉스 마르텔리는 파이썬 철학이 정립되기 시작하던 2000년을 전후로 이러한 약어를 많이 만들어냈습니다.

SOWPODS 단어 목록[14]을 사용했습니다. 구체적으로 말하면 별도의 터미널에서 shuf sowpods | head -50 > 50-words와 유사한 명령을 여러 번 실행했습니다.

```
>>> def total_length(words_file):
...     total = 0
...     while word := words_file.readline():
...         total += len(word.strip())  # 마지막의 LF 제거
...     return total
...
>>> words1 = open("data/50-words")
>>> words2 = open("data/50-more-words")
>>> total_length(words1)
454
>>> total_length(words2)
444
```

이 코드는 단순한 함수지만 합리적으로 동작합니다. 그러나 잘못될 수 있는 경우가 몇 가지 있습니다.

```
>>> total_length(problem1)
Traceback (most recent call last):
[...]
ValueError: I/O operation on closed file.

>>> total_length(problem2)
Traceback (most recent call last):
[...]
AttributeError: 'PosixPath' object has no attribute 'readline'

>>> total_length(problem3)
Traceback (most recent call last):
[...]
UnicodeDecodeError: 'utf-8' codec can't decode byte 0xe6 in position
2:
```

---

14 https://gnosis.cx/better/data/sowpods

```
    invalid continuation byte

>>> total_length(problem4)
Traceback (most recent call last):
[...]
OSError: [Errno 5] Input/output error
```

LBYL 접근 방식은 객체를 total_length()에 전달하기 전에 먼저 문제가 있는
지 확인하는 것입니다. 다음 코드에서 이 방식에 따른 선행 처리를 확인할 수
있습니다.

```
if not hasattr(words_file, "readline"):
    print("words_file is not a file-like object")
elif words_file.closed:
    print("words_file is a closed file")
else:
    print(f"Aggregate length is {total_length(words_file)}")
```

하지만 문제는 제가 REPL 세션에서 구체적으로 생각해서 만들어 낸 예외도 확
인하지 않고 있을 뿐더러 이외에 고려하지 못한 예외도 수없이 많다는 것입니
다. 저는 솔직히 파일에서 읽어야 할 데이터가 UTF-8로 복호화될 수 있느냐
는 질문에 답하려고 **시도**(try)하는 것 외에는 다른 기제에 대해 잘 알지 못합니
다.[15] 이외에도 입출력 처리가 실패할 가능성을 미리 물어보는 방법에 대해서도
알지 못합니다. 앞의 REPL 세션에서는 USB 드라이브에 파일을 넣고 이를 물
리적으로 제거해 그 오류 조건을 만들어 냈습니다. 네트워크 파일 시스템이나
다른 상황에서도 이와 비슷한 문제가 발생할 수 있습니다.

이에 대해 EAFP 접근 방식은 단순히 더 유연하고 파이썬답습니다. 예를 들어
보겠습니다.

```
try:
    print(f"Aggregate length is {total_length(words_file)}")
except AttributeError as err:
```

---

15 open()에 의해 명시적으로 지정된 경우, 다른 인코딩일 수 있습니다.

```
        print(f"words_file is not file-like: {type(words_file)}")
except ValueError as err:
    if hasattr(words_file, "closed") and words_file.closed:
        print("words_file is a closed file")
    else:
        print(f"ValueError encounted with message {type(err)}")
except UnicodeDecodeError as err:
    print(f"UnicodeDecodeError: {err}")
except OSError as err:
    print(f"OSError (probably I/O problem): {err}")
except Exception as err:
    print(f"Other error type: {err} {type(err)}")
```

이 EAFP 코드는 LBYL보다 더 많은 상황을 처리하지만 거의 모든 실패를 일반적인 대체 방안(fallback)으로 처리하고 있기도 합니다. 우리는 알고 있는 모든 예외에 대해 문제의 다른 해결책을 제공할 수 있으며, 코드를 처음 작성할 때 생각하지 못한 문제들에 대해서는 매우 일반적인 대체 방안을 제공할 수 있습니다.

5.5 / 구조적 패턴 대조

이 책의 다른 내용과 마찬가지로, 이 절에서는 무언가를 잘못 써서 생긴 잘못이 아니라 무언가를 빠뜨려서 생긴 잘못에 대해 다룹니다. PEP 384, 385, 386이 파이썬 3.10에 구조적 패턴 대조(structural pattern matching)를 도입하기 이전에는 이 새로운 기능이 없이도 수년 동안 아름다우면서도 파이썬다운 코드가 작성되어 왔습니다. '1장 잘못된 방식으로 순환하기'에서 다룬 파이썬 3.8부터 도입된 바다코끼리 연산자에 대한 이야기 역시 새로운 구조를 사용하는 것만으로 코드가 쉽게 더 나아지는 예를 보여 줍니다.

이 장의 제목에서 알 수 있듯이 if, elif, else 문을 사용하여 match/case 문과 동일한 일을 할 수 있습니다. 사실 if는 사라지지 않을 것이며 여전히 많은 용도에서 선호되는 패턴으로 남아 있을 것입니다. 구조적 패턴 대조가 코드를 더 읽기 쉽고 짧게 만드는 간단한 예를 살펴보겠습니다. 이를 위해 requests 라이브러리[16]의 몇 가지 응답을 분석해 보겠습니다.

응답 객체 분석하기

```python
from requests.models import Response
def process_resp(resp):
    match resp:
        case Response(status_code=200, headers=headers) if "json" in
headers['Content-Type']:
            print("Received JSON response")
            match resp.json():
                case [*args]:
                    print(f" -> {', '.join(args[:5])}, ...")
                case {**kws}:
                    print(f" -> {', '.join(kws.keys())}, ...")
                case str() as json:
                    print(f" -> {json[:30]}...")
        case Response(status_code=200, text=text):
            print(f"Received {len(text.splitlines())} lines")
        case Response(status_code=404, text=text):
            print(f"Not Found with message {text.splitlines()
[0]}...")
        case Response(status_code=status_code):
            print(f"Received status code {status_code}")
        case _:
            print("'Response' has no status code (wrong type?)")
```

이 함수를 사용하는 것은 다음 예와 같이 매우 쉽습니다.

```python
>>> import requests
>>> # 아래에서 RESOURCE를 URL 구성 요소 경로로 대체
```

---

16 '8장 보안'에서 requests 라이브러리의 장점에 대해 살펴봅니다.

```
>>> resp = requests.get("https://gnosis.cx/better/RESOURCE")
>>> process_resp(resp)                                              # ❶
```

❶ 응답에 따라 여기서 결과가 출력됩니다.

문법에 익숙하지 않다면 다소 놀랄 수 있습니다. Response 클래스의 이름과 초기화 매개 변수처럼 보이는 것을 지정하는 것은 실제로 값을 검증하거나 중첩 블록 안에서 이름을 연결하는 것입니다. 예를 들어 첫 번째 구문인 Response(status_code=200, headers=headers)에서는 먼저 대조된 resp 객체의 조건이 resp.status_code == 200을 만족하는지 확인합니다. 만약 조건을 만족하면 해당 블록 안에서 resp.headers를 headers에 연결합니다.

첫 번째 상황 구문에서는 대조된 resp의 추가 특성을 확인해야 하는데 이 작업은 추가적인 if 구문에서 처리됩니다. 만약 if 구문의 조건을 포함해 해당 상황 구문이 성립하지 않으면 파이썬은 다음 상황 구문을 확인합니다. 이때 그 상태 코드가 여전히 200이라면 resp.text를 text에 연결합니다. 이어서 상태 코드 404도 유사한 방식으로 고려합니다. 만약 첫 번째 상황 구문에서 일치하는 값이 없으면 사용 가능한 상태 코드가 있는지 확인합니다. 하지만 '응답'이 어떤 상태 코드도 가지고 있지 않다면 기본 상황 구문으로 돌아갑니다.

상황 구문에 JSON 데이터가 포함되어 있으면 역직렬화된(deserialized) JSON의 실제 자료형에 대해 또 다른 match를 사용합니다. 이것은 파이썬의 list와 같은 JSON 배열이나 또는 파이썬의 dict와 같은 JSON 객체일 수 있습니다. 목록이나 사전이 어떻게 보이는지 규정하는 템플릿(template)을 제공하고 args나 kws라는 이름으로 내용을 얻어 대조합니다. JSON 문자열이 데이터인 상황 구문에서는 as 구문을 사용하여 블록 범위 안에서 이름에 연결할 수 있습니다. 맞습니다. 빈 문자열이 모든 문자열과 일치한다는 것이 이상하게 느껴지겠지만 사실 이는 매우 편리한 기능입니다.

이 함수의 사용 예는 다음과 같습니다.

```
>>> import requests
>>> basename = "https://gnosis.cx/better/data"
>>> process_resp(requests.get(f"{basename}/sowpods"))
Received 267752 lines
>>> process_resp(requests.get(f"{basename}/sowpods.json"))
Received JSON response
 -> aa, aah, aahed, aahing, aahs, ...
>>> process_resp(requests.get(f"{basename}/sowpods.NOT_FOUND"))
Not Found with message <!DOCTYPE html>...
>>> process_resp(requests.get('http://localhost/unauthorized'))
Received status code 401                                    # ❶
>>> process_resp(42)
'Response' has no status code (wrong type?)
```

❶ 지역 서버(local server)를 만들고 상태 코드 401을 반환하도록 했습니다.

당연한 이야기지만 if 기반의 분배만 사용해서 같은 작업을 하는 코드를 작성할 수 있습니다. 실제로 그러한 코드를 작성해 보는 것은 연습용으로 남겨 두겠습니다. 하지만 그 코드는 분명히 훨씬 더 길고 중첩되어 있을 뿐만 아니라 블록이 isinstance() 검사와 임시 변수 할당으로 난잡해진 상태라는 것을 알게 될 것입니다.

파이썬의 선에 따르면 아름다운 것이 추한 것보다 낫기 때문에, 추한 것을 선택하는 것은 잘못이라고 할 수 있습니다.

5.6 정규 표현식과 재앙적 역추적

BETTER PYTHON CODE

정규 표현식(regular expression)은 매우 미묘할 수 있으며 종종 텍스트 안에서 패턴을 표현하는 간결하고 강력한 방법을 제공합니다. 이 책에서 정규 표현식에 대한 설명이나 학습을 깊이 다루지는 못하지만, 제가 쓴《인간 vs. AI 정규표현식 문제 풀이 대결》(2023, 제이펍)의 부록에 학습 관련 소개가 되어 있으므로, 이 책을 읽어 볼 것을 추천합니다.

물론 재앙적 역추적(catastrophic backtracking)의 함정에 빠지지 않고 정규 표현식을 잘 사용할 가능성도 있지만, 이 문제를 만나면 매우 불편한 놀라움을 느낄 것입니다. 대부분의 상황에서 빠르고 잘 동작하던 패턴이 더 오래 걸리기 시작하고, 대조하는 문자열이 길어질수록 기하급수적으로 더 나빠질 수 있습니다.

예제로 각 행마다 공백으로 구분된 두 자리 숫자의 올림차순 목록이 있는 파일을 가정해 보겠습니다. 여기서 90을 넘는 숫자가 있는 모든 행을 식별하려고 합니다. 일부는 일치하고 일부는 그렇지 않을 것입니다. 또한 이 가상의 파일형식에서 각 행은 앞부분에 표식이 있습니다.

앞에서 설명한 파일의 예를 하나 보겠습니다. 책에서는 여백 관계상 줄바꿈이 있지만 실제 파일에서는 표식 하나당 하나의 행으로 구성되어 있습니다.

numbers.txt 파일의 데이터

```
A: 08 12 22 27 29 38 39 43 47 51 52 73 74 78 78 79 80 83 86 87 88 89
B: 03 04 04 05 16 18 23 26 30 31 33 34 35 36 52 61 63 68 69 72 75 80
82 83 83 90 92 92 92 95 97
C: 01 07 14 19 27 30 34 36 36 38 44 47 47 50 51 54 58 60 61 62 82 83
83 95
D: 05 10 13 17 30 31 42 50 56 61 63 66 76 90 91 91 93
E: 03 21 23 24 26 31 31 31 33 36 38 38 39 42 49 55 68 79 81
F: 04 08 13 14 14 16 19 21 25 26 27 34 36 39 43 45 45 50 51 62 66 67
71 75 79 82 88
G: 03 10 27 49 51 64 70 71 82 86 94
H: 27 31 38 42 43 43 48 50 63 72 83 87 90 92
I: 12 16 18 19 38 39 40 43 54 55 63 73 74 74 75 77 78 79 88
```

이 프로그램을 대략적으로 구현하면 다음과 같은 패턴을 정의할 수 있습니다.

```
pat = re.compile(r"^(.+: )(.+ )+(?=9.)")
```

이제 이 패턴을 사용하여 앞의 파일을 처리해 보겠습니다. 실제 운영 코드에서는 일치하거나 실패했다는 사실을 출력하는 것 이상으로 일치하는 그룹 안에서 특정 동작을 수행할 것입니다.

정규 표현식 대조 시간 측정

```
>>> from time import monotonic
>>> for line in open("data/numbers.txt"):
...     start = monotonic()
...     if match := re.search(pat, line):
...         print(f"Matched line {line.split(':')[0]} in
{monotonic()-start:0.3f} seconds")
...     else:
...         print(f"Fail on line {line.split(':')[0]} in
{monotonic()-start:0.3f} seconds")
...
Fail on line A in 0.226 seconds
Matched line B in 0.000 seconds
Matched line C in 0.000 seconds
Matched line D in 0.000 seconds
Fail on line E in 0.026 seconds
Fail on line F in 6.738 seconds
Matched line G in 0.000 seconds
Matched line H in 0.000 seconds
Fail on line I in 0.025 seconds
```

여기서 몇 가지 사항이 눈에 띕니다. 첫 번째, 실제로 일치하는 경우는 항상 1ms 미만의 짧은 시간이 소요되는 반면, 대부분의 실패는 몇 분의 1초라는 상당한 시간이 소요됩니다. 특히 F행의 경우에는 예외적으로 7초에 가까운 시간이 소요되었습니다. 정확한 것은 아니지만 F행에 90보다 작은 숫자가 하나 더 있었다면 처리 시간은 두 배로 늘어났을 것입니다. 그리고 그 뒤에 또 다른 숫자가 있다면 시간이 두 배로 늘어나게 됩니다. 실행 시간이 지수에 비례하는 이런 경우에는 실행 성능이 빠르게 떨어집니다.

시각적으로 역추적 알아보기

정규 표현식 엔진이 하는 일을 이해하기는 확실히 어렵습니다. 특히 역추적 대조를 실행하는 비결정론적 유한 상태 기계(Nondeterministic Finite Automaton, NFA)는 동작 방식이 직관적으로 바로 이해하기 매우 어렵습니다. 그림 5-2에서 좀 더 단순하고 재앙적이지 않은 예를 단계별로 살펴보겠습니다.

❤ 그림 5-2 쉼표로 구분된 긴 숫자 수천 개 대조하기

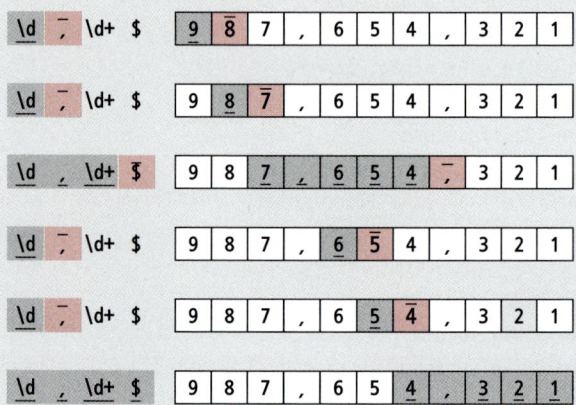

서양에서 세 자리마다 그룹을 지어 구분하는 관행에 따라, 쉼표를 사용하여 천 단위, 백만 단위, 십억 단위를 구분하는 긴 숫자 문자열을 가질 수 있습니다. 패턴 r"\d,\d+$"은 이를 만족합니다.

앞의 그림에서 일치하는 문자와 정규 표현식의 하위 패턴은 밑줄과 회색 배경으로 표시됩니다. 실패하는 문자와 정규 표현식의 하위 패턴은 윗줄과 빨간색 배경으로 표시됩니다.

대조를 위해 정규 표현식 엔진은 숫자를 찾으려 다음을 읽어오고 이어서 쉼표가 나오길 기대합니다. 만약 실패하면 부분 대조를 포기하고 다시 다음 숫자를 읽습니다. 숫자-쉼표 연속 순서열을 찾으면 반복되는 숫자를 찾습니다. 처음에는 대조 부분 연속 순서열을 찾지만 문자열의 끝에 도달하지 않으면 실패합니다. 그러면 다시 첫 숫자를 읽으며 일부 일치를 **되돌려줍니다.**

숫자 연속 순서열 예제에서 어떤 일이 일어나는 것인지 살펴봅시다. 하위 패턴 r"(.+)+"는 실제로 어떤 문자에도 대조할 수 있기 때문에, 처음에는 전체 문자열을 대조하려고 시도합니다. 하지만 결국에는 r"(?=9.)"의 전방 탐색을 찾

지 못하고 역추적을 통해 약간 짧은 문자열을 고려합니다. 이 역추적이 이루어지면 다음에 일치하지 않은 문자가 "9."인 것을 찾게 될 것입니다. 찾지 못했다면 하나 이상의 횟수 지정자(quantifier)가 더 적은 반복을 허용하기 때문에 더 많은 역추적을 시도합니다. 그러나 각각의 역추적 후에 패턴은 마지막 역추적 위치를 유지하면서 앞으로 더 많은 반복 탐색을 시도합니다. 이에 실패할 경우 꼬리를 풀어 버리고 머리 부분에서 더 많은 역추적을 실행합니다.

하노이의 탑 퍼즐[17]과 유사하게 패턴이 최종적으로 실패하기 전에 머리 부분과 꼬리 부분의 모든 가능한 상태를 탐색해야 합니다. 이때 탐욕적이지 않은 반복 그룹(non-greedy repeating group)을 사용하여 문제를 해결할 수 있을 것 같은 생각이 들 것이고, 직관적으로 +로 최대한 많이 대조하려는 탐욕을 버리면 패턴이 역추적을 시도하는 일이 줄어들 것처럼 느껴집니다. 그러나 패턴을 r"^(.+:)(.+?)+(?=9.)"로 설정하면 실제로는 실행 시간이 조금 더 늘어납니다. 저는 약 10초가 소요되었고 이 역시 지수적으로 증가합니다. 문제에 대해 다시 생각해 보면, 대조를 가능한 한 적게 한다고 해서 가능한 한 많이 하는 것보다 역추적을 덜 하는 것이 아님을 알게 됩니다. 왜냐하면 정규 표현식 엔진의 입장에서는 전체적인 불일치가 여전히 '불가능'으로 남아 있는 상태이기 때문에, 여전히 같은 가능 공간을 탐색해야 합니다.

사실 이 문제에는 간단한 해결책이 있습니다. 패턴 r"^(.+:)(\d+?)+(?=9\d)"를 사용하면 모든 실행 시간은 무시할 만한 수준으로 줄어듭니다. 이 패턴은 공백을 포함하는 모든 연속 순서열 대신에 공백 뒤에 있는 몇 개의 숫자를 대조합니다. 그러나 대부분의 경우 이 문제를 만나면 이 예제처럼 간단하지 않습니다. 오히려 가장 일반적인 상황은 여러분이 대안적인 하위 패턴들을 고려함에도 불구하고 그것이 실제로는 같은 문자열을 대조할 수 있음을 놓치는 것입니다. 이는 사실상 점이 공백일 수도 있는 (.+)을 사용한 것과 마찬가지입니다.

---

[17] https://ko.wikipedia.org/wiki/하노이의_탑

'중첩된 대안' 문제의 일반적인 형태는 메타 문법으로 표현하자면 (≪pat1≫|≪pat2≫|≪pat3≫)+입니다. 여기서 각각의 패턴은 자체적으로 복잡할 수도 있으며 동일한 것을 대조할 수도 있다는 것을 명확하게 드러내지 않을 수도 있습니다. 간단한 예로 \b(a\S*|\S*f\S*|\S*z)\b와 같은 하위 패턴을 생각해 봅시다. 이 패턴은 'a'로 시작하는 단어, 중간에 'f'가 있는 단어, 'z'로 끝나는 단어를 의미합니다. 영어 단어로 쓴다고 하면, 중세 이베리아의 군사 직위였던 'alferez'가 모든 대안과 일치한다는 것을 쉽게 알 수 있습니다. 문자열이 그 단어의 많은 반복을 포함하고 있다면, 전체 대조는 모든 선택 사항에 걸쳐 역추적을 하게 될 것입니다.

이러한 종류의 문제나 잘못에 대한 완전히 일반적인 대책은 없습니다. 때때로 실제 검색을 하기 전에 더 쉽게 대조할 수 있지만 덜 구체적인 패턴에 대해 전방 탐색을 사용하면 실패를 빠르게 확인할 수 있습니다. 예를 들어 이번 예제에서 실제로 ^(?=.* 9)(.+:)(.+)+(?=9\d)를 대조하기 전에 공백 9가 어딘가 존재한다고 일반적으로 단언할 수 있습니다. 이는 올바른 답과 대조 그룹을 생성하지만 각 행에 대해 수 ms밖에 소요되지 않습니다.

파이썬 3.11에서는 re 모듈에 매우 좋은 기능이 새로 도입되었습니다. 소유형 횟수 지정자(possessive quantifier)와 원자 그룹(atomic group)으로, 이 두 가지 기능은 사실 서로 밀접한 관련이 있습니다. 두 가지 경우 모두 '한 번 일치하거나 실패하면 역추적하지 않는다'는 의미를 가집니다. 이러한 구조의 목적에도 불구하고 현재 목표에 적합한지는 사실 불분명합니다. 하지만 이러한 구조를 알아 두면 많은 문제 패턴을 다시 작성하는 데 도움이 될 것입니다.

5.7 정리

이 장에서 다룬 잘못은 다른 잘못과는 다른 점이 있습니다. 파이썬은 많은 것을 허용하며 심지어 일반적으로 현명하지 못한 일도 가능합니다. 이러한 기술 중 일부는 특히 중급에서 고급 수준에 이른 파이썬 프로그래머에게 매력적입니다. 이는 일반적으로 초보자가 하는 잘못이 아닙니다. 누구나 새로운 기술을 익히게 되면 굳이 그러지 않아도 되는데도 모든 문제에 그 기술을 적용하고 싶기 마련입니다.

메타클래스를 활용하는 기능은 확실히 고급 기능에 속합니다. 더군다나 이는 파이썬의 객체 모델에서 우연히 나타난 것이 아니라 전용 문법으로 구성된 고급 기능입니다. 반면에 원숭이 패치는 어느 정도 고급에 속하는 기능이지만 파이썬 객체가 가지는 의미로부터 자동으로 따라오는 것입니다. 이는 언어가 이를 위해 설계되었다기보다는 파이썬 개발자들이 해당 기능을 적극적으로 막으려고 하지 않았기 때문에 존재하는 것입니다. 어느 쪽이건 간에 이러한 기술은 가급적 사용을 자제해야 합니다.

읽기 메서드와 설정 메서드를 작성하는 것은 특별한 고급 기술이 아니며 오히려 꽤 평범한 메서드에 해당합니다. 하지만 이를 사용하는 습관은 대부분 다른 언어의 잔재에 따른 결과로서 파이썬의 관용적인 사용에 해를 끼칠 수 있습니다. 이 경우 특성을 통한 접근 또는 단순한 직접 속성 접근이 더 명확하고 아름답습니다. LBYL과 EAFP 코딩 방식 사이의 선택에 대해서도 어느 정도는 같은 말을 할 수 있습니다. '예외는 그렇게 예외적이지 않다'는 옛말로 정의할 수 있는 태도가 사실 경험 많은 파이써니스타 사이에서 그리 명확하게 합의된 것이 아니라는 것을 인정합니다. 저는 비록 두 진영 중 한쪽에 속하지만, 모든 상황을 미리 확인하고 대비하는 것은 불가능할 뿐만 아니라 취약하며, 지역과 외부 범위의 예외 처리가 필수적인 상황이 많습니다.

나머지 잘못 중 첫 번째는 파이썬 3.10에서 새로 추가된 기능을 활용하지 않는 것입니다. match와 case를 사용한 구조적 패턴 대조는 간결하고 표현력이 뛰어나며 종종 더 명확한 의도를 표현합니다. 또한 elif 구문으로 이루어진 통곡의 벽보다 약간 빠른 경우가 대부분입니다. 마지막으로 정규 표현식의 역추적에 대한 잘못은 매우 까다롭습니다. 정규 표현식은 현명하게 적당히 사용하면 매우 강력합니다. 정규 표현식의 처리가 극단적으로 느려지는 것을 인지하지 못하는 것은 잠재적인 위험에 해당하지만, 그렇다고 간단하고 일반적인 해결책이 있는 것은 아닙니다. 이러한 잠재적인 위험이 생기는지 알아차리려면 잘못에 대해 논의가 필요합니다.

6^장

적절한
데이터 구조
선택하기

이 장에서는 파이썬 초급 개발자뿐만 아니라 많은 고급 개발자조차 모르고 있거나 종종 잊어버리는 유용한 데이터 구조를 살펴보고, 이를 통해 불필요하게 어려운 코드를 작성하지 않는 방법을 찾고자 합니다. 데이터 구조 중 네 가지는 파이썬 표준 라이브러리의 collections 모듈에 포함되어 있고, 다른 하나는 dataclasses 모듈에 속해 있다고 말할 수 있습니다.[1] 마지막에는 종종 목록보다 더 효율적일 수 있고 밀접하게 관련된 순차적 데이터 구조를 추가로 살펴봅니다. 이는 목록과 유사하며, 내장되어 있거나 표준 라이브러리 모듈에서 찾을 수 있습니다.

이 책에서 다루는 잘못 중 내용이 가장 긴 부분은 '7장 데이터 구조의 잘못된 사용'의 '자신만의 데이터 구조 만들기' 절입니다. 이러한 고급 수준의 잘못은 사용자 정의 데이터 구조를 생성할 때 볼 수 있는 많은 장점과 단점에서 비롯됩니다. 이 장에서 살펴볼 모든 표준 라이브러리 컬렉션과 제3자 라이브러리인 sortedcontainers[2]와 pyrsistent[3]를 모두 고려해 보지 않은 상태에서 자신만의 데이터 구조부터 만드는 것은 섣부른 행동입니다.

이 장의 일부 내용은 파이썬 표준 라이브러리에서 사용할 수 있는 특정 데이터 구조에 대해 다루며, 이 책의 다른 부분과 약간 다르게 구성되어 있습니다. 각각의 데이터 구조에 대해 이를 사용한 간단한 작업을 선보인 다음, 이 데이터 구조를 사용하지 않고 같은 작업을 하려면 얼마나 더 길고 가독성이 떨어지며 때로는 현저히 느린 코드가 필요한지 살펴볼 것입니다.

---

1 이에 대해서는 뒤에서 다룹니다.
2 https://grantjenks.com/docs/sortedcontainers/
3 https://pyrsistent.readthedocs.io/en/latest/

6.1

BETTER PYTHON CODE

collections.defaultdict

파이썬 2.7 이전에 collections.defaultdict는 존재했지만 collections.Counter는 존재하지 않았습니다. 2010년부터 Counter를 다루는 사용 사례는 'defaultdict를 사용하세요'라는 권장 사항으로 대체되었습니다.

이 두 컬렉션은 모두 전문적인 기능이 추가된 dict의 하위 클래스입니다. 기본 사전은 전문적인 범위가 적으며, 이 말은 collections.Counter, collections.OrderedDict, collections.UserDict보다 일반적인 경우에 사용된다는 뜻입니다. 비록 앞의 세 가지 컬렉션 중 뒤의 두 가지는 이 책에서 구체적으로 다루지 않지만 파이썬 공식 문서[4]에서 읽어 볼 가치가 있습니다.

단순히 반복적이고 지나치게 장황한 패턴은 defaultdict를 사용함으로써 개선할 수 있습니다. 저 역시 이렇게 우아하지 못한 잘못을 종종 저지르기 때문에, 다시 한번 정리하는 것이 큰 가치가 있다고 생각합니다.

일반적인 사전을 사용할 때 종종 키와 연관된 가변 값을 수정하려고 할 경우가 있습니다. 하지만 그 값을 수정하기 전에, 사전에 필요한 키가 있는지 먼저 확인해야 합니다. 예제로 앞에서 이미 여러 차례 사용했던 SOWPODS 단어 목록으로 첫 글자가 같은 단어끼리 대응(사상)시키는 사전을 만들어 봅시다.

```
>>> from random import choice, seed
>>> from pathlib import Path
>>> words = Path("data/sowpods").read_text().split()
>>> seed("first-letter")                              # ❶
>>> for _ in range(100):
...     word = choice(words)
...     first_letter = word[0]
...     if first_letter not in by_letter:
```

---

[4] https://docs.python.org/3/library/collections.html

```
...            by_letter[first_letter] = set([word])
...        else:
...            by_letter[first_letter].add(word)
...
>>> by_letter.get("g", set())
set()
>>> by_letter.get("r", set())
{'repositors', 'rotating', 'resectional', 'reflectometry'}
```

❶ 씨앗 값은 특정 선택을 복제할 수 있도록 간단히 사용됩니다.

비슷한 패턴은 list와 .append()를 사용할 때도 자주 적용되며, 때로는 다른 컬렉션과 그에 해당하는 더 많은 항목을 포함하기 위한 메서드와 함께 사용됩니다.

이 패턴은 완벽하게 동작하지만 defaultdict를 사용해 더 개선할 수 있습니다.

```
>>> first_letter = defaultdict(set)
>>> seed("first-letter")
>>> by_letter = defaultdict(set)
>>> for _ in range(100):
...        word = choice(words)
...        by_letter[word[0]].add(word)
...
>>> by_letter['g']
set()
>>> by_letter['r']
{'repositors', 'rotating', 'resectional', 'reflectometry'}
```

컬렉션뿐만 아니라 호출 가능한 객체라면 어떤 것도 사용할 수 있습니다. 예를 들어 '1장 잘못된 방식으로 순환하기'의 '(드물지만) 순환을 위해 목록 생성하기' 절에서 정의했던, 상상 속에서나 볼 수 있을 법한 수비학적인 함수 word_number()를 떠올려 보세요. 여기서는 이 함수가 계산에 많은 비용이 들어 불필요하게 자주 실행되는 것을 피하고 싶다고 가정하겠습니다. 이때 @functools.lru_cache와 @functools.cache 가공자도 이 작업에 유용한 방법을 제공합니다.

```
>>> def word_number(word):
...     magic = 0
...     for letter in word:
...         magic += 1 + ord(letter) - ord("a")
...     return magic
...
>>> word_magic = defaultdict(lambda: "<unknown>")
>>> word_magic["chillier"] = word_number("chillier")
>>> word_magic["snicker"] = word_number("snicker")
>>> word_magic["bonesetter"] = word_number("bonesetter")
>>> word_magic["overboiled"]
'<unknown>'
>>> word_magic["chillier"]
76
>>> word_magic
defaultdict(<function <lambda> at 0x7fab522b9bc0>, {'chillier': 76,
'snicker': 79,
'bonesetter': 123, 'overboiled': '<unknown>'})
```

그러나 이 특정 예제에서는 비싼 계산 결과를 실제로 사전에 저장하기 위해 계산을 한 번만 수행하길 원할 것입니다. 다음 예제는 일반 dict에서도 잘 동작합니다.

```
>>> word_magic.setdefault("sternitic", word_number("sternitic"))
117
>>> word_magic
defaultdict(<function <lambda> at 0x7fab522b9bc0>, {'chillier': 76,
'snicker': 79,
'bonesetter': 123, 'overboiled': '<unknown>', 'sternitic': 117})
>>> word_magic.setdefault("overboiled", word_number("sternitic"))
'<unknown>'
```

defaultdict와 관련하여, 표준이지만 대체로 간과되고 있는 dict.setdefault()도 키가 존재하면 받아오고 그렇지 않은 경우 키를 설정한 후 받아오는 기제를 제공합니다. 이 절의 첫 문단으로 돌아가 보면 Counter는 생성기(factory)가 int로 설정된 defaultdict와 유사하면서도 추가적인 메서드를 제공합니다.

6.2 collections.Counter

파이썬 표준 라이브러리의 collections 모듈에서 가장 애용되는 컬렉션은 Counter입니다. 이는 중복집합[5] 또는 다중집합이라고 불리는 개념을 실제로 구현한 것입니다. 계수기(counter)는 흔히 히스토그램(histogram)을[6] 편리하게 생성하기 위한 용도로 사용됩니다. 이 절과 이어지는 몇 개의 절에서는 먼저 파이썬다운 예시에 해당하는 해결책을 제시하고 이와 같은 작업 도중에 저지르는 잘못을 소개합니다.

6.2.1 해결책

제 개인 시스템에는 상대적으로 자주 사용하는 histogram이라는 작은 파이썬 스크립트가 있습니다. 이 스크립트의 전체 내용은 다음과 같습니다.

histogram의 소스 코드

```
#!/usr/bin/env python
import re
from sys import argv, stdin
from collections import Counter

if '-w' in argv or '--word' in argv:                    # ❶
    # 단어 히스토그램
    cleaned = re.sub(r'[^\w]', ' ', stdin.read())
    hist = Counter(cleaned.lower().split())
else:
```

---

5 https://ko.wikipedia.org/wiki/중복집합
6 기술적으로 말하면 히스토그램은 수치 값의 범위에 따라 구분된 연속 데이터의 표현으로, 대부분 균일한 크기의 구간으로 나뉩니다. 범주형 데이터의 개수나 빈도에 대한 막대 차트(bar chart)는 이와 비슷하지만 똑같지는 않습니다. 이 장에서 보여 주는 유틸리티는 후자에 해당합니다.

```
# 문자 히스토그램
cleaned = re.sub(r'[^\w]', ", stdin.read())
hist = Counter(cleaned)

for item, count in hist.most_common():
    print(f"{count}\t{item}")
```

❶ argparse, click, docopt, typer를 사용하면 더 다양한 분기 처리가 가능합니다.

저는 이 유틸리티를 다음과 같은 방식으로 사용합니다. 단, 여기서는 head와 같은 다른 셸 유틸리티와 함께 사용하고 있습니다.

```
[BetterPython]$ histogram < frontmatter | head -8
895 e
807 t
766 o
641 n
626 i
618 a
579 s
465 r
[BetterPython]$ histogram --word < frontmatter | head -8
65 the
52 of
47 to
43 a
42 in
42 python
29 and
26 i
```

이 방법으로 그림 6-1과 같이 시각적인 결과를 생성할 수도 있습니다. 여기서 사용된 작은 barchart 유틸리티는 matplotlib을 이용하며, 이 책의 웹사이트에서 다운로드할 수 있습니다.

```
[BetterPython]$ histogram -w < frontmatter | head -8 | barchart
```

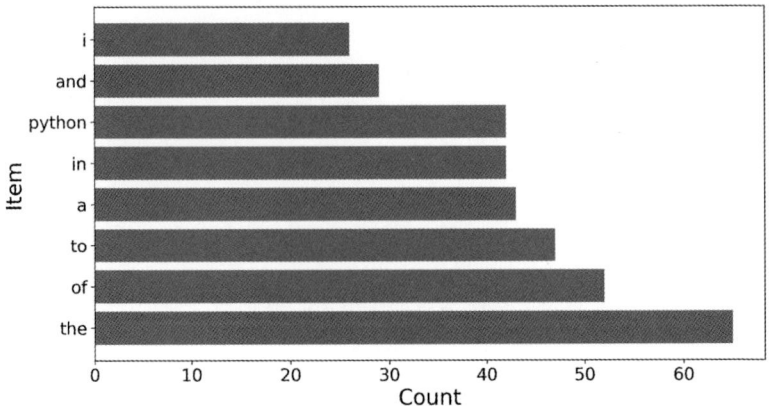

앞의 데이터는 이 책의 최종본 서문과 완전히 일치하지 않을 수 있지만, 대략적으로 비슷할 것입니다. 제 스크립트는 그저 문자나 단어와 같은 반복 가능한 객체로 계수기를 초기화하고, .most_common() 메서드를 사용하여 세고 있는 객체를 정렬합니다. 더 큰 프로그램이라면 기존 계수기에 .update() 메서드를 반복적으로 호출하여, 전달된 반복 가능한 객체 안에서 각 객체에 대한 개수를 증가시킬 것입니다. 반대로 .subtract() 메서드는 다음 예와 같이 개수를 감소시킵니다.

```
>>> from collections import Counter
>>> count = Counter()
>>> count.update("gildings")
>>> count.update("delated")
>>> count.most_common()
[('d', 3), ('g', 2), ('i', 2), ('l', 2), ('e', 2), ('n', 1), ('s',
1), ('a', 1), ('t', 1)]
>>> count.subtract("antennas")
>>> count.most_common()
[('d', 3), ('g', 2), ('i', 2), ('l', 2), ('e', 1), ('s', 0), ('t',
0), ('a', -1), ('n', -2)]
>>> del count["n"]
>>> count.most_common()
[('d', 3), ('g', 2), ('i', 2), ('l', 2), ('e', 1), ('s', 0), ('t',
```

```
 0), ('a', -1)]
>>> count.most_common(4)
[('d', 3), ('g', 2), ('i', 2), ('l', 2)]
```

한 번도 발견한 적이 없는 문자나 해시 가능한 객체(hashable object)는 표시되지 않지만, 한 번이라도 발견된 문자는 각각 몇 번 발견되었는지 표시합니다. 코드에서 .subtract()를 사용하기 때문에 실제로 0이나 음의 개수를 가질 수 있습니다. Counter는 dict의 하위 클래스이므로 키를 삭제하는 것과 같은 일반적인 사전의 모든 기능을 가지고 있으며 이를 사용할 수도 있습니다.

6.2.2 잘못

물론 collections.Counter를 몰라도 같은 기능을 가진 프로그램을 구현할 수 있습니다. 단지 그 코드는 다음 예에서 볼 수 있듯이 우아하지 않을 뿐입니다.

```
>>> import re
>>> from pathlib import Path
>>> from operator import itemgetter
>>> frontmatter = Path("frontmatter").read_text()
>>> hist = {}
>>> for word in cleaned.split():
...     if word in hist:
...         hist[word] += 1
...     else:
...         hist[word] = 1
...
>>> counts = sorted(hist.items(), key=itemgetter(1), reverse=True)
>>> counts[:8]
[('the', 65), ('of', 52), ('to', 47), ('a', 43), ('in', 42),
('python', 42), ('and', 29), ('i', 26)]
```

collections.Counter가 없더라도 목표는 분명히 달성할 수 있습니다. 하지만 계수기보다 이해하기 어려운 순환 표현식, 사용자 정의 정렬 순서(custom sort order), 조각내기(slicing)와 같은 기능을 더 현명하게 사용해야 합니다. 계수기를 사용할 경우 하나의 메서드를 호출하면 되는 코드가, 계수기를 사용하지 않을 경우 각각의 연산에 대해 두 줄에서 다섯 줄의 코드를 작성해야 합니다.

BETTER PYTHON CODE

6.3 collections.deque

덱(deque)은 스택(stack)과 큐(queue)의 스레드 안전(thread-safe)한 일반화라고 할 수 있습니다. 좀 더 자세히 말하면 collections.deque은 내장 list와 거의 동일한 API를 가지고 있지만 목록의 여러 메서드에 대해 .*left() 버전이 추가되어 있는 형태입니다. 물론 list.pop(0)은 deque.popleft()와 같은 작업을 하고 list.insert(0, x)는 deque.appendleft()와 같은 작업을 하는 것처럼 목록도 덱과 같은 작업을 할 수 있지만, 중요한 것은 덱이 이 작업을 훨씬 **효율적으로** 수행할 수 있다는 점입니다. 선입선출(FIFO)과 후입선출(LIFO) 모두 덱에서 잘 동작합니다.

'7장 데이터 구조의 잘못된 사용'에서 앞의 두 절은 목록을 부적절하게 사용할 경우 2차 시간 복잡도(quadratic complexity)를 가질 수 있는 상황을 다룹니다. 2차 시간 복잡도에 대해서는 '3장 파이썬의 여러 가지 함정'에서 '단순 문자열 연결의 2차 시간 복잡도' 절과 위키백과의 '시간 복잡도[7]' 항목에서 '2차 시간'을 참조하기 바랍니다. 이 절은 이러한 상황에 대한 예고편입니다.

collection.deque은 list와 같은 참조 배열 대신 **이중 연결 목록**(doubly linked list)을 기반으로 구현되어 있습니다. 따라서 양쪽 끝에서 추가하거나 제거하는 작업에는 효율적이지만, 색인은 목록에 비해 효율적이지 않으며 조각내기는 사

---

[7] https://ko.wikipedia.org/wiki/시간_복잡도

용할 수 없습니다. 왜냐하면 이를 제공하는 것은 deque의 설계자인 레이먼드 헤팅거(Raymond Hettinger)[8]의 눈에는 효율성을 잘못 암시할 수 있기 때문입니다. 반면에 list에는 없지만 deque에는 .rotate()라는 흥미로운 메서드가 포함되어 있습니다. 물론 list에서 이를 제공하지 않는 것 역시 list에는 비효율적이기 때문입니다. deque과 list 모두 '완벽한 승리'를 쟁취하지 못하고 절충안을 제공합니다. 몇 가지 일반적인 연산의 복잡도는 표 6-1과 같습니다.

▼ 표 6-1 deque과 list의 일반적인 작업에 대한 효율성

작업	deque	list
특정 위치에서 색인하기(stuff[p])	$O(N)$	$O(1)$
왼쪽 끝에서 항목 꺼내기/추가하기	$O(1)$	$O(N)$
오른쪽 끝에서 항목 꺼내기/추가하기	$O(1)$	평균적으로 $O(1)$
가운데에서 추가하기/제거하기	$O(N)$	$O(N)$

앞 절과 마찬가지로 먼저 파이썬다운 예시를 해결책으로 제시한 후 잘못을 설명하겠습니다.

6.3.1 해결책

파이썬 공식 문서[9]의 예시에서는 이동평균(moving average)[10]을 구하기 위해 덱을 사용합니다. 이 예는 한쪽 끝에 데이터를 추가하고 다른 쪽에서 데이터를 제거할 수 있는 기능에 대한 간단하면서도 훌륭한 사례입니다. 눈썰미가 좋은 분이라면 제시된 스크립트의 좁은 작업 범위에는 실제로 컬렉션이 전혀 필요하지 않음을 알아차렸을 것입니다. 하지만 일단 스크립트에서 다른 연산도 필요하다

---

8 파이썬의 핵심 개발자이자, 파이썬의 내장 기능과 표준 라이브러리 개발에 중요한 기여를 한 인물입니다.
9 https://docs.python.org/3/library/collections.html
10 전체 데이터 집합의 여러 하위 집합에 대한 일련의 평균을 만들어 데이터 요소를 분석하는 계산 방법입니다.

고 가정하고 전체 합만 구하는 것이 아니라 구체적인 컬렉션이 필요하다고 생각해 봅시다.

```python
#!/usr/bin/env python
from sys import stdin, argv
from collections import deque

window = int(argv[1]) if len(argv) > 1 else 5
nums = deque()

# 초기 숫자 범위로 덱 미리 채우기
for n, num in zip(range(window), stdin):
    nums.append(int(num.rstrip()))

# 초기 합계와 평균 계산
total = sum(nums)
print(total/window)

# 새로운 숫자를 읽을 때마다 이동평균 출력하기
for num in stdin:
    total -= nums.popleft()
    nums.append(int(num.rstrip()))
    total += nums[-1]
    print(total/window)
```

이 유틸리티를 사용하는 것은 간단합니다.

```
[BetterPython]$ echo "4 6 2 1 3 10 11 35 32" |
                tr ' ' '\n' |                          # ❶
                moving-average-deque
3.2
4.4
5.4
12.0
18.2
```

❶ 여기서 tr 유틸리티는 공백을 개행 문자로 변환합니다.

6.3.2 잘못

앞의 코드를 몇 글자만 고쳐서 목록 기반으로 구현할 수 있지만 그 결과는 효율성이 크게 떨어집니다.

code/moving-average-list 소스 코드

```
#!/usr/bin/env python
from sys import stdin, argv

window = int(argv[1]) if len(argv) > 1 else 5
nums = []

# 초기 숫자 범위로 덱 미리 채우기
for n, num in zip(range(window), stdin):
    nums.append(int(num.rstrip()))

# 초기 합계와 평균 계산
total = sum(nums)
print(total/window)

# 새로운 숫자를 읽을 때마다 이동평균 출력하기
for num in stdin:
    total -= nums.pop(0)
    nums.append(int(num.rstrip()))
    total += nums[-1]
    print(total/window)
```

입력이 작을 경우에는 그 영향이 크지 않으며 실제로 기능은 동일합니다.

```
[BetterPython]$ echo "4 6 2 1 3 10 11 35 32" |
                tr ' ' '\n' |
                moving-average-list
3.2
4.4
5.4
12.0
18.2
```

네 줄 크기의 스크립트인 numbers와 moving-average-deque은 이 책의 웹사이트에서 다운로드할 수 있습니다. numbers의 매개 변수는 [1, 1000] 구간 안에서 무작위로 생성할 숫자의 수입니다.

```
% numbers 7 | moving-average-list
510.0
571.2
670.8
```

그러나 더 큰 관측 범위(window)와 더 많은 데이터를 기반으로 살펴보면 이동평균 알고리즘을 구현한 두 가지 방식에서 중요한 차이점을 발견할 수 있습니다.

```
[BetterPython]$ time numbers 1_000_000 |                    # ❶
                moving-average-deque 100_000 >/dev/null
real 0m0.869s

[BetterPython]$ time numbers 1_000_000 |
                moving-average-list 100_000 >/dev/null
real 0m18.025s
```

❶ Unix 방식의 time과 /dev/null은 부수적인 것에 불과합니다. 여기서는 단지 스크립트의 실행 시간을 알고 싶을 뿐이며 출력이 어찌되든 관심이 없기 때문입니다.

물론 효율성을 20배 향상시키는 것은 멋진 일입니다. 하지만 그와 더불어 종종 큐와 스택의 맥락에서 중요한 스레드 안전성도 얻게 됩니다. 예를 들어 컬렉션에서 값을 꺼낼(pop) 때, 파이썬의 list는 두 스레드가 동일한 항목을 꺼내지 않는다는 보장이 없지만 deque은 보장해 줍니다. 다중 스레드 코드를 작성할 때, 스레드 간에 공유되는 데이터 구조가 교착 상태(deadlock), 경쟁 조건(race condition)을 비롯한 기타 동시성 함정을 유발하지 않는지 신중하게 고려해야 합니다. 올바른 데이터 구조를 선택하는 것이 이러한 문제들을 해결하는 것은 아니지만, 잘못된 데이터 구조를 선택하면 거의 항상 그런 문제들을 일으킵니다. 동시성에 대한 더 넓은 관심사는 이 책의 범위를 벗어나지만, 부록인 '다른 책에서 읽을 만한 주제'에서 파이썬의 동시성 생태계에 대해 매우 간략한 요약을 제공합니다.

6.4 collections.ChainMap

너무나도 멋진 collections.ChainMap 객체는 일종의 **가상 사상**(virtual mapping)입니다. 이 객체는 여러 개의 사전 또는 다른 사상을 차례로 살펴보는 추상화를 제공합니다. ChainMap을 사용하기 위해 데이터를 복사할 필요가 없을 뿐만 아니라 적절한 상황이 아닌 경우에 기반 사전이 수정되는 것도 피할 수 있습니다.

이 절에서는 앞에서 그랬던 것처럼, 파이썬의 해결책을 먼저 확인하고 그 해결책이 필요한 잘못을 살펴보겠습니다.

6.4.1 해결책

구성 선택 사항에 대한 일반적인 패턴은 애플리케이션의 비즈니스 논리에 따라 기존의 사전을 덮어쓸 수 있는 정보를 가질 수 있는 사전이 여러 개 존재하는 것입니다. ChainMap을 이용해 이 목적을 정확하게 달성할 수 있습니다.

```
>>> from collections import ChainMap
>>> default = {
...     "timeout-secs": 30,
...     "environment": "development",
...     "env-file": "/opt/.env-default"
... }
>>> application = {
...     "timeout-secs": 15,
...     "application-name": "FooBarMaker",
...     "env-file": "/user/local/foobar/.env"
... }
>>> user = {
...     "timeout-secs": 60,
...     "env-file": "/home/david/.env-foobar",
```

```
...     "username": "David"
... }
>>> settings = ChainMap(user, application, default)
>>> settings["timeout-secs"]                        # ❶
60
>>> settings["username"]                            # ❷
'David'
>>> settings["environment"]                         # ❸
'development'
>>> settings.get("application-name", "app")         # ❹
'FooBarMaker'
>>> settings.get("session", "Unknown")              # ❺
'Unknown'
```

❶ 첫 번째 사상이 키를 제공하며 다른 사상은 무시됩니다.

❷ 첫 번째 사상만 키를 가지고 있습니다.

❸ 마지막 사상이 키를 가집니다.

❹ 중간 사상이 키를 가지고 있으므로 값을 반환합니다

❺ 키를 가지고 있는 사상이 없으므로 매개 변수가 대신 반환됩니다.

다음 예처럼 일부 사상이 실행 시간에 변경될 가능성이 있다면 더욱 유용합니다.

```
>>> user['username'] = "Dr. Mertz"
>>> settings["username"]
'Dr. Mertz'
>>> user['application-name'] = "DavidMaker"
>>> settings["application-name"]
'DavidMaker'
```

ChainMap에 포함된 사상은 동적으로 참조되며, 그 내용은 다음과 같이 확인할
수 있습니다.

```
>>> settings.maps
[{'timeout-secs': 60, 'env-file': '/home/david/.env-foobar',
'username': 'Dr. Mertz', 'application-name': 'DavidMaker'},
 {'timeout-secs': 15, 'application-name': 'FooBarMaker', 'env-file':
'/user/local/foobar/.env'},
```

```
{'timeout_secs': 30, 'environment': 'development', 'env-file': '/
opt/.env-default'}]
```

collections.ChainMap.new_child() 메서드를 사용하면 검색 연속 순서열
의 시작 부분에 사상 데이터(map)를 더 추가할 수도 있습니다. 원칙적으로
.maps 속성을 직접 수정하는 것도 가능하지만 일반적으로 덜 우아하며, 새로운
ChainMap을 생성하는 데는 비용도 거의 들지 않습니다.

6.4.2 잘못

ChainMap의 작업을 '직접 수동으로' 처리할 수도 있지만 매우 번거로운 일입니
다. 예를 들어 동일한 목적을 위한 함수를 다음과 같이 작성할 수 있습니다.

```
>>> def search_dicts(key, default, *dicts):
...     for dict_ in dicts:
...         if key in dict_:
...             return dict_[key]
...     return default
...
>>> search_dicts("timeout-secs", 120, user, application, default)
60                                                          # ❶
>>> search_dicts("environment", "prod", user, application, default)
'development'                                               # ❷
>>> search_dicts("session", "Unknown", user, application, default)
'Unknown'                                                   # ❸
```

❶ user에 할당된 값입니다.

❷ default에 할당된 값입니다.

❸ 매개 변수로 대체되어 반환된 값입니다.

코드 양이 많지는 않지만 단일 객체 안에 사상 연속 순서열을 가지고 있
는 대신 이 함수를 매번 호출해야 합니다. 게다가 이 함수의 범위는 사실상
collections.ChainMap.get() 메서드 하나에 해당하는 기능만 가지고 있으며,

ChainMap이 제공하는 dict 계열의 전체 메서드 묶음을 모두 제공하는 것은 아닙니다.

앞에서 봤던 유틸리티 함수보다 더 안 좋은 것은 사전을 수동으로 갱신하는 것입니다. 예를 들어 다음과 같이 실행하면 사용하려는 값의 컬렉션을 가진 사상을 실제로 얻을 수 있습니다.

```
>>> default.update(application)
>>> default.update(user)
>>> default
{'timeout-secs': 60, 'environment': 'development', 'env-file':
'/home/david/.env-foobar', 'application-name': 'DavidMaker',
'username': 'Dr. Mertz'}
```

그러나 application과 user를 default에 병합하고 나면 이전에 default 안에 무엇이 있었고 무엇이 없었는지에 대한 기록을 잃어버리게 됩니다. 이 정보를 유지하는 것은 많은 애플리케이션에서 중요한 의미를 가집니다.

이를 개선하기 위해 새로운 이름을 사용하려고 시도해 볼 수도 있을 것입니다. 이때 모든 초기 사상 데이터가 이전에 보았던 초기값으로 재설정된다고 가정합니다.

```
>>> settings = default.copy()
>>> settings is default
False
>>> settings.update(application)
>>> settings.update(user)
>>> settings
{'timeout-secs': 60, 'environment': 'development', 'env-file':
'/home/david/.env-foobar', 'application-name': 'FooBarMaker',
'username': 'David'}
```

이 방법은 default가 초기 구성을 유지하고 있기 때문에 마지막으로 보았던 잘못된 코드보다는 나을 수도 있습니다. 하지만 애플리케이션이 수집된 사상 데이터를 갱신하게 되면 settings를 확인하기 전에 앞의 몇 줄을 매번 실행하지 않으면 갱신된 값이 settings에 반영되지 않습니다.

6.5 데이터 클래스와 명명된 튜플

파이썬의 표준 라이브러리는 관련 데이터 요소의 '기록'을 저장하는 데 사용되는 매우 유용한 두 가지 데이터 구조를 가지고 있습니다. 첫 번째, 실제로는 이름이 지정된 항목을 가진 튜플의 하위 클래스에 해당하는 명명된 튜플(namedtuple)입니다. 두 번째, 간결하고 자동화된 방식으로 밑줄 메서드와 기타 유용한 기능들이 생성되는 간단한 파이썬 클래스인 데이터 클래스(dataclass)입니다.

데이터 클래스와 명명된 튜플로 할 수 있는 일은 내장 자료형인 dict와 tuple로도 할 수 있습니다. 실제로 모든 namedtuple은 단순히 tuple의 하위 클래스이기 때문에 실제로 같은 자료형에 해당합니다. 그러나 코드를 '기록'이라는 형태로 명확하게 구성할 수 있도록 해 주는 데이터 자료형을 사용하면 가독성이 향상되어 추론이 더 쉬워집니다.

흔히 각각의 항목이 고정된 속성 컬렉션을 가지는 데이터 컬렉션을 대상으로 작업하는 것은 유용하지만, 이러한 항목을 대상으로 비교, 정렬, 집계 등의 여러 가지 작업을 합니다. 명명된 튜플과 데이터 클래스는 float, int, str, decimal.Decimal, 기타 특수 자료형보다 더 많은 구성 요소를 가지고 있지만, 그럼에도 불구하고 **데이터 구조**보다는 **데이터 형식**에 더 가깝습니다. 이 절에서 이야기할 두 형식이 가지는 가장 확실한 차이점은 데이터 클래스가 가변인 반면에, 명명된 튜플은 불변이라는 것입니다.

기록 지향 데이터의 예를 살펴보겠습니다. 이러한 데이터는 종종 관계형 데이터베이스 테이블, CSV, 고정 폭 파일, Apache Parquet이나 Apache Arrow 같은 형식, JSON 직렬화 기록 등에서 볼 수 있습니다. 특히 광범위한 숫자 분석에는 Pandas나 Polars와 같은 데이터프레임 라이브러리가 유용합니다. 하지만 여기에서는 순수 파이썬 영역에 대해서만 이야기할 것입니다.

표준 라이브러리 모듈인 csv는 행 기반의 구분된 텍스트 데이터 파일을 읽을 때 매우 유용합니다. 비록 csv 모듈 이름의 약자가 '쉼표로 구분된 값(comma separated value)'을 의미함에도 불구하고, 이 모듈은 어떤 구분자를 가진 데이터 파일에도 잘 동작합니다. csv 모듈은 특히 문자 제어(character escaping)가 필요할 때 유용합니다.[11] 이 절의 예제에서는 규정 명시와 예제 파일의 실제 형식에 의해 이러한 우려를 해소하고 있습니다. 이 책의 웹사이트[12]에서 각 국가의 인구 통계 정보가 담긴 파일을 다운로드할 수 있습니다.

```
[data]$ wc -l population-data.txt
236 population-data.txt
[data]$ head -5 population-data.txt
Name|Population|Pct_Change_2023|Net_Change|Density_km3|Area_km2
China|1,439,323,776|0.39|5,540,090|153|9,388,211
India|1,380,004,385|0.99|13,586,631|464|2,973,190
United States|331,002,651|0.59|1,937,734|36|9,147,420
Indonesia|273,523,615|1.07|2,898,047|151|1,811,570
```

6.5.1 명명된 튜플 사용하기

각 행은 다양한 속성을 가진 일종의 객체를 나타내며, 행의 집합은 그룹 연산을 수행하기 위해 list나 set 같은 컬렉션에 포함되어야 합니다. 이제 collections.namedtuple을 사용하는 방법을 한 가지 살펴봅시다.

```
>>> from collections import namedtuple
>>> from operator import attrgetter
>>> from statistics import mean
>>> with open("population-data.txt") as pop:
...     fields = pop.readline().strip().split("|")
...     Nation = namedtuple("Nation", fields)
...     world_data = []
```

---

[11] 구분자(delimiter), 제어 문자, 인용 문자는 문자가 아닌 일종의 명령어로서 처리되어야 합니다.
[12] https://gnosis.cx/better

```
...      for line in pop:
...          line = line.replace(",", "") # 정수에서 구분자 제거
...          data = line.split("¦")
...          typed_data = [data[0]] + [float(v) for v in data[1:]]
...          world_data.append(Nation(*typed_data))
...
>>> max(world_data, key=lambda rec: rec.Density_km3)         # ❶
Nation(Name='Monaco', Population=39242.0, Pct_Change_2023=0.71, Net_
Change=278.0, Density_km3=26337.0, Area_km2=1.0)
>>> for nation in sorted(                                    # ❷
...          world_data,
...          key=attrgetter("Net_Change"),
...          reverse=True)[:4]:
...      print(nation)
...
Nation(Name='India', Population=1380004385.0, Pct_Change_2023=0.99,
Net_Change=13586631.0, Density_km3=464.0, Area_km2=2973190.0)
Nation(Name='China', Population=1439323776.0, Pct_Change_2023=0.39,
Net_Change=5540090.0, Density_km3=153.0, Area_km2=9388211.0)
Nation(Name='Nigeria', Population=206139589.0, Pct_Change_2023=2.58,
Net_Change=5175990.0, Density_km3=226.0, Area_km2=910770.0)
Nation(Name='Pakistan', Population=220892340.0, Pct_Change_2023=2.0,
Net_Change=4327022.0, Density_km3=287.0, Area_km2=770880.0)
>>> f"{mean(nation.Population for nation in world_data):,.0f}"
'33,171,203'                                                 # ❸
```

❶ 가장 높은 인구 밀도입니다.

❷ 인구 증가율이 가장 높은 상위 4개 국가입니다.

❸ 국가별 평균 인구입니다.

명명된 튜플 역시 튜플의 일종이기 때문에 색인을 이용해 내부 데이터를 확인할 수 있습니다. 물론 대부분의 경우 이름을 사용하는 것이 더 익숙합니다. 사용된 항목을 자기 검사하고 구조를 사전으로 변환할 수도 있습니다.

```
>>> world_data[37][5]
306230.0
>>> world_data[37].Area_km2
```

```
306230.0
>>> world_data[37]._fields
('Name', 'Population', 'Pct_Change_2023', 'Net_Change', 'Density_
km3', 'Area_km2')
>>> world_data[37]._asdict()
{'Name': 'Poland', 'Population': 37846611.0, 'Pct_Change_2023':
-0.11, 'Net_Change': -41157.0, 'Density_km3': 124.0, 'Area_km2':
306230.0}
```

6.5.2 정적과 동적

앞의 예제는 일반적인 경우에 모두 적용하기에는 **너무 지나치다**는 느낌이 들 것입니다. 명명된 튜플의 속성을 동적으로 생성했는데, 동적으로 결정된 항목의 이름을 이미 알고 있다고 가정하고 코드에서 해당 이름을 사용한 것을 알 수 있습니다.

물론 항목의 이름을 반드시 동적으로 생성할 **필요는 없습니다**. 생성자는 정적 연속 순서열뿐만 아니라 공백으로 구분된 정적 시퀀스나 심지어 항목 이름을 공백으로 구분한 문자열도 문제없이 인식합니다. 심지어 대부분의 경우 정적으로 지정하는 것이 더 일반적입니다. 물론 동적으로 생성하는 방법이 유용한 경우도 있는데, 예를 들면 읽어 들일 파일에서 일부 항목의 이름은 이미 알고 있지만 다른 항목은 다를 수 있는 경우가 이에 해당합니다.

파이써니스타 중에는 정적 선언을 강조하기 위해 typing.NamedTuple의 클래스 형식 표기를 사용하는 경우가 있습니다. 다음 예제 코드에서 주목해야 할 것은 주석이 단지 의도를 문서화하는 데 사용될 뿐이며 자료형 지정이나 주석의 일치 여부를 검사하지 않는다는 것입니다. 물론 제3자 자료형 검사 도구를 사용하면 주석이 검증에 활용될 수 있습니다.

```
>>> from typing import NamedTuples
>>> class Nation(NamedTuple):
...     Name: str
...     Population: int
...     Pct_Change: float
...     Net_Change: int
...     Density: float
...     Area: float
...
>>> poland = Nation(
...     "Poland",
...     37_846_611,
...     -0.11,
...     -41_157,
...     Density=124.0,
...     Area=306_230
... )
...
>>> poland
Nation(Name='Poland', Population=37846611, Pct_Change=-0.11, Net_
Change=-41157, Density=124.0, Area=306230)
```

새 Nation 객체를 생성할 때 위치 기반이나 이름 기반의 매개 변수를 모두 사용할 수 있으며, 예제에서는 두 매개 변수를 혼합해 사용하고 있습니다. 물론 이때 위치 기반 매개 변수가 앞에 옵니다. 약속대로 형식 선언은 강제되지 않는데, 예를 들어 poland.Area는 실제 원본 데이터에서는 정수에 해당하지만 개념적으로는 '선언된' 형식처럼 정수가 아닐 수 있습니다.

6.5.3 데이터 클래스

데이터 클래스를 사용하는 것은 문법적으로 typing.NamedTuple과 매우 유사합니다. 하지만 데이터 클래스는 항목을 변경할 수 있을 뿐만 아니라 항목 내의 데이터를 다룰 때 유용한 메서드를 추가할 수도 있습니다. 이제 Nation 객체의 데이터 클래스 버전을 만들어 보겠습니다.

변경이 가능하다는 점은 typing.NamedTuple과 @dataclasses.dataclass의 가장 중요한 차이점입니다. 하지만 collections.namedtuple은 코드에서 사용될 때 훨씬 더 가볍게 느껴지는 장점[13]이 있습니다. 실제로 두 가지 방식의 속도와 메모리 사용량은 거의 같습니다. 사실 주요 차이점은 의도를 표현하는 데 있습니다. 또한 거의 모든 일반 클래스를 데이터 클래스로 가공할 수 있을 뿐만 아니라 실제로 동작에도 아무런 문제가 없습니다. 하지만 해당 클래스가 실제로 기록 지향적인 목적을 가지고 있지 않으면, 오히려 이러한 가공자는 혼란을 느끼게 하고 추후 개발자가 오해를 할 수 있는 빌미를 제공합니다.

```
>>> from dataclasses import dataclass
>>> from copy import copy                              # ❶

>>> @dataclass
... class DataNation:
...     Name: str
...     Population: int = 0
...     Pct_Change: float = 0
...     Net_Change: int = 0
...     Density: float = 0
...     Area: float = 0
...
...     def project_next_year(self, new_people):
...         self.Population += new_people
...         self.Net_Change = new_people
...         self.Pct_Change = new_people / self.Population
...         self.Density = self.Population / self.Area
...         return self
...
>>> peru_2023 = DataNation(
...     "Peru",
...     32_971_854,
...     Pct_Change=1.42,
...     Net_Change=461_401,
...     Density=26,
```

---

13 실제로 코드의 길이나 리소스의 사용량이 아닌 사람이 눈으로 코드를 읽을 때를 말합니다.

```
...     Area=1_280_000                                        # ❷
... )
```

```
>>> peru_2023
DataNation(Name='Peru', Population=32971854, Pct_Change=1.42, Net_
Change=461401, Density=26, Area=1280000)
>>> peru_2023.Density, peru_2023.Population
(26, 32971854)
```

```
>>> peru_2024 = copy(peru_2023).project_next_year(500_000)
>>> peru_2024.Density, peru_2024.Population
(26.1498859375, 33471854)
```

❶ 이 예시에서는 이전 기록을 유지하기 위해 copy를 사용합니다.

❷ 반올림된 숫자는 원본 데이터의 정밀도가 낮음을 의미합니다.

typing.NamedTuple의 문서화 주석과 마찬가지로 데이터 클래스의 주석 역시 파이썬 자체적으로는 어떤 방식으로도 강제되지 않습니다. 물론 관행적으로 사용되는 것이지만 파이썬은 주석을 자료형으로 요구하지 않습니다.

데이터 클래스는 dataclasses.field()와 같은 더 '높은 수준의' 기능을 제공하며, 이를 통해 특정 인스턴스에 변경 가능한 기본값을 지정할 수 있습니다. dataclasses.fields(), dataclasses.asdict(), dataclasses.astuple()은 데이터 클래스를 자기 검사하고 변환하는 수단을 제공합니다.

데이터 클래스를 정의할 때는 기본 클래스를 상속하는 등의 일반적인 방식이 아닌 가공자를 사용합니다. 이러한 방식은 생성자가 속성과 메서드를 클래스에 동적으로 추가하기 위해 사용되며, 상속으로는 이러한 방식으로 클래스를 생성할 수 없습니다. 물론 이러한 제반 사항을 걱정할 필요는 없으며, 단지 문법만 기억하고 있으면 됩니다. 그러나 특정 객체가 데이터 클래스인지의 여부를 실제로 꼭 확인해야 한다면 dataclasses.is_dataclass(obj)를 사용할 수 있습니다.

6.6 효과적인 구상 연속 순서열

파이썬에는 collections.Sequence의 가상 하위 클래스로 구성된 몇 가지 데이터 구조가 있습니다. 이들은 파이썬의 list에서 요구하는 대부분의 간접 참조와 값 포장(value boxing)을 회피하는데, 이러한 형식에는 bytes, bytearray, array.array 등이 있습니다. 이 중 array.array는 동일한 숫자 데이터 자료형의 비트 크기가 동일한 요소들을 가지도록 구성될 수 있기 때문에 데이터 구조의 하나로 간주됩니다.

상대적으로 소수의 영역에서는 '다음 단계'에 해당하는 NumPy를 사용하는 것보다 파이썬 표준 라이브러리의 array 모듈을 사용하는 것이 합리적입니다. 그 적은 수의 사용 사례 중에서도 외부 의존성을 피하기 위해 array.array를 사용할 수 있다는 것은 좋은 점에 해당합니다. 개념적으로 따져 보면 bytearray는 바이트에 해당하는 0부터 255 사이의 정수 값을 가지는 변경 가능한 포장되지 않은 연속 순서열이라는 점에서 array.array("B")와 매우 유사합니다. 그러나 양쪽에서 제공하는 메서드는 서로 다릅니다. bytearray는 str이 제공하는 메서드와 대부분 동일하며, 실제로 의도적으로 문자열과 유사하게 구성되어 있습니다. 반대로 모든 데이터 자료형에서 제공하는 array.array는 list에서 제공하는 메서드에 훨씬 가깝습니다.

tuple을 'list의 가변 버전'이라고 한다면 bytes는 'bytearray의 불변 버전'에 해당합니다. 물론 이 비유는 정확하지 않습니다. tuple은 메서드의 수가 매우 적은데 반해[14], bytes는 대부분 str에서 볼 수 있는 많은 수의 메서드를 가지고 있습니다. 이어서 내장 자료형인 bytearray는 bytes에서 제공하는 메서드의 확장 버전을 제공하며, 특히 일부 변경 가능한 연속 순서열에 대한 메서드는 bytearray에서만 제공됩니다.

---

[14] 실제로 .count()와 .index()의 두 개에 불과합니다.

```
>>> set(dir(bytearray)) - set(dir(bytes))                    # ❶
{'copy', 'clear', 'remove', 'append', '__alloc__', '__delitem__',
'__setitem__', 'reverse', 'pop', '__iadd__', 'insert', '__imul__',
'extend'}
```

❶ 변경 가능한 연속 순서열로 할 수 있는 몇 가지 합리적인 작업입니다.

속도 차이가 눈에 띄는[15] 몇 가지 경우를 살펴봅시다. 이 간단한 예제에서는 무작위 데이터를 사용하고 있지만 실제로 이 바이트열은 이진 형식의 의미 있는 내용을 가질 수 있습니다. 종종 이러한 이진 데이터를 분석하거나 변환하는 것이 중요한 작업 목표인 경우가 있습니다.

```
>>> from array import array
>>> with open("/dev/urandom", "rb") as r:
...     rand_bytes = r.read(2**29) # 512 MiB
...
>>> type(rand_bytes)
<class 'bytes'>
>>> rand_bytearray = bytearray(rand_bytes)
>>> rand_array = array("B", rand_bytes)
>>> rand_list = list(rand_bytes)
>>> for a, b, c, d in zip(rand_bytes, rand_bytearray, rand_array,
rand_list):
...     assert a == b == c == d
...
>>> rand_list[:3]
[201, 217, 132]
```

겉으로 보기에 이 네 가지 유형의 연속 순서열은 비슷해 보입니다. 순환 구문을 실행하여 요소들이 동일한지 확인하는 데 시간이 걸렸지만 실제로 비슷합니다. 주목할 만한 차이점 중 첫 번째는 바로 메모리 사용량입니다. 처음 세 객체는 간단한 방법으로 메모리 사용량을 확인할 수 있습니다.

---

15 하지만 대문자 O 시간 복잡도 수준은 아니며 몇 배 수준에 해당합니다.

```
>>> import sys
>>> f"{sys.getsizeof(rand_bytes):,}"
'536,870,945'
>>> f"{sys.getsizeof(rand_bytearray):,}"
'536,870,969'
>>> f"{sys.getsizeof(rand_array):,}"
'570,425,427'
```

세 가지 객체의 크기는 각각이 가지는 헤더의 형식이 다르고 array.array가 list와 유사한 소규모의 과할당 전략을 사용하기 때문에 완전히 동일하지는 않습니다. 하지만 그럼에도 불구하고 무작위 바이트를 모두 담을 수 있는 최소한의 크기인 536,870,912 바이트에 가깝습니다.

rand_list는 조금 더 복잡합니다. 목록은 슬롯을 할당할 때 비교적 공격적인 과할당을 사용하지만, 이를 따로 고려하지 않더라도 각각의 슬롯은 파이썬의 정수를 나타내는 내부 데이터 구조를 가리키는 포인터입니다. 0부터 255 사이의 값을 가지는 바이트 크기의 정수를 저장하는 내부 데이터 구조체의 크기는 28바이트에 이릅니다. 더 큰 정수나 넓은 부동 소수점 수를 **포장한 숫자**의 크기는 비록 약간씩 증가하지만 그 증가 속도는 완만합니다. 개념적으로 정수 목록은 배열의 길이와 거의 동일한 크기를 가지는 포인터 슬롯 배열[16]과 다른 메모리 주소에 있는 기본 포장 숫자를 **모두** 포함해야 합니다.

그러나 이 예에서는 CPython이 **작은 크기의 정수를 재사용**하기 때문에 문제가 더 복잡해집니다. 이에 대해서는 '2장 동등성과 동일성의 혼동'의 초반에서 간단히 설명했습니다. 다시 말해 파이썬이 시작될 때 8비트 정수를 가리키는 모든 포인터가 미리 할당되며, 이 포인터가 반복되는 목록 슬롯에서 곧바로 재사용된다는 뜻입니다. 더 큰 숫자로 작업하는 경우에는 중복되지 않은 항목의 개수를 포장된 숫자의 크기에 곱한 다음 그 크기를 포인터 배열의 크기에 더해야 실제 사용 크기를 얻을 수 있습니다.

---

16 최신 시스템일 경우 64비트입니다.

```
>>> sys.getsizeof(2)
28
>>> sys.getsizeof(2**31)
32
>>> sys.getsizeof(2**63)
36
>>> sys.getsizeof(2**200)
52
>>> f"{sys.getsizeof(rand_list):,}"
'4,294,967,352'
```

대략적인 수치를 따지면 64비트 포인터의 크기는 8비트 숫자보다 8배 크기 때문에 목록 버전은 약 4GiB를 차지합니다. 만약 재사용되지 않은 숫자로 작업한다면 메모리 사용 측면에서 list에 훨씬 더 불리하게 작용할 것입니다.

하지만 종종 메모리 사용량보다 실행 시간이 훨씬 더 중요하곤 합니다.

```
>>> assert (rand_bytes.count(42) ==                          # ❶
...         rand_bytearray.count(42) ==
...         rand_array.count(42) ==
...         rand_list.count(42))
>>> %timeit rand_bytes.count(42)
178 ms ± 501 µs per loop (mean ± std. dev. of 7 runs, 10 loops
each)
>>> %timeit rand_bytearray.count(42)
179 ms ± 1.49 ms per loop (mean ± std. dev. of 7 runs, 10 loops
each)
>>> %timeit rand_array.count(42)
5.5 s ± 33.6 ms per loop (mean ± std. dev. of 7 runs, 1 loop each)
>>> %timeit rand_list.count(42)
4.88 s ± 17.3 ms per loop (mean ± std. dev. of 7 runs, 1 loop
each)
```

❶ 개수가 동일한지 확인합니다.

여기서 인상적인 것은 bytes나 bytearray에서 개수를 세는 것이 list에서 세는 것보다 훨씬 빠르다는 점입니다. 반면에 비슷한 데이터 구조를 가지는 array.

array가 비슷한 결과를 보여 주지 못한 점, 심지어 list보다도 약간 더 나쁘다는 점은 실망스럽습니다. 이러한 결과가 나오는 이유는 CPython에서 array. array.count()가 여전히 다른 순수 파이썬 연속 순서열과 같은 색인 구조를 사용하기 때문입니다. 이 문제는 적어도 2015년의 파이썬 3.7부터 CPython에서 '알려진 문제'였지만, 이 문제에 대해 질문하면 나오는 답변은 거의 항상 'NumPy를 사용하라'는 것이며, 이를 통해 다른 많은 문제도 동시에 함께 해결할 수 있습니다.

물론 이 예제는 8비트의 부호 없는 정수만 사용했습니다. 16비트, 32비트, 64비트의 부호가 있거나 없는 정수, 시스템 너비[17]의 부동 소수점 숫자를 저장해야 한다면 bytearray는 고려 대상이 아닙니다. 또한 이 경우에는 재사용으로 인해 list보다 array.array가 약간 앞섭니다. array.array에게는 한줄기 빛처럼, 다음 예제처럼 동일한 기계 자료형의 숫자 연속 순서열을 사용하는 다양한 다른 상황에서 여전히 list보다 훨씬 빠르다는 것을 알 수 있습니다.

```
>>> rand_arr2 = rand_array[:-1]
>>> rand_arr3 = rand_array[:-1]
>>> rand_arr2 is rand_arr3                              # ❶
False
>>> rand_arr2 == rand_arr3                              # ❷
True
>>> %timeit rand_arr2 == rand_arr3
196 ms ± 2.42 ms per loop (mean ± std. dev. of 7 runs, 1 loop
each)
>>> rand_list2 = rand_list[:-1]
>>> rand_list3 = rand_list[:-1]
>>> %timeit rand_list2 == rand_list3
886 ms ± 12.4 ms per loop (mean ± std. dev. of 7 runs, 1 loop
each)
```

❶ 조각은 기존 객체를 복사하여 실체적인 새 객체를 생성합니다.

❷ 서로 다른 두 객체는 여전히 동등합니다.

---

17 최신 시스템일 경우 일반적으로 64비트입니다.

list에서의 속도 향상은 bytes에서 보았던 30배라는 차이만큼 극적이지는 않지만, 애플리케이션에서 기반 작업이 매우 중요하다면 그 속도가 4.5배 빨라지는 것은 분명 충분한 가치가 있습니다.

list 기반이 아닌 연속 순서열이 빠른 속도를 제공하는 경우가 많지만 그렇지 않은 경우도 분명히 있으며, 단순히 작업 목적에 맞지 않는 경우도 있습니다. 그러나 숫자의 연속 순서열을 다루는 많은 경우에 이러한 다른 형태의 연속 순서열을 고려하는 것이 매우 가치가 있음을 염두에 두는 것이 좋습니다.

6.7 정리

실제로 나는 나쁜 프로그래머와 좋은 프로그래머의 차이는 코드보다 데이터 구조를 더 중요하게 여기는지에 달려 있다고 봅니다.
나쁜 프로그래머는 코드에 대해 걱정합니다. 좋은 프로그래머는 데이터 구조와 그 사이의 관계에 대해 걱정합니다.

— 리누스 토르발즈(Linus Torvalds), Linux의 창시자

프로그래밍에서 가장 중요한 단계는 적합한 데이터 구조를 선택하는 것입니다. 파이썬은 dict, list, tuple, set 내장 자료형을 중심으로 광범위하게 사용되는 데이터 구조와 종종 간과되는 몇 가지 데이터 구조를 모두 제공합니다. 간과된 보석 같은 구조는 대부분 표준 라이브러리의 collections 모듈에 포함되어 있으며, 나머지 몇몇은 다른 모듈에 포함되어 있거나 상대적으로 덜 사용되는 내장 자료형으로 정의되어 있습니다.

파이썬 패키지 색인[18]에서 수백 개의 매우 전문화된 데이터 구조 모듈을 찾을 수 있을 것입니다. 분명히 이 중 일부는 찾고자 했던 모듈일 가능성이 높지만, 사실 색인에 있는 대부분의 모듈은 다소 초기 단계이거나 부분적이며 한 명 또는 소수의 프로그래머가 작성한 취미 수준의 모듈일 가능성이 높습니다. 물론 이 장의 서문에서 언급했던 sortedcontainers와 pyrsistent 라이브러리는 분명히 알아 둘 가치가 있습니다. 예를 들어 저는 pygtrie[19]와 R-tree[20]의 구체적인 용도도 찾아봤습니다.

프로젝트에서 사용할 데이터 구조를 선택할 때 좋은 전략은 먼저 앞 문단에 언급한 '4대 데이터 구조[21]' 중 대문자 O 시간 복잡도를 고려하면서 정확히 필요한 작업을 수행하는 것이 있는지 생각해 보는 것입니다. 매우 높은 확률로 답은 '있습니다'일 것입니다. 사용하는 데에 단점이 있을 것 같다면, 표준 라이브러리의 collections, array, enum, dataclasses, queue를 비롯한 몇 가지를 고려해 봅니다. 여전히 무엇인가 마음에 걸리는 부족함이 있다면 다음 단계로 sortedcontainers, pyrsistent, NumPy, Pandas에 대해 생각해 보세요. 그래도 여전히 부족하다고 느낀다면 오픈 소스 중에 다른 데이터 구조 프로젝트를 찾아보세요. 하지만 이 단계까지 내려왔다면 정말 올바른 질문을 하고 있는지 매우 신중하게 생각해 봐야 합니다. 그리고 앞의 모든 단계가 나의 필요를 만족시키지 못하는 매우 드문 상황이라면 다음 장을 읽고 나서 자신만의 데이터 구조를 생성하는 것을 고려해 보세요.

---

18 https://pypi.org/
19 https://pypi.org/project/pygtrie/
20 https://pypi.org/project/Rtree/
21 dict, list, tuple, set 내장 자료형을 의미합니다.

7^장

데이터 구조의
잘못된 사용

파이썬은 매우 잘 설계된 데이터 구조와 데이터 표현을 가지고 있으며, 앞 장에서 이 중 대부분을 언급했습니다. 그러나 안타깝게도 몇 가지 흔한 안티 패턴이 데이터 구조의 사용을 극도로 비효율적으로 만들거나 코드에서 의도하지 않은 동작을 유발할 수 있습니다.

7.1 반복된 목록 탐색의 2차 시간 복잡도

파이썬에서 in 예약어는 대체로 어떤 종류의 컨테이너에서 '소속(membership)'을 찾는 매우 유연한 방법입니다. in 예약어는 실제로 어떤 것을 '가질' 수 있는 객체의 .__contains__(self, elem) 메서드를 호출합니다.

목록을 사용할 때 만날 가능성이 있는, 2차 시간 복잡도를 보이는 동작의 함정에 대해 설명하기에 앞서, in의 동작에 대해 언급하는 것을 양해 바랍니다. 대략적인 사고 모델만 가지고 있는 많은 개발자에게 '격리(containment)'의 기제에 대해 더 깊이 이해하는 것이 도움이 될 것이라고 생각합니다.

in에 응답하는 객체의 종류는 매우 다양하며 그중에는 다음 예와 같은 예상 외의 것도 있습니다.

RegexFlag는 소속을 확인할 수 있습니다.

```
>>> import re
>>> flags = re.VERBOSE | re.IGNORECASE | re.DOTALL | re.UNICODE
>>> type(flags)
<flag 'RegexFlag'>
>>> re.U in flags
True
```

```
>>> type(re.M)
<flag 'RegexFlag'>
```

상식적으로 re.UNICODE의 단순한 별칭인 re.U 플래그는 여러 플래그의 마스크에 포함되어 있습니다. 간단히 말해 하나의 플래그는 동작하는 re 수정자 한 개를 가리키는 마스크입니다. 게다가 컬렉션이 아님에도 반복 가능한 몇몇 특별한 객체들도 in에 반응합니다. 이런 면에서 다음 예제의 range는 특별합니다.

range 탐색하기

```
>>> import collections
>>> r = range(1_000_000_000_000)                          # ❶
>>> isinstance(r, collections.abc.Collection)
True
>>> r[:10]                                                # ❷
range(0, 10)
>>> r[999_999_999_990:]
range(999999999990, 1000000000000)
>>> f"{r[999_999_999_990:][5]:,}"                         # ❷
'999,999,999,995'
```

❶ 겉보기에는 아주 큰 컬렉션인 것 같지만, 실제로는 조 단위의 정수 데이터를 모두 포함하는 것이 아니라 단지 범위의 시작점, 끝점, 단계만 **포함**하고 있는 매우 간결한 표현입니다.

❷ range 객체 구현에는 일반적으로 우리가 '의도한' 결과를 생성하는 영리한 지름길이 다양하게 존재합니다.

range가 영리하게 느껴지는 이유는 많은 부분에서 목록과 유사함에도 불구하고 그 항목들을 실제로 모두 선형 탐색(linear search)을 할 필요가 없다는 것입니다. range 객체는 대부분의 경우 구체적인 목록처럼 동작하지만 실제로 어떤 항목들을 포함하고 있는 것은 아닙니다. 다시 말해 range(start, stop, step)은 호출 특징과 유사한 내부 표현을 가지며, 조각내기나 소속 확인 같은 연산은 몇 가지 산술 연산으로 계산합니다. 예를 들어 n in my_range는 단순히 $start \leq n < stop$과 $(n - start) \% step = 0$을 통해 확인할 수 있습니다.

range의 효과적인 동작 시간

```
>>> %timeit 10 in r
54 ns ± 0.85 ns per loop (mean ± std. dev. of 7 runs, 10,000,000
loops each)
>>> %timeit 999_999_999_995 in r
77 ns ± 0.172 ns per loop (mean ± std. dev. of 7 runs, 10,000,000
loops each)
```

파이썬이 실제로 항목을 일일이 **탐색**하지 않기 때문에 range의 start 부근에 있는 요소의 소속을 확인하는 데 필요한 시간과 end 부근에 있는 요소의 소속을 확인하는 데 필요한 시간은 거의 같습니다.

목록은 요소를 매우 빠르게 추가할 수 있는, 순서가 있는 요소의 구상 컬렉션으로 내부 최적화를 몇 가지 사용합니다. 그러나 **순서를 유지하는** 부분이 우리를 괴롭힐 수 있으므로 주의해야 합니다. 일반적으로 목록에 특정 요소가 포함되어 있는지 알아내는 유일한 방법은 목록에서 선형 탐색을 하는 것입니다. 목록의 거의 끝에 도달해야만 해당 요소를 찾을 수도 있고, 심지어 전체 목록을 탐색한 결과 요소가 존재하지 않을 수도 있습니다.

> **Note ☰ 목록을 정렬된 상태로 유지하려면**
>
> 비록 모든 목록에서 사용할 수 있는 것은 아니지만, 목록의 정렬 순서를 유지하면서 속도를 크게 올리고 싶다면 표준 라이브러리의 bisect 모듈을 사용할 수 있습니다. 이외에 sortedcontainers 제3자 라이브러리[1] 역시 앞에서 언급된 제약 사항이 사용에 문제가 되지 않는다면 유사한 속도 향상을 기대할 수 있습니다.

목록에 포함되어 있는지 여부를 확인하는 작업이 얼마나 복잡해질 수 있는지 간단한 예시로 확인해 봅시다. 267,752 단어로 구성된 SOWPODS[2] 영어 단어 목록의 사본을 비교적 큰 목록[3]의 예로 사용할 것입니다.

---

1 https://grantjenks.com/docs/sortedcontainers/
2 https://en.wikipedia.org/wiki/Collins_Scrabble_Words
3 여기서는 문자열 목록입니다.

```
>>> words = [w.rstrip() for w in open('data/sowpods')]
>>> len(words)
267752
>>> import random
>>> random.seed(42)
>>> most_words = random.sample(words, k=250_000)                    # ❶
>>> %timeit "zygote" in most_words
2.8 ms ± 147 µs per loop (mean ± std. dev. of 7 runs, 100 loops
each)
>>> %timeit "zebra" in most_words
200 µs ± 12.2 µs per loop (mean ± std. dev. of 7 runs, 1,000 loops
each)
>>> %timeit "aardvark" in most_words
172 µs ± 776 ns per loop (mean ± std. dev. of 7 runs, 10,000 loops
each)
>>> %timeit "coalfish" in most_words
10.7 ms ± 163 µs per loop (mean ± std. dev. of 7 runs, 100 loops
each)
```

❶ 이 단어들은 무작위 추출을 통해 실제로 섞여 있는 상태입니다.

'aardvark'와 'zebra'를 탐색하는 데 200µs라는 상당히 짧은 시간이 소요되었습니다. 이것은 실제로 most_words 목록이 사전순으로 정렬되어 있지 않다는 것을 보여 줍니다. 반면 'zygote'를 탐색할 때는 10배 이상의 시간이 걸렸습니다. 물론 결국 찾아냈지만 말입니다.

그러나 'coalfish[4]'는 추출된 목록에 존재하지 않기 때문에 탐색에 10ms 이상 소요됩니다.

작업이 한 번만 수행된다면 10ms도 크게 문제되지 않을 것입니다. 하지만 조금 더 복잡한 작업을 수행해야 한다면 어떨까요? 다소 인위적으로 보일 수 있지만, 실제로 사람들의 이름과 주소 목록을 대조하여 중복을 확인하거나, 토양

---

4 '검정대구'를 뜻하는 단어로 실제로 전체 사전에 실려 있으며, 린네의 생물 분류 체계에서 '명태'의 가까운 친척에 해당하는 어류입니다.

에서 광범위하게 무작위 추출된(shotgun-sampled) 핵산 조각을 대조하는 작업을 예로 생각해 볼 수 있습니다.

```
>>> random.seed(13)
>>> some_words = random.sample(words, k=10_000)
>>> sum(1 for word in some_words if word not in most_words)
649
>>> %timeit sum(1 for word in some_words if word not in most_words)
55.2 s ± 1.26 s per loop (mean ± std. dev. of 7 runs, 1 loop each)
```

이 간단한 작업에 1분 가까이 걸리는 것은 매우 비효율적이며, 상황은 $O(N^2)$의 비율로 빠르게 악화됩니다. 정확히는 특정 데이터에 대한 적중률이 떨어질수록 더욱 악화되기 때문에 $\Omega(N \times M)$에 해당합니다.[5]

이 코드는 some_words의 각 단어에 대해 most_words를 매번 선형 탐색을 하는 간결하면서도 직관적인 코드입니다. 즉, 목록의 크기가 각각 N과 M일 때 $O(N)$ 시간 복잡도의 탐색을 M번 수행합니다. 이러한 함정을 발견할 수 있는 빠른 단서는 표현식이나 하나의 블록 안에서 in 키워드가 다중 발생하는 곳을 찾는 것입니다. if 표현식이건 순환 구문이건 복잡도는 비슷합니다.

다행히도 파이썬에서는 집합을 사용하여 이 문제를 매우 효율적으로 해결할 수 있습니다.

```
>>> len(set(some_words) - set(most_words))
649
>>> %timeit len(set(some_words) - set(most_words))
```

---

[5] 컴퓨터 과학에서 알고리즘의 복잡도를 분석할 때 일반적으로 사용되는 이른바 대문자 O 표기법에 대한 논의는 위키백과에서 잘 설명하고 있습니다(https://en.wikipedia.org/wiki/Big_O_notation). O, o, Ω, ω, Θ와 같이 점근적 복잡도를 표현하는 기호가 여러 가지 있습니다. O는 가장 일반적으로 사용되며 최악의 경우를 의미합니다. Θ는 최악과 최선의 경우 양쪽 모두에 대한 점근선을 의미합니다. Ω는 최선의 경우를 의미합니다. o와 ω는 하나의 함수가 다른 함수를 제한하는 대신 우세함을 표현하는 다소 복잡한 개념에 사용됩니다.

```
43.3 ms ± 1.31 ms per loop (mean ± std. dev. of 7 runs, 10 loops
each)
```

이 방법은 1000배 이상 더 나은 결과를 보여 줄 뿐만 아니라 결과가 정확히 동일한 것을 볼 수 있습니다. 단순히 그 단어들을 세거나 무엇인지 보는 것이 아니라 목록 안에서 그 단어들이 어디에 있는지 확인해야 하더라도 some_words.index(word) 연산을 649번 하는 것이 3차수 비교에 비해 상대적으로 적은 비용이 듭니다. 물론 더 짧은 목록일 경우 탐색이 훨씬 더 빠르며, 일반적으로 절반을 탐색한 후에 다른 단어를 찾습니다.

> **Note ☰** **빠른 접두사 탐색(fast prefix search)을 위한 트라이 구조**
>
> 여기서 살펴본 일부 문제를 실제로 해결해야 하는 상황에 놓여 있다면 더 빠르고 유연한 동작을 제공하는 제3자 모듈인 pygtrie[6]를 살펴보는 것을 권장합니다. 만약 설명했던 문제 그 자체를 해결하고 싶다면 CharTrie 클래스도 좋습니다. 일반적으로 트라이 데이터 구조(trie data structure)[7]는 일부 문자열 검색 알고리즘에서 매우 훌륭한 결과를 보여 줍니다.

7.2

BETTER PYTHON CODE

목록 중간에서 요소를 제거하거나 추가하기

'3장 파이썬의 여러 가지 함정'에서는 순환 구문 안에서 단순 문자열 연결이 이루어질 때 2차 시간 복잡도를 만날 수 있다고 언급한 바 있습니다. 즉, N개의 연속 연산을 수행하는 데 필요한 시간과 계산은 $O(N^2)$입니다.[8]

---

6 https://pypi.org/project/pygtrie

7 https://ko.wikipedia.org/wiki/트라이_(컴퓨팅)

8 3장에서 해당 설명을 참조하세요.

문자열 연산의 속도 저하에 대한 해결책은 대부분 '목록을 사용하라'는 단순한 조언입니다. 목록을 사용하더라도 마지막 단계에서 "".join(thelist)를 이용해 다시 문자열을 얻을 수 있습니다. 하지만 이러한 조언에도 불구하고 목록 역시 매우 유사한 위험 요소를 가지고 있습니다. 여기서 문제는 목록에서 어떤 것이 비용이 '적게' 들고 어떤 것이 '많이' 드는지 이해하지 못하는 것입니다. 구체적으로 말하면 목록의 끝이 아닌 다른 곳에서 항목을 추가하거나 제거하는 것은 비용이 많이 듭니다.

여기서는 먼저 파이썬에서 목록이 어떻게 구현되어 있는지 들여다보고, 실제 사용 사례에서 어떤 데이터 구조가 올바른 선택인지 살펴봅니다. 파이썬은 목록 어디에서나 항목을 삽입하거나 제거할 수 있으며, 몇몇 작업에서는 이것이 당연하고 올바른 접근 방식처럼 보일 것입니다. 실제로 비교적 작은 목록에서 이루어지는 연산의 경우 사소한 효율성은 그다지 중요하지 않습니다.

Note ☰ **비용과 분할 상환 비용**

목록에서 주어진 숫자 위치의 항목에 접근하는 데 걸리는 시간은 $O(1)$입니다. 주어진 숫자 위치에 있는 항목의 값을 변경할 때도 $O(1)$입니다. 의외라고 생각되겠지만 list.append()와 list.pop()도 분할 상환 $O(1)$입니다.

다시 말해 목록에 항목을 추가할 때 가끔 객체 참조를 위해 메모리를 재할당해야 하지만, 이조차도 파이썬은 미리 할당해 둔 예비 공간을 사용하여 항목을 추가할 만큼 영리합니다. 더욱이 목록의 크기가 커질수록 사전 할당 영역의 크기도 함께 커집니다. 이러한 기능이 가져오는 효과는 재할당 횟수가 점차 줄어들며, 그에 대한 상대적인 비용이 점근적으로 0%에 수렴한다는 것입니다. CPython 3.11은 x86-64 아키텍처에서 다음과 같이 동작합니다.[9]

```
>>> from sys import getsizeof
>>> def pre_allocate():
...     lst = []
...     size = getsizeof(lst)
...     print(" Len   Size   Alloc")
...     for i in range(1, 10_001):
...         lst.append('a')
```

○ 계속

---

9 다른 파이썬 구현, 버전, 아키텍처에서는 다르게 동작할 수도 있습니다.

```
...          newsize = getsizeof(lst)
...          if newsize > size:
...              print(f"{i:>4d}{newsize:>7d}{newsize-size:>6d}")
...              size = newsize
...
```

```
>>> pre_allocate()                                        # ❶
```

Len	Size	Alloc	¦	Len	Size	Alloc
1	88	32	¦	673	6136	704
5	120	32	¦	761	6936	800
9	184	64	¦	861	7832	896
17	248	64	¦	973	8856	1024
25	312	64	¦	1101	10008	1152
33	376	64	¦	1245	11288	1280
41	472	96	¦	1405	12728	1440
53	568	96	¦	1585	14360	1632
65	664	96	¦	1789	16184	1824
77	792	128	¦	2017	18232	2048
93	920	128	¦	2273	20536	2304
109	1080	160	¦	2561	23128	2592
129	1240	160	¦	2885	26040	2912
149	1432	192	¦	3249	29336	3296
173	1656	224	¦	3661	33048	3712
201	1912	256	¦	4125	37208	4160
233	2200	288	¦	4645	41880	4672
269	2520	320	¦	5229	47160	5280
309	2872	352	¦	5889	53080	5920
353	3256	384	¦	6629	59736	6656
401	3704	448	¦	7461	67224	7488
457	4216	512	¦	8397	75672	8448
521	4792	576	¦	9453	85176	9504
593	5432	640				

❶ 한 줄에 두 개의 항목이 표시되도록 출력 결과를 편집하였습니다.

목록의 크기가 커질 때마다 기존 목록의 길이에 비례해 더 큰 양을 사전 할당하는 이 일반적인
패턴은 수백만 개의 항목을 가진 목록에서도 마찬가지로 적용됩니다.

```
>>> words = [get_word() for _ in range(10)]
>>> words
['hennier', 'oughtness', 'testcrossed', 'railbus', 'ciclatoun',
'consimilitudes', 'trifacial', 'mauri', 'snowploughing', 'ebonics']
>>> del words[3]                                            # ❶
>>> del words[7]
>>> del words[3]                                            # ❶
>>> words
['hennier', 'oughtness', 'testcrossed', 'consimilitudes',
'trifacial', 'mauri', 'ebonics']
>>> words.insert(3, get_word())
>>> words.insert(1, get_word())
>>> words                                                   # ❷
['hennier', 'awless', 'oughtness', 'testcrossed', 'wringings',
'consimilitudes', 'trifacial', 'mauri', 'ebonics']
```

❶ 초기 색인 위치 3에서 삭제된 단어는 railbus였지만, 다음 삭제 시에는 ciclatoun이 해당 색인 위치에 있었습니다.

❷ 단어 wringings는 색인 위치 3에 삽입되었지만, awless가 색인 위치 1에 삽입될 때 색인 위치 4로 이동되었습니다.

> Note ☰ **개념에 초점을 맞추되, 필요한 코드는 책의 웹사이트에서 확인할 수 있습니다**
>
> 예제에서 사용된 get_word() 함수가 어떻게 구현되었는지 여부는 여기서 중요하지 않습니다. 그러나 다른 예제들과 마찬가지로 본문의 주요 내용에 연관되어 있거나 더 큰 데이터셋이 필요한 경우 해당 소스 코드와 데이터 파일은 https://gnosis.cx/better에서 찾을 수 있습니다. 여기서 중요하게 보아야 할 것은 get_word()가 호출될 때마다 어떤 문자열을 반환한다는 사실뿐입니다.

예제에 사용된 작은 목록에 삽입되거나 제거된 소수 항목의 상대적인 비효율성은 중요하지 않습니다. 그러나 이 작은 예제에서도 각 항목이 색인 위치마다 어디에 위치하는지 추적하는 것이 혼란스러워집니다.

이 접근 방법은 작업의 개수가 많아질수록 눈에 띄게 고통스러워집니다. 다음 예제 함수는 상당히 의미 없는 삽입과 제거를 수행하며, 항상 마지막에 다섯 개의 단어를 반환합니다. 그러나 이 함수가 사용하는 일반적인 패턴은 실제 코드에서 유용할 수 있습니다.

목록 중간에서 단어를 삽입하고 제거하는 점근적 시간

```
>>> from random import randrange
>>> def insert_then_del(n):
...     words = [get_word() for _ in range(5)]
...     for _ in range(n):
...         words.insert(randrange(0, len(words)), get_word())
...     for _ in range(n):
...         del words[randrange(0, len(words))]
...     return words
...
>>> insert_then_del(100)
['healingly', 'cognitions', 'borsic', 'rathole', 'division']
>>> insert_then_del(10_000)
['ferny', 'pleurapophyses', 'protoavis', 'unhived', 'misinform']
>>> %timeit insert_then_del(100)
109 µs ± 2.42 µs per loop (mean ± std. dev. of 7 runs, 10,000
loops each)
>>> %timeit insert_then_del(10_000)
20.3 ms ± 847 µs per loop (mean ± std. dev. of 7 runs, 10 loops
each)
>>> %timeit insert_then_del(1_000_000)
1min 52s ± 1.51 s per loop (mean ± std. dev. of 7 runs, 1 loop
each)
```

삽입과 제거 연산을 합쳐 200회 연산하는 것과 20,000회 연산하는 데 드는 시간은 대략 200배가 차이납니다. 사실 이 정도 크기에서는 목록이 너무 작기 때문에 크기로 인한 소요 시간의 차이는 미미하며, get_word() 함수의 호출 횟수나 randrange() 함수의 실행이 약간 영향을 미칠 수 있으나, 여전히 목록 연산 속도는 2배에 비례해 느려지는 것을 볼 수 있습니다.

그러나 연산 횟수를 다시 100배 증가시켜 200만 회로 늘리면, 소요 시간도 20ms에서 100배 늘어난 2초가 될 것으로 예상할 수 있습니다. 하지만 실제로는 거의 2분 가까이 소요되며, 예상보다 55배 더 느린 속도로 실행됩니다. %timeit이 시간을 7번 측정하는 데 15분이 걸렸는데, 이때 메모리 사용량은 안정적으로 유지되는 것을 확인할 수 있습니다.

이러한 연산이 실제로 많은 메모리를 사용하는 것은 아니지만, 100만 단어의 목록 중간에 단어를 하나 삽입할 때마다 번역기(interpreter)는 목록에서 50만 개의 포인터의 위치를 일일이 하나씩 위로 옮겨야 합니다. 이와 마찬가지로 100만 단어 목록의 중간 부근에서 단어를 삭제할 때마다 그 위에 위치한 50만 개의 포인터를 다시 일일이 하나씩 아래로 옮겨야 합니다. 연산 횟수가 증가할수록 이 문제는 빠르고 심각하게 악화됩니다.

7.2.1 좀 더 효율적인 데이터 구조

여기서 설명한 문제를 확실하게 해결하는 단 하나의 해결책은 없습니다. 다른 한편으로 앞의 예제와 같은 코드로 구현된 정확한 기능을 실제로 사용하는 경우는 극히 드뭅니다. 책을 위해 일부러 작성한 코드가 아닙니다. 저는 운영 환경에서 이와 유사한 코드를 많이 접해 보았고 그 코드의 다른 많은 기능 아래에 숨어 있는 여러 가지 문제도 만나 보았습니다.

만약 구상 연속 순서열의 시작이나 끝 **둘 중 한 곳**을 통해 삽입하거나 제거하는 기능이 필요하다면 collections.deque이 그 기능을 정확하게 제공할 것입니다. 당연하게도 이는 임의의 중간 지점에서 삽입하거나 삭제할 수는 없지만 실제로 사용되는 것은 .append(), .pop()을 동반해서 .appendleft(), .popleft()인 경우가 대부분입니다.

일부 경우에는 sortedcontainers나 pyrsistent가 연속 순서열 데이터 자료형을 제공하면서 요구 성능에 더 적합할 수 있습니다. 일반적으로 이런 제3자 컨테이너를 사용하면 $O(N \times logN)$의 시간이 필요하지만, 그래도 $O(N^2)$보다는 월등히 나은 결과입니다.

이 장의 뒷부분 '자신만의 데이터 구조 만들기' 절에서는 자신만의 데이터 구조를 만드는 것이 실제로 의미를 **가질 수 있는** 예를 볼 수 있습니다. 순수 파이썬으로만 구현된 CountingTree는 이 절에서 설명한 '중간에 삽입'하는 작업을 정확하게 수행할 뿐만 아니라 상대적으로 효율적입니다. 이 일반적이지 않고 구체적인 사용 사례에 있어 제가 작성한 이 데이터 구조는 매우 효과적입니다.

그럼에도 불구하고 앞서 언급한 매우 훌륭한 컬렉션을 사용하는 대신 직접 데이터 구조를 작성하는 것은 실제로 근본적인 문제가 무엇인지 잘못 이해한 것일 수도 있습니다.

예를 들어 항목이 순서를 따라야 하는 이유가 실제로는 수행되어야 하는 동작이나 처리될 데이터의 **우선 순위**를 의미하기 때문일 수도 있습니다. 이러한 우선 순위를 유지하기에 가장 적합한 데이터 구조는 파이썬 사전입니다. 이 빠른 데이터 구조를 올바르게 사용하는 방법은 앞의 예제처럼 단어를 키로 설정하고 우선 순위를 값으로 지정하는 것입니다.

우선 순위는 색인 위치와 정확히 같은 것은 아니지만, 처리하고자 하는 데이터의 순서열을 빠르게 관리하면서 삽입이나 삭제 작업을 $O(1)$에서 처리할 수 있게 해 줍니다. 당연히 이러한 작업을 N개 처리해야 한다면 시간 복잡도는 $O(N)$이 되며, 이것이 기대할 수 있는 최선의 결과입니다. 다음 예제처럼 이러한 작업을 마친 후 연속 순서열을 구성하는 것이 비용이 적게 들 뿐만 아니라 매우 간단합니다.

100만 개의 우선 순위를 가질 수 있는 항목의 컬렉션

```
>>> from pprint import pprint
>>> from functools import partial
>>> priority = partial(randrange, 1, 1_000_000)
>>> words = {get_word():priority() for _ in range(100_000)}
>>> words_by_priority = sorted(words.items(), key=lambda p: p[1])
```

```
>>> pprint(words_by_priority[:10])
[('badland', 8),
 ('weakliest', 21),
 ('sowarry', 28),
 ('actinobiology', 45),
 ('oneself', 62),
 ('subpanel', 68),
 ('alarmedly', 74),
 ('marbled', 98),
 ('dials', 120),
 ('dearing', 121)]
>>> pprint(words_by_priority[-5:])
[('overslow', 999976),
 ('ironings', 999980),
 ('tussocked', 999983),
 ('beaters', 999984),
 ('tameins', 999992)]
```

이때 여러 단어가 같은 우선 순위를 가질 수 있으며, 심지어 그럴 확률이 낮은 것도 아닙니다. 더군다나 **실제로** 1,000,000개의 항목 중 어느 두 개의 항목이 **정확히** 어떤 순서로 정렬되는지 신경 쓰는 경우도 일반적이지 않습니다. 하지만 실제로 우선 순위가 중복되는 항목이 있더라도 해당 항목은 유지되며 단지 임의로 정렬될 뿐입니다. 물론 이유가 있다면 따로 순서를 부여하는 것도 가능합니다.

단어 데이터 구조에서 항목을 삭제하는 것은 목록에서 del words[n]을 사용하는 것보다는 조금 더 까다롭습니다. 안전하게 처리하기 위해서 다음과 같은 코드를 생각해 볼 수 있습니다.

```
>>> for word in ['producibility', 'scrambs', 'marbled']:
...     if word in words:
...         print("Removing:", word, words[word])
...         del words[word]
...     else:
...         print("Not present:", word)
...
```

```
Not present: producibility
Removing: scrambs 599046
Removing: marbled 98
```

여기서 print() 호출과 else 구문은 설명을 위해 추가된 것으로 필요하다면 다음과 같이 생략할 수 있습니다.

```
>>> for word in ['producibility', 'scrambs', 'marbled']:
...     if word in words:
...         del words[word]
```

이 방식은 여전히 빠르고 확장 가능하며 목록을 잘못 사용하는 것보다는 훨씬 더 실제 요구 사항에 가까운 결과를 보여 줍니다.

7.3 문자열은 문자열의 반복 가능한 객체 집합

파이썬의 문자열은 특이한 객체입니다. 놀랍도록 유용하고 강력하며 잘 설계되었지만 그럼에도 불구하고 특이합니다. 문자열은 여러 가지 면에서 **스칼라** 객체(scalar object)에 해당합니다. 예를 들면 이 객체는 불변이자 해시 가능합니다. 흔히 문자열을 **단일 값**으로 생각하는데 이를 **원자적**(atomic)이라고 부르기도 합니다.

그러나 동시에 문자열은 반복 가능하며 반복 내의 항목 역시 반복 가능한 문자열입니다. 이러한 특이성 때문에 중첩된 데이터를 분해하거나 평탄화할 때 종종 잘못을 저지릅니다. 다음 예제에서 볼 수 있듯이 관련된 맥락에서도 마찬가지입니다.

```
>>> def flatten(o, items=[]):
...     try:
...         for part in o:
...             flatten(part, items)
...     except TypeError:
...         items.append(o)
...     return items
```

EAFP(허락보다 용서받는 것이 더 쉽다(easier to ask forgiveness than permission))
보다 LBYL(도약 전에 살펴보기(look-before-you-leap))을 더 선호하는 경우 다음
과 같이 작성할 수도 있습니다.

```
>>> from collections.abc import Iterable
>>> def flatten2(o, items=[]):
...     if isinstance(o, Iterable):
...         for part in o:
...             flatten2(part, items)
...     else:
...         items.append(o)
...     return items
```

두 함수는 모두 완전하고 합리적으로 작성된 스칼라 리프(scalar leaf) 기반의 중
첩 데이터 구조에서 선형 연속 순서열을 반환하는 함수입니다. 이 함수들은 구
상 목록을 반환하지만 다음처럼 동일한 동작을 하는 생성기 함수로도 작성할
수도 있습니다.

```
>>> def flatten_gen(o):
...     if isinstance(o, Iterable):
...         for part in o:
...             yield from flatten_gen(part)
```

```
...        else:
...            yield o
```

이 함수를 사용해 원하는 결과를 얻을 수 있습니다.

```
>>> nested = [
...     (1, 2, 3),
...     {(4, 5, 6), 7, 8, frozenset([9, 10, 11])},
...     [[[12, 13], [14, 15], 16], 17, 18]
... ]
>>> flatten(nested, [])                                              # ❶
[1, 2, 3, 8, 9, 10, 11, 4, 5, 6, 7, 12, 13, 14, 15, 16, 17, 18]
>>> flatten2(nested, [])                                             # ❶
[1, 2, 3, 8, 9, 10, 11, 4, 5, 6, 7, 12, 13, 14, 15, 16, 17, 18]
>>> for item in flatten_gen(nested):
...     print(item, end=" ")
... print()
1 2 3 8 9 10 11 4 5 6 7 12 13 14 15 16 17 18
```

❶ 가변 기본값 문제를 피하기 위해 확장할 초기 항목을 전달합니다.

예제에서 중간의 반복 가능하지만 정렬되지 않은 집합은 소스 코드의 마지막에 나열되어 있음에도 불구하고 frozenset을 먼저 생성합니다. 다른 파이썬 버전이나 다른 장치 심지어 또 다른 실행 시에도 이러한 결과가 나타난다는 보장은 없습니다.

하지만 문자열이 관련되면 모든 것이 심각하게 무너집니다. 문자열은 반복 가능하기 때문에, 그 반복의 모든 항목 역시 반복 가능한 문자열입니다.

문자열이 어떻게 재귀를 깨뜨리는가

```
>>> import sys
>>> sys.setrecursionlimit(10)                                        # ❶
>>> flatten(nested, [])
[1, 2, 3, 8, 9, 10, 11, 4, 5, 6, 7, 12, 13, 14, 15, 16, 17, 18]
>>> flatten('abc', [])
Traceback (most recent call last):
  File "<stdin>", line 1, in <module>
```

```
    File "<stdin>", line 4, in flatten
    File "<stdin>", line 4, in flatten
    File "<stdin>", line 4, in flatten
    [Previous line repeated 6 more times]                           # ❷
  RecursionError: maximum recursion depth exceeded
```

❶ 기본 깊이가 1000일 때도 동일한 문제가 발생합니다. 단지 그 전에 추적 기록(traceback) 행이
   더 많이 출력될 뿐입니다.

❷ 최신 python 셸은 많은 추적 기록을 단순화해서 표시해 주지만, ipython은 기본적으로 그
   렇지 않습니다.

flatten2()나 flatten_gen()을 사용하면 위와 매우 유사한 추적 기록과 예외
가 발생합니다. 물론 추적 기록의 세부적인 사항은 다소 다를 수 있지만, 모든
경우에 공통적으로 볼 수 있는 일반적인 결과는 RecursionError입니다. 문자열
이 최상위 수준이 아닌 다른 데이터 구조 안에 중첩되어 있는 경우도 결과는 본
질적으로 동일합니다.

```
>>> flatten2(('a', ('b', 'c')), [])
Traceback (most recent call last):
  File "<stdin>", line 1, in <module>
  File "<stdin>", line 4, in flatten2
  File "<stdin>", line 4, in flatten2
  File "<stdin>", line 4, in flatten2
  [Previous line repeated 2 more times]
  File "<stdin>", line 2, in flatten2
  File "<frozen abc>", line 119, in __instancecheck__
RecursionError: maximum recursion depth exceeded in comparison
```

이러한 문제의 해결책은 다음 예제와 같이 다소 안타깝지만 지저분한 코드를
추가하는 것입니다.

지저분하지만 안전한 평탄화 함수

```
>>> def flatten_safe(o, items=[]):
...     if isinstance(o, (str, bytes)):                              # ❶
...         items.append(o)
```

```
...      elif isinstance(o, Iterable):
...          for part in o:
...              flatten_safe(part, items)
...      else:
...          items.append(o)
...      return items
...
>>> flatten_safe(('a', ['b', 'c'], {'dee'}), [])
['a', 'b', 'c', 'dee']
>>> flatten_safe(nested, [])
[1, 2, 3, 8, 9, 10, 11, 4, 5, 6, 7, 12, 13, 14, 15, 16, 17, 18]

>>> flatten([b'abc', [100, 101]], [])
[97, 98, 99, 100, 101]                              # ❷
>>> flatten_safe([b'abc', [100, 101]], [])
[b'abc', 100, 101]                                  # ❸
```

❶ bytes 역시 약간 다르지만 성가신 문제를 가지고 있습니다.

❷ 예외는 발생하지 않았지만 원하는 답변은 아닐 것입니다.

❸ 아마도 기대한 동작일 것입니다.

파이썬에 collections.abc.NonAtomicIterable 같은 상위 가상 클래스가 있다면 더할 나위 없이 좋았을 것입니다. 하지만 안타깝게도 그러한 클래스가 없으며, 파이썬에서 문자열의 의미론을 크게 바꾸지 않고는 이 클래스를 추가할 수 없습니다. 또는 조금 현실적으로 isinstance()가 특정 객체가 앞에서 이야기한 가상 인터페이스인 NonAtomicIterable의 인스턴스인지 여부를 결정할 때 .__iter__()가 존재하는지 여부 말고도 무언가 다른 것을 확인할 수도 있을 것입니다.

이 책을 집필하는 시점의 최신 버전인 파이썬 3.12에서는 문자열의 복합적이나 원자적 성질을 처리하는 유일한 방법은 문자열의 성질에 대한 특별한 경우를 검사하는 것뿐입니다.

7.4 상수를 사용하는 대신 enum을 (자주) 사용하기

파이썬 3.4에서 enum 모듈이 추가된 이래, 여러 버전에 걸쳐 점진적으로 새로운 기능이 추가되어 왔습니다. 이 모듈이 추가되기 전에는 bash, C, Java와 같은 언어에 더 익숙한 일부 개발자들이 작성한 코드와 마찬가지로[10], 일반적으로 모듈 범위 안에서 대문자 이름을 상수로 정의해 사용하는 것을 파이썬 코드에서 적지 않게 볼 수 있습니다.

대문자를 사용한 비공식 열거

```
"This module works with sprites having colors and shapes"

RED = "RED"
GREEN = "GREEN"
BLUE = "BLUE"

CIRCLE, SQUARE, TRIANGLE = range(3)

class Sprite:
    def __init__(self, shape, color):
        self.shape = shape
        self.color = color

    # ... 다른 메서드

def process(sprite):
    if sprite.shape == TRIANGLE and sprite.color == RED:
        red_triangle_action(sprite)
    elif something_else:
        # ... 다른 처리
```

---

[10] C, Java, Go, Rust, C#, TypeScript를 비롯한 대부분의 프로그래밍 언어 역시 다양한 형태의 열거형을 가지고 있습니다. 그럼에도 불구하고 대문자 이름을 사용한 상수는 여전히 많이 사용되고 있습니다.

파이썬처럼 매우 동적인 언어에서 대문자를 사용하는 것은 문법이나 의미론에 포함된 것이 아니라 단순한 관행에 불과하기 때문에 '상수'를 얼마든지 재정의할 수 있습니다. 만약 프로그램의 뒷부분에서 SQUARE = 2로 재정의하면 오류가 발생할 가능성이 높습니다. 이보다 더 흔한 경우는 다른 모듈을 가져온 다음, SQUARE를 현재 모듈이 사용하는 값과 다른 값으로 재정의하는 것입니다. 만약 이름 공간 안에서 가져오면 위험을 줄일 수 있습니다. 하지만 from othermod import SQUARE, CUBE, TESSERACT 같은 코드가 현재 모듈 안에 있다고 해서 반드시 합리적이지 않은 것은 아닙니다.

앞에서 작성했던 프로그램이 무엇인가를 깨뜨리거나 잘못인 것은 아니지만, 집합으로 제공되는 상수는 열거형을 사용하는 것이 확실히 더 우아합니다.

대안 집합에 열거형 사용하기

```
>>> from enum import Enum
>>> Color = Enum("Color", ["RED", "GREEN", "BLUE"])
>>> class Shape(Enum):
...     CIRCLE = 0
...     SQUARE = 1
...     TRIANGLE = 2
...
>>> my_sprite = Sprite(Shape.TRIANGLE, Color.RED)
>>> def process(sprite):
...     if sprite.shape == Shape.TRIANGLE and sprite.color == Color.RED:
...         print("It is a red triangle")
...     elif something_else:
...         pass
...
>>> process(my_sprite)
It is a red triangle
>>> Color.RED = 2
Traceback (most recent call last):
[...]
AttributeError: cannot reassign member 'RED'
```

Enum이 제공하는 보호 기능을 우회하는 것이 **불가능**한 것은 아니지만, 실수로 보호 기능을 망가뜨리지 않으려면 상당한 노력이 필요합니다. 사실상 열거형의 속성은 **읽기 전용**입니다. 따라서 불변 속성에 재할당을 시도하면 예외가 발생하게 됩니다.

또한 대안이 아니라 단순한 값인 '상수'도 있는데, 이 역시 파이썬에서는 실제 상수로 강제하는 것이 불가능합니다. 그럼에도 불구하고 열거형은 모듈이 제공하는 제한보다 변경에 더욱 제한을 가할 수 있는 합리적인 이름 공간일 것입니다.

```
>>> import math
>>> radius = 2
>>> volume = 4/3 * math.pi * radius**3
>>> volume                                          # ❶
33.510321638291124
>>> math.pi = 3.14                                  # ❷
>>> 4/3 * math.pi * radius**3
33.49333333333333
>>> from math import pi
>>> 4/3 * pi * radius**3
33.49333333333333
>>> pi = 3.1415                                     # ❸
>>> 4/3 * pi * radius**3
33.50933333333333
```

❶ 64비트 부동 소수점 숫자로 얻을 수 있는 최상의 결과입니다.

❷ π의 부정확한 근사값에 대한 원숭이 패치입니다.

❸ 다소 정확성이 올라간 π의 근사값입니다.

열거형을 사용해 값의 일관성 '강제'

```
>>> from enum import Enum
>>> import math
>>> class Math(Enum):
...     pi = math.pi
```

```
...      tau = math.tau
...      e = math.e
...
>>> radius = 2
>>> Math.pi.value
3.141592653589793
>>> 4/3 * Math.pi.value * radius**3
33.510321638291124
>>> math.pi = 3
>>> 4/3 * Math.pi.value * radius**3
33.510321638291124
>>> Math.pi.value = 3
Traceback (most recent call last):
[...]
AttributeError: <enum 'Enum'> cannot set attribute 'value'
```

여기서는 구별되는 값을 열거하기 위해 Enum을 사용하는 대신 '읽기 전용' 값에 대해 약간의 보호 기능을 제공합니다.

BETTER PYTHON CODE

7.5 많이 알려지지 않은 사전 메서드 익히기

사전은 다양한 방식으로 파이썬의 핵심을 이루는 멋진 데이터 구조입니다. 내부적으로 대부분의 객체와 모듈은 자신들의 사전에 의해 정의됩니다.

종종 간과되는 메서드인 dict.get()은 '3장 파이썬의 여러 가지 함정'에서 다룬바 있지만, 사전에는 이외에도 풍부한 경험을 가진 파이썬 프로그래머조차 간과하는 메서드가 몇 가지 있습니다. 이 책 전반에 걸친 다른 여러 잘못과 마찬가지로, 여기서의 잘못은 단순한 무지나 망각에 의한 것입니다. 그러나 일반적으로 그 결과 코드가 깨지지는 않으며, 단지 덜 빠르고 덜 우아하며 표현력이 떨어질 뿐입니다.

7.5.1 객체를 정의하는 사전

이 절은 파이썬의 내부 기제에 대한 여담입니다. 실제 함정에 대한 것이 궁금하다면 건너뛰어도 좋지만 파이썬을 좀 더 깊게 이해하고 싶다면 읽어 보길 추천합니다.

파이썬을 사용하는 대부분의 시간 동안 dict 객체가 아닌 대부분의 객체의 핵심에 존재하는 사전에 대해서는 굳이 고려할 필요가 없습니다. 몇 가지 예외가 있지만 많은 종류의 파이썬 객체는 자신의 기능과 행동을 제공하는 사전을 저장하는 .__dict__ 속성이 있습니다.

몇 가지 예를 살펴보겠습니다.

모듈 사전

```
>>> import re
>>> type(re.__dict__)
<class 'dict'>
>>> for key in re.__dict__.keys():
...     print(key, end=" ")
...
__name__ __doc__ __package__ __loader__ __spec__ __path__ __
file__ __cached__ __builtins__ enum _constants _parser _casefix _
compiler functools __all__ __version__ NOFLAG ASCII A IGNORECASE
I LOCALE L UNICODE U MULTILINE M DOTALL S VERBOSE X TEMPLATE T
DEBUG RegexFlag error match fullmatch search sub subn split findall
finditer compile purge template _special_chars_map escape Pattern
Match _cache _MAXCACHE _compile _compile_repl _expand _subx copyreg
_pickle Scanner
```

모듈의 다양한 함수와 상수는 그저 해당 모듈의 사전에 불과합니다. 내장 자료형은 일반적으로 사전과 유사하지만 약간 다른 객체를 사용합니다.

기본 자료형의 사전

```
>>> for typ in (str, int, list, tuple, dict):
...     print(typ, type(typ.__dict__))
...
<class 'str'> <class 'mappingproxy'>
<class 'int'> <class 'mappingproxy'>
<class 'list'> <class 'mappingproxy'>
<class 'tuple'> <class 'mappingproxy'>
<class 'dict'> <class 'mappingproxy'>

>>> int.__dict__["numerator"]
<attribute 'numerator' of 'int' objects>
>>> (7).__class__.__dict__["numerator"]
<attribute 'numerator' of 'int' objects>
>>> (7).numerator
7
```

사용자 정의 클래스도 동일한 형태로 구성되는데, 그 인스턴스의 정의 방식에 따라 .dict나 .slots 중 하나를 가집니다.

클래스와 인스턴스를 정의하는 사전

```
>>> class Point:
...     def __init__(self, x, y):
...         self.x = x
...         self.y = y
...     def from_origin(self):
...         from math import sqrt
...         return sqrt(self.x**2 + self.y**2)
...
>>> point = Point(3, 4)
>>> point.from_origin()
5.0
>>> type(Point.__dict__)
```

```
<class 'mappingproxy'>
>>> type(point.__dict__)
<class 'dict'>
>>> Point.__dict__.keys()
dict_keys(['__module__', '__init__', 'from_origin', '__dict__',
'__weakref__', '__doc__'])
>>> point.__dict__
{'x': 3, 'y': 4}
```

7.5.2 정기적으로 발생하는 잘못으로 돌아가기

.setdefault() 메서드

사전의 유용한 메서드 중에서 개인적으로 가장 자주 잊어 버리는 것은 dict.
setdefault()입니다. 부끄럽지만 저는 다음과 같은 방식으로 코드를 자주 작성
하곤 했습니다.

```
>>> point = {"x": 3, "y": 4}
>>> if 'color' in point:
...     color = point["color"]
... else:
...     color = "lime green"
...     point["color"] = color
...
>>> point
{'x': 3, 'y': 4, 'color': 'lime green'}
```

사실 다음과 같이 간단하게 작성했어야 합니다.

```
>>> point = {"x": 3, "y": 4}
>>> color = point.setdefault("color", "lime green")
>>> color
'lime green'
>>> point
```

```
{'x': 3, 'y': 4, 'color': 'lime green'}
>>> point.setdefault("color", "brick red")
'lime green'
```

물론 첫 번째 코드도 동작하지만, 단 한 줄로 더 빠르고 명확하게 작성할 수 있음에도 불구하고 무려 다섯 줄을 사용했습니다.

.update() 메서드

dict.update() 메서드는 다음과 같은 코드를 피하는 데 유용합니다.

```
>>> from pprint import pprint
>>> features = {
...     "shape": "rhombus",
...     "flavor": "vanilla",
...     "color": "brick red"}
>>> for key, val in features.items():
...     point[key] = val
...
>>> pprint(point)
{'color': 'brick red',
 'flavor': 'vanilla',
 'shape': 'rhombus',
 'x': 3,
 'y': 4}
```

파이썬 3.9 이전에는 좀 더 친근한 지름길이 있었습니다.

```
>>> point = {"x": 3, "y": 4, "color": "chartreuse"}
>>> point.update(features)
>>> pprint(point)
{'color': 'brick red',
 'flavor': 'vanilla',
 'shape': 'rhombus',
 'x': 3,
 'y': 4}
```

하지만 파이썬 최신 버전에서는 훨씬 우아한 방식을 사용합니다.

```
>>> point = {"x": 3, "y": 4, "color": "chartreuse"}
>>> point | features                                    # ❶
{'x': 3, 'y': 4, 'color': 'brick red', 'shape': 'rhombus', 'flavor':
'vanilla'}
>>> point
{'x': 3, 'y': 4, 'color': 'chartreuse'}
>>> point |= features                                   # ❷
>>> point
{'x': 3, 'y': 4, 'color': 'brick red', 'shape': 'rhombus', 'flavor':
'vanilla'}
```

❶ features를 point와 병합하여 새로운 사전을 생성합니다.

❷ point.update(features)와 동일합니다.

.pop() 메서드와 .popitem() 메서드

dict.pop() 메서드와 dict.popitem() 메서드 역시 깜빡 하기 쉽지만 필요할 때
는 매우 유용합니다. .pop() 메서드는 특정한 키를 찾아 제거할 때 유용하고,
.popitem() 메서드는 특정되지 않은 키와 값의 쌍을 찾아 제거할 때 유용합니다.

```
>>> point.pop("color", "gray")
'brick red'
>>> point.pop("color", "gray")
'gray'
>>> point
{'x': 3, 'y': 4, 'shape': 'rhombus', 'flavor': 'vanilla'}
```

위의 코드는 다음 코드보다 훨씬 익숙합니다.

```
>>> point = {'x': 3, 'y': 4, 'color': 'brick red', 'shape':
'rhombus', 'flavor': 'vanilla'}
>>> if "color" in point:
...     color = point["color"]
...     del point["color"]
```

```
... else:
...     color = "gray"
... color
'brick red'
```

마찬가지로 사전에서 임의의 항목을 얻을 때 dict.popitem() 메서드를 사용하면 매우 빠르고 쉽습니다. 이 방법은 사전의 항목을 처리하기 위해 자주 사용되며 처리가 완료되면 빈 사전이 남습니다. 파이썬 3.7부터는 사전이 삽입 순서를 계속 유지하기 때문에 '임의의' 항목은 사실상 후입선출 방식으로 꺼내게 됩니다. 프로그램 흐름에 따라 삽입 순서가 명확하거나 재현 가능할 수도 있고 그렇지 않을 수도 있지만 연속적인 제거를 위한 모든 순서가 보장됩니다.

```
>>> point = {'x': 3, 'y': 4, 'color': 'brick red', 'shape':
'rhombus', 'flavor': 'vanilla'}
>>> while point and (item := point.popitem()):
...     print(item)
...
('flavor', 'vanilla')
('shape', 'rhombus')
('color', 'brick red')
('y', 4)
('x', 3)
>>> point
{}
```

복사본 생성하기

자주 간과되는 또 다른 메서드는 dict.copy()입니다. 하지만 저는 대부분의 경우 이 메서드가 간과되는 것이 적절하다고 생각합니다. 이 메서드가 생성하는 복사본은 얕은 복사본(shallow copy)이기 때문에 가변 값이 간접적으로 변경될 수 있으며, 이는 미묘하고 찾기 힘든 오류를 초래할 수 있습니다. '2장 동등성과 동일성의 혼동'은 이런 종류의 잘못을 주로 다루고 있습니다.

대부분의 경우 copy.deepcopy()를 사용하는 것이 훨씬 더 좋습니다. 다음 예제를 살펴봅시다.

```
>>> d1 = {"foo": [3, 4, 5], "bar": {6, 7, 8}}
>>> d2 = d1.copy()
>>> d2["foo"].extend([10, 11, 12])
>>> del d2["bar"]
>>> d1
{'foo': [3, 4, 5, 10, 11, 12], 'bar': {8, 6, 7}}
>>> d2
{'foo': [3, 4, 5, 10, 11, 12]}
```

이 결과는 혼란스러울 뿐만 아니라 오류가 발생하기도 쉽습니다. 더 나은 코드는 다음과 같습니다.

```
>>> from copy import deepcopy
>>> d1 = {"foo": [3, 4, 5], "bar": {6, 7, 8}}
>>> d2 = deepcopy(d1)
>>> d2["foo"].extend([10, 11, 12])
>>> del d2["bar"]
>>> d1
{'foo': [3, 4, 5], 'bar': {8, 6, 7}}
>>> d2
{'foo': [3, 4, 5, 10, 11, 12]}
```

파이썬의 사전은 놀라울 정도로 풍부한 데이터 구조입니다. 파이썬은 대부분의 프로그래밍 언어가 가지고 있는 해시 사상 표(hash map)나 키/값 저장소의 일반적인 효율성은 물론이고, 적절하게 선택된 '향상된' 메서드를 많이 제공합니다. 원칙적으로는 사전에 키와 값의 삽입, 키의 삭제, 키를 나열하는 메서드만 있더라도 기본적인 데이터 구조로 할 수 있는 모든 작업을 수행하기에 충분할 것입니다. 그러나 앞에서 이야기한 추가 메서드를 전략적으로 사용한다면 훨씬 더 깔끔하고 직관적인 코드를 작성할 수 있습니다.

7.6 JSON과 파이썬은 서로 깔끔하게 변환되지 않는다

파이썬으로 개발하다 보면 임의의 파이썬 객체를 JSON으로 직렬화 (serialization)할 수 있다거나 직렬화 가능한 객체는 반드시 동등한 객체로 역직 렬화(deserialization)될 수 있다고 착각하기 쉽습니다.

7.6.1 JSON에 대한 몇 가지 배경

마이크로 서비스와 '클라우드 네이티브 컴퓨팅' 기반의 현대 세계에서 파이썬 역시 종종 JSON(JavaScript Object Notation) 데이터를 직렬화하거나 역직렬화해 야 합니다. 더욱이 JSON은 소규모 협력 서비스 사이에 메시지를 교환하는 문 맥에서만 사용되는 것이 아니라 특정한 구조화 데이터를 저장하는 형식으로 도 사용됩니다. 예를 들어 GeoJSON과 그 관련 형식인 TopoJSON, 존재론 (ontology)과 지식 그래프 데이터에 사용되는 JSON-LD는 도메인의 특정 구조 를 부호화하기 위해 JSON을 활용하는 형식입니다.

겉으로 보기에 JSON은 파이썬의 숫자, 문자열, 목록, 사전과 매우 유사해 보 입니다. 많은 JSON 문자열에 대해 단순히 eval(json_str)이라고 작성하는 것 만으로도 문자열을 올바른 파이썬 객체로 역직렬화할 수 있을 정도로 유사성이 충분합니다. 실제로 이 방법은 항상 그런 것은 아니지만 종종 올바른 접근 방식 인 json.loads(json_str)과 같은 결과를 만들어냅니다. 이름에서 알 수 있듯이 JSON은 JavaScript의 기본 표현과 **더 유사해** 보이지만, JavaScript에서조차 몇 몇 JSON 문자열은 올바른 표현임에도 의미 있는 JavaScript 데이터로 역직렬 화되지 않습니다.

얼핏 json.loads()가 pickle.loads()와 유사하고 json.dumps()가 pickle.dumps()와 유사한 것 같지만, JSON 버전은 여러 상황에서 확실히 더 **적은** 일을 합니다. JSON의 '형식 체계'는 파이썬보다 빈약합니다. 깊게 중첩된 데이터 구조를 포함한 모든 파이썬 객체의 큰 하위 집합에서 다음 불변식은 항상 성립합니다.

```
obj == pickle.loads(pickle.dumps(obj))
```

물론 여기에도 예외가 있습니다. 예를 들어 파일 핸들이나 열린 소켓은 정확히 직렬화하거나 역직렬화할 수 없습니다. 하지만 사용자 정의 클래스를 포함한 대부분의 **데이터 구조**는 이러한 직렬화와 역직렬화 왕복 과정을 완벽하게 통과합니다.

반면에 다음 '불변식'은 성립하는 경우가 매우 드뭅니다.

```
obj = json.loads(json.dumps(obj))
```

JSON은 여러모로 매우 유용한 형식입니다. 상대적으로 읽기 쉬운 순수 텍스트이면서도 다른 프로그래밍 언어로 작성된 서비스와 상호 운용성이 높아 파이썬 프로그램이 연동해야 하는 서비스와 잘 어울립니다. 더군다나 JSON을 역직렬화하는 과정에서 코드 실행 취약점이 발생하지 않습니다.

pickle[11]은 텍스트보다 더 작은 이진 직렬화 형식으로 역시 유용하게 사용됩니다. 구체적으로 프로토콜 0부터 5로 구분되며, 각 버전은 조금씩 개선되어 왔지만 그 특성은 항상 유지되고 있습니다. 거의 모든 파이썬 객체는 pickle 모듈을 이용해 왕복 방식으로 직렬화할 수 있습니다. 그러나 JavaScript, Go, Rust, Kotlin, C++, Ruby를 비롯한 어떤 언어도 파이썬의 Pickle을 다룰 수 없습니다.

---

11 파이썬에서 자체적으로 사용되는 객체 직렬화 및 역직렬화 라이브러리입니다.

7.6.2 왕복에 실패하는 데이터

우선 JSON에 정의된 데이터 형식은 몇 가지에 불과합니다. 이에 대해서는 RFC 8256[12], ECMA-404[13], ISO/IEC 21778:2017[14]에서 확인할 수 있습니다. 이 '표준'들은 여러 기관에 의해 약간씩 다른 형태로 제정되었음에도 불구하고 서로 같은 규칙을 담고 있습니다.

여기서 잠시 뒤로 물러서서 살펴볼 필요가 있습니다. 앞에서 두 번이나 JSON에는 데이터 형식이 제한되어 있다고 주장했는데, 이는 약간 잘못된 발언입니다. 사실 JSON에 실제 데이터 형식은 존재하지 않으며, 엄밀히 말하면 의미론 기반의 내용이 존재하지 않는 구문의 정의일 뿐입니다. RFC 8256에서 최상위 수준의 배커스 나우어 형식(Backus – Naur Form)[15]을 다음과 같이 정의하고 있습니다.

```
value ::= false | null | true | object | array | number | string
```

여기서 false, null, true는 상수 값(literal)이며, object, array, number, string은 텍스트 패턴(textual pattern)입니다. JSON에서 각각의 패턴에 대해 간단히 설명해 보면 다음과 같습니다. 객체(object)는 중괄호, 콜론, 쉼표를 사용하는 파이썬의 사전에 해당합니다. 배열(array)은 대괄호와 쉼표를 사용하는 파이썬의 목록에 해당합니다. 숫자(number)는 여러 형식을 취할 수 있지만 파이썬에서 유효한 숫자를 정의하는 규칙과 거의 동일합니다. 마찬가지로 문자열(string)은 파이썬의 문자열과 같은 철자지만 항상 이중 따옴표를 사용한다는 차이점이 있습니다. 유니코드(Unicode) 숫자 코드는 JSON과 파이썬에서 거의 동일하지만, 대리쌍(surrogate pair)[16]을 처리하는 경계 사례(edge case)가 일부 존재합니다.

---

12 https://datatracker.ietf.org/doc/html/rfc8259
13 https://www.ecma-international.org/publications-and-standards/standards/ecma-404
14 https://www.iso.org/standard/71616.html
15 형식 언어의 구문 규칙을 기술하기 위해 사용되는 초언어(metalanguage)입니다. 배커스(J. W. Backus)와 나우어(Peter Naur)가 처음 제창하여 알골 60(ALGOL 60)의 구문 기술에 사용하기 시작한 이래, 많은 프로그램 언어 구문 규칙의 기술 방법으로 사용되고 있습니다. 형식적으로는 문맥 자유 문법(context-free grammar)과 같은 개념입니다.
16 16비트 기반의 유니코드에서 65,535개 이상의 문자를 처리하기 위해 사용하는 기법으로, 이를 통해 최대 1,114,112개의 문자를 16비트 안에서 처리할 수 있습니다.

일부 경계 사례를 살펴보겠습니다. 파이썬의 표준 라이브러리 모듈인 json은 **실제 JSON이 아닌** 결과를 반환함으로써 두 가지 경우에 '성공'합니다.

```
>>> import json
>>> import math
>>> print(json.dumps({"nan": math.nan}))                    # ❶
{"nan": NaN}
>>> print(json.dumps({"inf": math.inf}))
{"inf": Infinity}
>>> json.loads(json.dumps({'nan': math.nan}))               # ❷
{'nan': nan}
>>> json.loads(json.dumps({'inf': math.inf}))
{'inf': inf}
```

❶ json.dumps() 함수의 결과는 문자열이며, 이 문자열을 출력하면 추가 따옴표가 제거된 상태로 표시됩니다.

❷ NaN[17]이나 Infinity는 철자가 어떻게 변형되건 간에 JSON 표준에는 포함되어 있지 않습니다.

어떤 의미에서 이러한 동작은 파이썬 프로그래머에게는 편리할 수 있지만, 다른 프로그래밍 언어에서 이러한 직렬화를 사용하는 많은 사용자와 호환성이 깨지는 문제가 발생합니다. 이를 회피하기 위해 json.dumps(obj, allow_nan=False)를 통해 더 엄격한 규칙을 적용할 수 있으며, 그 결과 ValueError가 발생할 것입니다. 하지만 다른 프로그래밍 언어에서 사용되는 일부 라이브러리에서도 약간의 예외를 포함한 JSON 관행을 허용합니다.

'왕복'이 무엇을 의미하는지에 따라서 이 동작의 결과를 성공이라고 정의할 수도 있을 것입니다. 실제로 파이썬 내부에서 이 결과는 엄격하게 성공에 해당합니다. 하지만 다른 프로그래밍 언어로 작성된 서비스에 요청하고 응답할 때 왕복이 포함되면 실패하게 됩니다. 파이썬 내부에서 발생할 수 있는 몇 가지 실패 사례를 살펴보겠습니다. 가장 명백한 실패 사례는 파이썬의 다양한 컬렉션 형식에서 발생합니다.

---

17 Not a Number, 즉 숫자가 아니라는 의미의 표현입니다.

```
>>> from collections import namedtuple
>>> Person = namedtuple("Person", "first last body_temp")
>>> david = Person("David", "Mertz", "37°C")
>>> vector1 = (4.6, 3.2, 1.5)
>>> vector2 = (9.8, -1.2, 0.4)
>>> obj = {1: david, 2: [vector1, vector2], 3: True, 4: None}
>>> obj
{1: Person(first='David', last='Mertz', body_temp='37°C'), 2:
[(4.6, 3.2, 1.5), (9.8, -1.2, 0.4)], 3: True, 4: None}
>>> print(json.dumps(obj))
{"1": ["David", "Mertz", "37\u2103"], "2": [[4.6, 3.2, 1.5], [9.8,
-1.2, 0.4]], "3": true, "4": null}
>>> json.loads(json.dumps(obj))
{'1': ['David', 'Mertz', '37°C'], '2': [[4.6, 3.2, 1.5], [9.8,
-1.2, 0.4]], '3': True, '4': None}
```

JSON에서 파이썬의 True는 true로 표기되며 None은 null로 표기되지만, 이것은 상수 값의 철자가 변경되는 것에 불과합니다. 마찬가지로 유니코드 문자인 섭씨(DEGREE CELSIUS)는 JSON 문자열 안에 문제없이 포함될 수 있습니다.[18] 모종의 이유로 파이썬의 json 모듈은 이 문자를 숫자 코드인 \u2103로 대체하기로 결정했지만, 왕복에는 아무 영향을 미치지 않습니다.

잃어버린 것은 일부 데이터가 Person이라는 namedtuple 안에 있었고 다른 데이터는 튜플 안에 있었다는 정보입니다. JSON은 배열, 다시 말해 대괄호 안의 정보만 가지고 있습니다. 데이터의 일반적인 '의미'는 여전히 존재하지만, 중요한 형식 정보를 잃어버렸습니다.

게다가 직렬화에서는 문자열만 객체 키로 사용되므로, 파이썬에서 의미를 가지는 정수 키가 문자열로 변환되어 버렸습니다. 이는 실제로 정보의 손실이 발생한 것으로, 좋은 코드라고 말할 수 없습니다. 원칙적으로 파이썬의 사전은 문자열 키와 숫자 키를 모두 가질 수 있기 때문입니다.

---

18 유니코드 제어 문자인 U+0000부터 U+001F, 제어 문자 접두어인 \(역슬래시, backslash), 문자열을 의미하는 따옴표를 제외한 모든 유니코드 문자는 JSON 문자열로 취급될 수 있습니다.

```
>>> json.dumps({1: "foo", "1": "bar"})
'{"1": "foo", "1": "bar"}'
>>> json.loads(json.dumps({1: "foo", "1": "bar"}))
{'1': 'bar'}
```

여기서 파이썬에 불리하게 작용하는 요소가 몇 가지 있습니다. 첫째, JSON의 사양에서는 중복 키가 발생할 수 있습니다. 둘째, 정수 1은 JSON에서 문자열 "1"로 변환됩니다. 셋째, 파이썬의 사전은 항상 유일한 키를 가지게 설계되었기 때문에, 두 번째 시도에서 "1" 키를 설정하는 동작이 첫 번째 시도의 결과를 덮어씁니다.

이외에 다소 생소한 경계 사례는 JSON 자체가 파이썬에서는 지원하지 않는 숫자조차도 유효하게 표현할 수 있다는 점입니다.

```
>>> json_str = '[1E400, 3.141592653589793238462643383279]'
>>> json.loads(json_str)
[inf, 3.141592653589793]
```

이것은 결코 충돌이 발생하거나 숫자를 적재하지 못하는 경우가 아닙니다. 대신 첫 번째 숫자는 float64 형식에 담기에 너무 커서 무한대(infinity)로 넘치고, 다른 숫자는 원본 숫자의 정밀도 자릿수보다 훨씬 적은 자릿수로 근사 처리됩니다.

또 다른 경계 사례는 '파이썬의 정수처럼 보이는' JSON의 숫자가 실제로 float가 아닌 int로 형변환된다는 것입니다.

```
>>> json_str = f'{"7"*400}'                                    # ❶
>>> val = json.loads(json_str)
>>> math.log10(val)
399.8908555305749
>>> type(val)
<class 'int'>
```

❶ 400개의 "7"이 한 줄에 있는 문자열입니다.

어쨌든 float128과 같은 형식을 지원하는 다른 프로그래밍 언어나 구조를 통해 소통할 가능성이 거의 없으므로, 일반적으로 float64가 표현할 수 있는 숫자를 사용하는 것이 가장 좋은 정책입니다.

7.7 자신만의 데이터 구조 만들기

이 절에서는 미묘하면서 긴 문제를 다룹니다. 대학에서 자료 구조(data structure) 강좌를 수강했거나 이 주제를 다루는 좋은 책을 읽었다면 파이썬의 표준 라이브러리나 이 책에서 언급하는 주요 제3자 라이브러리에 포함되어 있지 않은 강력한 데이터 구조를 많이 배웠을 것입니다. 트립(treap), k-d 트리(k-d tree), R-트리(R-tree), B-트리(B-tree), 피보나치 힙(Fibonacci heap), 트라이(trie)(접두사 트리(prefix tree)), 단일 연결 목록(singly-linked list), 이중 연결 목록(doubly-linked list), 다중 연결 목록(multi-linked list), 힙(heap), 그래프(graph), 블룸 필터(bloom filter), 컨스 셀(cons cell) 등 수십 가지 데이터 구조가 있습니다.

어떤 데이터 구조를 내장하거나 표준 라이브러리에 포함할지 여부는 언어 설계자들이 토론하는 주제로, 종종 심도 있는 논의와 분석으로 이어집니다. 파이썬의 철학은 상대적으로 최소한에 해당하지만 매우 강력하고 다재다능한 dict, list, tuple, set, frozenset, bytes, bytearray와 같은 원시 자료형을 __builtins__에 포함하는 것이며, 아마 complex도 간단한 데이터 구조로 볼 수 있을 것입니다. collections, queue, dataclasses, enum, array와 같은 모듈과 몇몇 주변 모듈들은 다른 데이터 구조를 포함하지만, 그마저도 포함된 데이터 구조의 수는 대다수의 프로그래밍 언어에 비해 훨씬 적습니다.

이와 관련하여 파이썬과 명확한 대조를 이루는 것은 Java입니다. 파이썬이 단순함을 추구하는 반면, Java는 사용될 가능성이 있는 모든 데이터 구조를 표준 라이브러리, 즉 java.util 이름 공간에 모두 포함시키려고 합니다. Java는 언어 안에 수백 가지의 독특한 데이터 구조를 포함하고 있습니다. 하지만 파이썬에 익숙한 프로그래머들에게 이러한 풍부한 선택권은 대부분 오히려 '분석 마비[19]'를 일으킬 뿐입니다. 약간만 다른 수많은 데이터 구조 사이에서 가장 적합한 것을 선택하는 것은 인지적으로 큰 부담이며, 오랜 고민 끝에 내린 최종 결정조차 최적의 결과가 아닐 수 있습니다. 때로는 누군가에게 망치를 더 쥐게 한들 자기 엄지손가락을 내리치는 방법만 늘릴 뿐 별 소용이 없을 때도 있습니다.

> **Note ≡ 파이썬에 아직 포함되지 않은 데이터 구조**
>
> 파이썬의 설계 논의 중 정말 멋진 예는 PEP 603[20]과 PEP를 따른 핵심 개발자들 사이의 메일링 목록(mailing list)과 Discourse 게시판이라고 할 수 있습니다. 이 새로운 데이터 구조 제안은 2019년 9월 이후 수용된 것은 아니지만 그렇다고 완전히 거부되지도 않았습니다.
>
> 내부적으로 CPython은 HAMT(Hash Array Mapped Trie)라는 데이터 구조를 사용합니다. 널리 사용되는 구조는 아니지만 CPython을 구현하는 C 코드의 특정 부분에 있어서는 최선의 선택입니다. HAMT는 본질적으로 일종의 불변 사전입니다. 이 데이터 구조는 이미 CPython 코드 안에 존재하고 있기 때문에, frozenmap이나 frozendict와 같은 이름을 사용해 노출하는 것은 상대적으로 전혀 어려운 일이 아니며, 기존의 frozenset이나 tuple과 마찬가지로 '내장 가변 컬렉션의 불변 버전'이 될 것입니다.
>
> HAMT는 분명 특정 목적에 유용한 데이터 구조입니다. 그렇지 않다면 매우 유능한 CPython 개발자들이 이를 사용할 이유가 없습니다. 그럼에도 불구하고 이 개발자들의 현재 의견은 HAMT가 일반적인 목적에도 충분히 유용한 구조는 아니기에 수천만 명에 달하는 파이썬 개발자들의 인지 부담을 늘릴 필요가 없다는 것입니다. 사실 대부분의 개발자들에게는 **아마 이 구조가 필요하지 않을 것입니다.**

---

19 https://ko.wikipedia.org/wiki/분석마비
20 https://peps.python.org/pep-0603

7.7.1 자신만의 것을 만드는 것이 나쁜 생각일 때

파이썬에서는 지금까지 언급했던 모든 데이터 구조를 비교적 손쉽게 작성할 수 있습니다. 종종 대학 시험이나 개발자 면접의 주제가 되기도 하지만, 이러한 작업을 직접 하는 것은 대부분의 소프트웨어 개발 작업에 있어 좋은 생각이 아닙니다. 여러분이 배운 데이터 구조를 사용할 기회를 빠르게 찾는 것은 구체적인 맥락에서 분명한 장점이 있음에도 불구하고, 좋은 설계 본능이 아닌 영리함과 열정의 과잉을 반영하는 경우가 종종 있습니다.

현실적으로 파이썬은 비교적 느린 바이트코드 번역기(bytecode interpreter)입니다. 기계 명령어를 생성하는 컴파일러 기반의 프로그래밍 언어와 실시간(Just-In-Time, JIT) 컴파일 언어와 달리, CPython은 거대한 바이트코드 처리를 반복하는 구조입니다. 명령어가 매번 실행될 때마다 많은 간접 참조가 필요하고, 기본값들은 모두 그들의 기본 데이터를 감싸는 상대적으로 복잡한 래퍼(wrapper)입니다. 여러분이 너무나 사랑하는 데이터 자료형의 모든 메서드를 기억할 수 있나요?

Note ☰ 파이썬의 여러 구현

파이썬에는 CPython 외에도 여러 가지 대안적인 구현이 존재하며, 특히 몇 가지 구현은 실시간 컴파일을 포함합니다. 그중에서 가장 널리 사용되는 구현은 모든 것을 실시간 컴파일하는 PyPy[21]로 상당히 잘 동작합니다. 주요 단점은 CPython과의 버전 호환성에서 뒤처졌다는 것과 CPython용으로 생성된 컴파일된 확장을 사용할 때 속도상의 이점을 크게 감소시키는 과부하가 발생할 수 있다는 것입니다.

실시간 컴파일 파이썬 번역기 중에서 상대적으로 사용 빈도가 낮은 구현에는 Pyston[22], Cinder[23], Pyjion[24]이 있습니다. 이 구현은 모두 훌륭한 개념을 포함하고 있으며 PyPy와 달리 모두 CPython의 소스 코드에서 파생된 것들입니다. 이 오픈 소스 프로젝트들은 여전히 이를 개발하고 있는 회사에 초점을 두고 있는데 각각 드롭박스(Dropbox), 메타(Meta), 마이크로소프트(Microsoft)가 주도하여 프로젝트를 진행하고 있습니다. 구글(Google)의 모회사인 알파벳(Alphabet)의 자회사인 딥마인드(DeepMind)는 이와 유사한 프로젝트였던 S6를 포기했습니다.

⊙ 계속

---

[21] https://www.pypy.org
[22] https://github.com/pyston/pyston
[23] https://github.com/facebookincubator/cinder
[24] https://github.com/tonybaloney/Pyjion

앞에서 언급한 바와 같이 순수 파이썬으로 개발되었더라도 실시간 컴파일 번역기에서 사용되는 사용자 정의 데이터 구조는 컴파일 언어로 개발된 데이터 구조가 보여 주는 속도와 유연성의 장점을 가질 가능성이 높습니다.

파이썬이 상대적으로 느리다는 사실과 함께, 대부분의 내장 데이터 구조와 표준 라이브러리 데이터 구조는 최적화된 C로 작성되어 있습니다. 별도의 장에서 따로 설명하겠지만, 이는 널리 사용되는 라이브러리인 NumPy도 마찬가지입니다.

한편 앞에서 언급한 사용자 정의 데이터 구조는 파이썬이 제공하는 데이터 구조에 비해 상당한 대문자 O 시간 복잡도에 해당하는 이점을 가질 수 있습니다.[25] 반면에 이러한 이점은 순수 파이썬 코드가 일반적으로 가지는 대략 몇 배에 해당하는 불리함과 균형을 이룰 필요가 있습니다. 다시 말해 동일한 데이터 구조를 순수 파이썬으로 구현하는 것은 C, C++, Rust, Fortran처럼 잘 최적화된 컴파일 언어로 구현하는 것에 비해 100배 아니 심지어 1000배 이상 느릴 수 있습니다. 데이터 집합이 커지다 보면 특정 시점에 대문자 O 값이 모든 배수 요소를 지배하게 되지만, 그 현상이 발생하는 지점은 대체로 데이터 집합의 크기가 관심 영역을 벗어날 정도로 커진 이후인 경우가 많습니다.

게다가 새로운 데이터 구조를 작성하려면 머릿속으로 생각하는 것이 아니라 실제로 코드를 작성해야 합니다. 그러면 오류가 발생하고 개발자의 시간을 소모하며 문서화가 필요할 뿐만 아니라 기술적 부채가 쌓이게 됩니다. 따라서 이러한 작업을 수행하는 것은 잘못이 될 수 있습니다.

---

25 250쪽의 각주 5를 참고하세요.

7.7.2 자신만의 것을 만드는 것이 좋은 생각일 때

이 절의 첫 부분에서 언급했던 모든 경고와 주의 사항을 고려하면 자신만의 데이터 구조를 작성하지 **않고 버티는** 것이 더 큰 잘못인 경우가 여전히 많습니다. 해도 낭패, 하지 않아도 낭패라고 생각할 수도 있습니다. 하지만 실제 문제는 더 미묘한데, 사실 어느 쪽을 선택할지에 대해 형편없는 판단을 내리는 것 자체가 가장 큰 잘못이기 때문입니다.

다음 예제에서 양쪽 상황을 모두 보여 주는 '상당히 좋은' 특수한 데이터 구조를 알아봅니다. 이 장 앞 부분의 '목록 중간에서 요소를 제거하거나 추가하기' 절에서 영감을 받은 것입니다. 해당 내용을 다시 한번 간단히 요약하면 파이썬 목록의 중간에 삽입하는 동작은 비효율적이며, 심지어 종종 잘못 파악한 문제를 해결하려는 시도라는 것입니다.

하지만 지금은 구상 데이터 구조로서 엄격한 순서를 가지고 있으며 색인을 생성할 수 있을 뿐만 아니라 반복 가능하며 여러 중간 위치에 새로운 항목을 삽입해야 하는 데이터 구조가 진짜 필요하다고 가정해 보겠습니다. 정확하게 이러한 기능을 제공하는 표준 라이브러리나 널리 사용되는 파이썬 라이브러리는 존재하지 않는다고 단언할 수 있으며, 따라서 자신만의 것을 개발할 가치가 있을 것입니다.

데이터 구조를 생성할 때는 항상 벤치마크 수행하기

이 특정 요구사항을 해결하기 위해 제가 작성한 코드를 보기 전에, 성능과 '결론'을 먼저 보겠습니다. 테스트 함수는 우리가 성능적으로 원하는 일반적인 동작을 보여 줍니다.

앞의 사용 사례를 다루는 insert_many() 함수

```
from random import randint, seed
from get_word import get_word                              # ❶
def insert_many(Collection, n, test_seed="roll-your-own"):
```

```
    seed(test_seed)                                          # ❷
    collection = Collection()
    for _ in range(n):
        collection.insert(randint(0, len(collection)), get_word())
    return collection
```

❶ 이 책의 웹사이트에서 다운로드할 수 있는 get_word( ) 함수는 많은 예제에서 사용됩니다. 이 함수는 호출될 때마다 각기 다른 단어를 반환합니다.

❷ 동일한 무작위 씨앗 값(random seed)을 사용하면 각 컬렉션 자료형에 대해 정확히 동일한 삽입 작업을 수행하는 것을 보장할 수 있습니다.

테스트 함수는 요청한 만큼 삽입 작업을 수행하며 그 시간을 측정할 수 있습니다.

```
>>> from binary_tree import CountingTree

>>> %timeit insert_many(list, 100)
92.9 µs ± 742 ns per loop (mean ± std. dev. of 7 runs, 10,000
loops each)
>>> %timeit insert_many(CountingTree, 100)
219 µs ± 8.17 µs per loop (mean ± std. dev. of 7 runs, 1,000 loops
each)

>>> %timeit insert_many(list, 10_000)
13.9 ms ± 193 µs per loop (mean ± std. dev. of 7 runs, 100 loops
each)
>>> %timeit insert_many(CountingTree, 10_000)
38 ms ± 755 µs per loop (mean ± std. dev. of 7 runs, 10 loops
each)

>>> %timeit insert_many(list, 100_000)
690 ms ± 5.84 ms per loop (mean ± std. dev. of 7 runs, 1 loop
each)
>>> %timeit insert_many(CountingTree, 100_000)
674 ms ± 20.1 ms per loop (mean ± std. dev. of 7 runs, 1 loop
each)

>>> %timeit insert_many(list, 1_000_000)
```

```
1min 5s  ±  688 ms per loop (mean ± std. dev. of 7 runs, 1 loop
each)
>>> %timeit insert_many(CountingTree, 1_000_000)
9.72 s ± 321 ms per loop (mean ± std. dev. of 7 runs, 1 loop each)
```

아직 CountingTree가 무엇인지 말하지 않았지만 제 코드에서 버그를 수정하는 데 들어간 시간이 고백하고 싶지 않을 정도로 오래 걸렸다는 것만큼은 말할 수 있습니다. 곧 보게 되겠지만 코드의 양은 많지 않으나 세부 사항을 구현하는 데 예상 외로 꽤나 많은 시간이 필요했습니다.

주목할 점은 이 작업에 **정확히** 최적화된 데이터 구조를 만들었음에도 불구하고 항목이 100개일 때는 list보다 성능이 떨어진다는 것입니다. 심지어 CountingTree는 항목이 10,000개일 때도 list보다 성능이 떨어지며, 그 차이 역시 항목이 100개일 때보다 약간 더 벌어집니다. 하지만 저만의 데이터 구조는 항목이 100,000개일 때는 **약간** 앞서며, 항목이 백만 개일 때는 **큰 차이**로 앞섭니다.

백만 개의 항목을 가진 연속 순서열에 list를 사용하는 것은 고통스러운 일이 분명하며, 더 많은 collection.insert() 작업을 수행해야 한다면 상황은 점점 더 나빠질 것입니다.

순수 파이썬으로 마법 부리기

binary_tree.py의 소스 코드는 책의 웹사이트[26]에서 다운로드할 수 있지만, 여기서 그 내용의 대부분을 살펴보게 될 것입니다. 저의 **항목의 수를 계산하는 이진 트리**(Counting Binary Tree) 데이터 구조의 기본 개념은 이진 트리를 유지하면서, 각 노드가 자신과 모든 자손 내의 총 항목 수를 계산하여 가지고 있는 것입니다. 단지 다른 트리 데이터 구조와 달리, 노드 값을 부등식 비교에 따라 정렬하려는 것이 **아니라**, 각 노드를 정확히 삽입된 위치에 유지하는 것이 목적입니다.

---

26 https://gnosis.cx/better

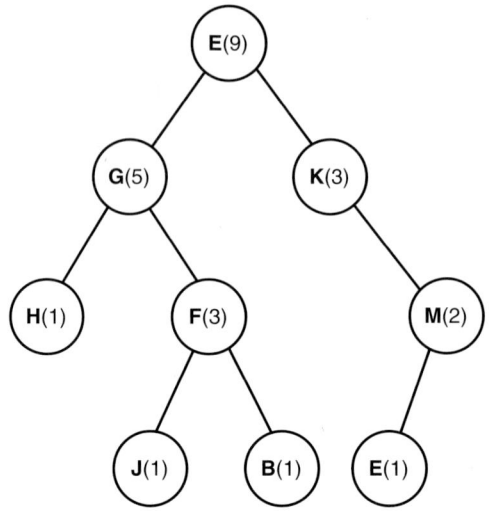

그림 7-1에서 각각의 노드는 자신의 값으로 하나의 문자를 가지고 있으며, 괄호 안의 숫자는 각 노드와 그 하위 트리의 **길이**를 의미합니다. 이 값은 집합이나 사전의 키와 달리 여러 개의 노드가 동일한 값을 가질 수 있습니다. 이 데이터 구조의 len()을 구하는 것은 단일 속성을 읽는 작업입니다. 하지만 이 길이가 존재해야 삽입을 할 수 있습니다.

트리로부터 **연속 순서열**을 구성하는 것은 매우 쉽습니다. 노드를 어떻게 정렬할지에 대한 결정론적 규칙을 선택하기만 하면 됩니다. 제 코드에서는 **깊이 우선**(depth-first)과 **왼쪽에서 오른쪽으로**(left-to-right) 순회하는 방식을 선택했습니다. 물론 이것이 유일한 선택지는 아니지만 확실할 뿐만 아니라 가장 흔한 방법입니다. 다시 말해 연속 순서열에서 모든 노드 값은 정확히 하나의 위치에서만 발생하며, 모든 순서열 위치 즉, 길이까지 정확히 하나의 값으로 채워집니다. 이 사용 사례에서는 새 항목이 삽입될 때 무작위로 삽입된다고 가정하기 때문에 다른 불변성을 다시 조정하거나 강제 적용하기 위한 추가 작업이 필요하지 않습니다.

다음 코드는 사용 사례에서 언급했던 삽입**만** 구현한 것입니다. 이 데이터 구조에 대한 자연스러운 확장 방향은 삭제 기능, 주어진 위치에서 값을 변경하는 기능, 목록이나 다른 데이터 구조가 가지고 있는 추가적인 기능의 구현이 될 것입니다. 이러한 대부분의 기능은 비용이 많이 들지 않겠지만, 구체적인 동작 방식에 따라 그 세부적인 부분은 매우 달라질 것입니다.

항목의 수를 계산하는 이진 트리의 기본적인 구현

```python
class CountingTree:
    def __init__(self, value=EMPTY):
        self.left = EMPTY
        self.right = EMPTY
        self.value = value
        self.length = 0 if value is EMPTY else 1

    def insert(self, index: int, value):
        if index != 0 and not 0 < index <= self.length:
            raise IndexError(f"CountingTree index {index} out of
range")

        if self.value is EMPTY:
            self.value = value
        elif index == self.length:
            if self.right is EMPTY:
                self.right = CountingTree(value)
            else:
                self.right.insert(index - (self.left.length + 1),
value)
        elif index == 0 and self.left is EMPTY:
            self.left = CountingTree(value)
        else:
            if index > self.left.length:
                self.right.insert(index - (self.left.length + 1),
value)
            else:
                self.left.insert(index, value)
        self.length += 1
```

앞에서 수행한 벤치마크에 필요한 것은 이 정도로 충분합니다. CountingTree. insert()를 반복적으로 호출하면 그림 7-1과 유사한 트리가 생성됩니다. 각 계층의 .left와 .right 속성은 하위 노드가 없을 경우 보초 값(sentinel)인 EMPTY로 채워질 수 있습니다.

다음과 같이 컬렉션에 추가되기를 원하는 몇 가지 다른 기능을 정의하는 것도 유용합니다.

항목의 수를 계산하는 이진 트리 내의 추가 메서드

```python
def append(self, value):
    self.insert(len(self), value)

def __iter__(self):
    if self.left is not EMPTY:
        yield from self.left
    if self.value is not EMPTY:
        yield self.value
    if self.right is not EMPTY:
        yield from self.right

def __repr__(self):
    return f"CountingTree({list(self)})"

def __len__(self):
    return self.length

def tree(self, indent=0):
    print(f"{' · '*indent}{self.value}")
    if self.left is not EMPTY or self.right is not EMPTY:
        self.left.tree(indent+1)
        self.right.tree(indent+1)
```

이러한 추가 메서드는 대부분 .insert()를 기반으로 구축됩니다. CountingBinaryTree는 반복 가능하지만 .__iter__()에 더해 .__getitem__()이나 .__contains__()를 정의하여 대괄호를 이용한 색인과 in 연산자를 사용할 수 있게 하는 것이 자연스러울 것입니다. 이 메서드 역시 간단하게 구현할 수 있습니다.

.tree() 메서드를 위해 보초 값이 다음과 같이 몇 가지 특정 동작을 하도록 구현할 필요가 있습니다. 이 메서드는 그저 데이터 구조를 시각적으로 보기 위한 것이지만, 그럼에도 불구하고 있으면 좋습니다.

EMPTY 보초 값

```
# 사용되지 않은 노드의 보초 값
class Empty:
    length = 0

    def __repr__(self):
        return "EMPTY"

    def tree(self, indent=0):
        print(f"{' · '*indent}EMPTY")

EMPTY = Empty()
```

작성한 데이터 구조의 동작 관찰하기

이 특정 뼈대 데이터 구조 구현을 일반적으로 사용하라고 말하는 것이 절대 아닙니다. 잘 이해된 사용 사례와 특정 데이터 구조의 이론적 장점에 대한 지식을 바탕으로 유사한 데이터 구조를 만드는 일반적인 방법을 보여 주기 위한 용도로 작성된 것입니다. 여기서는 몇 가지 동작을 살펴보겠습니다.

```
>>> insert_many(CountingTree, 10)
CountingTree(['secedes', 'poss', 'killcows', 'unpucker',
'gaufferings', 'funninesses', 'trilingual', 'nihil', 'bewigging',
'reproachably'])
>>> insert_many(list, 10)                                    # ❶
['secedes', 'poss', 'killcows', 'unpucker', 'gaufferings',
'funninesses', 'trilingual', 'nihil', 'bewigging', 'reproachably']
```

```
>>> ct = insert_many(CountingTree, 1000, "david")
>>> lst = insert_many(list, 1000, "david")
>>> list(ct) == lst                                          # ❷
True
>>> insert_many(CountingTree, 9, "foobar").tree()            # ❸
loaf
 ·  acknown
 ·  ·  spongily
 ·  ·  ·  saeculums
 ·  ·  ·  EMPTY
 ·  ·  EMPTY
 ·  fecundities
 ·  ·  EMPTY
 ·  ·  input
 ·  ·  ·  boddle
 ·  ·  ·  ·  sots
 ·  ·  ·  ·  shrifts
 ·  ·  ·  EMPTY
```

❶ list나 CountingTree에 대한 삽입은 동일한 순서를 유지합니다.

❷ 일부 작업에 대한 list와 CountingTree의 동등성을 나타냅니다.

❸ 연속 순서열을 구성하는 기본 트리를 표시합니다.

이 트리는 꽤 균형을 잘 이루고 있지만, 가끔 주어진 하위 트리가 계속해서 왼쪽이나 오른쪽 자식 중 하나만 채우는 경우가 있습니다. 예를 들어 항상 .append()를 사용하면 균형이 깨지고 결국 단일 연결 목록으로 퇴화할 수 있습니다.

7.7.3 핵심 요약

이 절의 내용은 매우 길기 때문에, 한두 문장으로 요약하는 것은 불가능합니다. 여기서 얻을 수 있는 교훈은 '자신만의 데이터 구조를 만들거나 피해야 하는 경우에 대해 섬세하고 정확한 판단을 내려라'는 것입니다. 이것은 어떤 비법이 아니라 좀 모호하지만 미묘한 태도를 취하는 게 맞다는 입장입니다.

일반적으로 올바른 선택을 하기 위한 방법으로 몇 가지 단계를 따라 생각해 볼 것을 제안합니다.

1. 널리 사용되는 표준 파이썬 데이터 구조를 사용하여 코드를 구현해 보세요.

2. 벤치마크를 실행하여 코드가 적용되는 사용 사례에 이론적인 하위 최적화가 실제로 중요한지 알아보세요.

3. 세상에 존재하는 다양한 데이터 구조를 조사하여 사용 사례에 이론적으로 가장 적합한 데이터 구조가 있는지 확인합니다.

4. 고려 중인 흔하지 않은 데이터 구조에 대해 누군가 잘 테스트된 파이썬 구현을 이미 작성하지 않았는지 찾아보세요. 그 라이브러리가 요구 사항을 충족하는 틈새 시장이 상대적으로 좁기 때문에 널리 사용되지 않을 수 있습니다. 물론 PyPI, conda-forge, GitHub, GitLab, Bitbucket 등의 저장소에도 부분적으로만 개발되어 있거나 충분히 테스트되지 않아 오류가 내재되어 있는 라이브러리가 등록되어 있을 가능성이 꽤 높습니다.

5. 앞의 단계를 모두 고려한 결과 데이터 구조를 직접 작성하기로 했다면, 적어도 데이터 구조의 구현과 동시에 가급적이면 구현 전에 테스트와 벤치마크부터 생성하세요.[27]

6. 잘 테스트된 새 데이터 구조의 구현이 코드를 개선하는 결과를 가져왔다면 상사에게 연봉 인상이나 보너스를 요청하고, 오픈 소스 라이선스에 따라 해당 코드를 파이썬 커뮤니티와 공유하세요.

---

[27] 이는 테스트 주도 개발(Test-driven development)에 해당합니다.

7.8 정리

강력한 객체 메서드나 일반적인 기법이 평범하게 사용함에도 불구하고 때때로 잘못된 방향으로 이끌 때가 있습니다. 잘못된 방향은 나쁜 시간 복잡도를 가지는 동작을 유발할 수 있으며, 때로는 처음에는 잘 동작하지만 미처 고려하지 못한 사례를 만나 실패할 수도 있습니다.

이 장에서는 일반적으로 파이썬에서 가장 최적화되고 유연한 데이터 구조인 목록에 대한 몇 가지 연산에 있어 다른 데이터 구조가 더 나은 경우를 알아보았습니다. 또한 재귀 알고리즘에서 문자열이 스칼라이면서 반복 가능하기 때문에 종종 프로그램 흐름에서 종종 특별한 방법으로 처리되어야 한다는 것을 기억해 두어야 한다는 것도 알아보았습니다.

또한 익숙하지 않은 기능이 일반적인 작업에 더 편리하고 가독성 높은 접근 방식을 제공하는 '누락의 잘못'에 해당하는 두 가지 잘못을 살펴보았습니다. 특히 이 두 가지 잘못은 enum 모듈과 사전에서 자주 사용되지 않는 일부 메서드를 상기시켜 줍니다.

이어서 널리 사용되는 JSON 형식의 기능과 한계를 탐구했습니다. 특히 파이썬 개발자가 데이터를 JSON으로 표현할 때, (상대적으로 사소하게 느껴지는) 손실성을 망각할 수 있음을 확인했습니다.

마지막으로 살펴본 잘못은 미묘하고 복잡한 의사 결정에 관한 것입니다. 자신만의 데이터 구조를 생성하는 것은 성급한 최적화일 수 있지만, 반면에 때로는 코드를 크게 개선할 수 있습니다. 여기서는 긴 논의 내용과 함께 현명한 선택을 위한 몇 가지 지침을 제공했습니다.

8^장

보안

이 책은 암호학(cryptography)이나 암호화를 기반으로 구축된 컴퓨터 보안을 이해하기 위한 책이 아닙니다. 물론 일반적으로 인터넷에 돌아다니는 빨리 부자되기나 감성을 자극하면서 사기를 치는 단체에 돈을 송금하는 것은 너무나 큰 잘못입니다. 그러나 그것은 컴퓨터 사용에 대한 생활의 조언일 뿐 파이썬에 대한 조언은 아닙니다.

이 장에서 설명하는 잘못은 파이썬 개발자들이 종종 잘못 다루는 보안 문제에 대한 처리 방식일 뿐입니다. 이는 일반적인 보안 개념에 대한 오해에서 비롯된 것입니다. 이 외에도 사용해야 할 적절한 표준 라이브러리나 제3자 라이브러리의 모듈과 함수에 대한 인식 부족이 원인입니다.

암호학의 실제 배경 지식을 익히고 싶다면 브루스 슈나이어(Bruce Schneier)의 《Applied Cryptography: Protocols, Algorithms and Source Code in C》[1]를 찾아보세요. 이 책은 다소 오래되었지만 여전히 고전입니다. 슈나이어의 비교적 최근 저서로 닐스 퍼거슨(Niels Ferguson), 다다요시 코노(Tadayoshi Kohno)와 함께 집필한 《실용 암호학: 보안 실무자를 위한 정보 보호와 암호화 구현》(2011, 에이콘출판)[2]도 훌륭합니다.

암호화(cryptography)와 보안(security)은 서로 다른 것으로 후자가 더 광범위한 영역을 다룹니다. 암호화는 보안 소프트웨어의 설계에 있어 중요한 요소임이 분명하지만 유일한 관심사는 아니며 심지어 유일한 구성 요소도 아닙니다. 암호화는 기밀성(confidentiality), 무결성(integrity), 부인 방지(non-repudiation), 인증(authentication)의 수학적 기제를 적용하는 데 초점을 맞춥니다. 보안은 더 광범위한 영역인 위험 관리(risk management), 접근 제어(access control), 정보 분류(classification of information), 비즈니스 연속성(business continuity), 재해 복구(disaster recovery), 법률 및 규정(laws and regulations)과 같은 주제를 포함합니다. 이러한 광범위한 보안 문제를 해결하기 위해 종종 암호화 프로토콜을

---

1 제2판, 1996, John Wiley & Sons: 제1판에서의 오류가 수정되어 있습니다.

2 《Cryptography Engineering: Design Principles and Practical Applications》(2010, John Wiley & Sons)

활용하지만, 보호가 필요한 일반적인 '위협 모델(threat model)'의 맥락에서 접근해야 합니다.[3]

위협 모델링과 보안 절차는 파이썬 프로그래머의 영역을 넘어서는 많은 문제를 고려해야 합니다. 다음과 같은 경우를 예로 들 수 있습니다. 직원들이 언제 누구와 비밀을 공유해야 하는지에 대한 기업 교육, 건물에 대한 물리적인 잠금 장치, 직접 만나거나 전화로 신원을 확인하는 절차, 특정 접근 권한을 부여하기 전에 실시하는 배경 조사, 전송선이나 서버실의 물리적 보안 등입니다.

이 장의 내용을 이해하기 위해 앞에서 권장하는 외부 문서를 읽을 필요는 없습니다. 하지만 해당 문서에서 이 장에서 다루는 특정 함수와 모듈의 수학적이거나 알고리즘적 설계에 대한 배경 지식을 확인할 수 있습니다. 이보다 더 범위를 넓혀 '사회 공학(즉, 사람들이 보안을 저해하는 행동을 유도하는 것)'과 관련된 사항은 이 책에서 다루는 범위를 한참 벗어납니다.

8.1 무작위성의 종류

표준 라이브러리의 random 모듈은 random.SystemRandom() 클래스를 제외하면 모두 메르센 트위스터(Mersenne Twister)[4]라는 의사 난수 생성기(Pseudo-Random Number Generator, PRNG)를 사용합니다. 이 알고리즘은 많은 프로그래밍 언어

---

3 '위협 모델'이라는 용어는 제가 보기에는 상당히 우아한 표현이지만, 아마도 많은 분들에게 생소한 용어일 것입니다. 이 용어는 기본적으로 컴퓨터 시스템의 실패를 초래할 수 있는 잠재적이자 악의적인 행동에 대해 '만약?'이라는 질문을 계속 던지는 것으로 요약될 수 있습니다. 시스템이 잘못될 가능성에는 어떤 것이 있을까요? 이것은 가끔 '누군가가 암호화 프로토콜을 깨뜨린다'는 문제일 뿐입니다. 그보다 더 자주 볼 수 있는 위협 모델에는 잘못된 방향으로 유도하는 표현을 통해 현명하지 못하게 행동하도록 유도하는 사회 공학(social engineering)이나 침입자가 정보에 접근하지 않고도 시스템을 망가뜨리는 서비스 거부(denial of service, DoS) 등이 있습니다.

4 https://ko.wikipedia.org/wiki/메르센_트위스터

와 라이브러리에서 사용되고 있습니다. 일부 오래된 언어와 라이브러리는 선형 합동 생성기(Linear Congruential Generator, LCG)[5]를 사용하는 경우도 있으며, 일부 최신 시스템은 치환 합동 생성기(Permuted Congruential Generator, PCG)[6]를 사용합니다. 이외에 여러 가지 다른 의사 난수 생성기도 가끔 사용됩니다.

모든 생성기는 각자 많은 수학적 이론을 기반으로 하지만, 의사 난수 생성기는 대부분 높은 수준에서 비슷한 방식으로 동작합니다.[7] 기본적으로 씨앗 값에서 파생된 상태로 시작해 서로 다른 상태의 매우 큰 주기[8] 사이를 미리 결정된 방식에 따라 순환합니다. 상태의 분포는 다수의 통계적 테스트에 따르면 확률적 과정과 유사한 것처럼 보이지만 실제로는 현재 상태로부터 완전히 결정된 방식으로 진행합니다. 따라서 현재 상태를 알고 있다면 다음 상태가 무엇이 될지 정확히 알 수 있습니다.

표준 라이브러리의 secrets 모듈은 random.SystemRandom()을 기반으로 하지만, 거의 대부분의 경우 secrets 내의 래퍼를 사용하는 것이 더 좋습니다. secrets의 목적은 반복되지 않으면서 암호학적으로도 역시 강력한 난수를 생성하는 것입니다. secrets의 함수들은 Unix 기반의 시스템에서는 /dev/random 으로 불리는 시스템 엔트로피(system entropy)를 사용하며, 흔하지는 않지만 필요한 경우 실제 무작위 데이터를 제공할 수 있는 충분한 엔트로피를 사용할 수 있을 때까지 동작이 실제로 차단됩니다. 엔트로피는 디스크, 키보드, 네트워크와 같은 다양한 장치의 인터럽트 타이밍(interrupt timing), CPU 실행 시간의 불규칙한 변동(CPU execution time jitter) 그리고 사용 가능하다면 하드웨어 난수 생성기에서도 비롯될 수 있습니다.

---

5 https://ko.wikipedia.org/wiki/선형_합동_생성기
6 https://en.wikipedia.org/wiki/Permuted_congruential_generator
7 내부 구조는 다르지만, 외부에서 보는 동작 방식이나 흐름이 유사하다는 뜻입니다.
8 메르센 트위스터는 $2^{19937}-1$개의 상태 중 하나를 선택합니다.

8.1.1 암호학적 무작위성을 위해 secrets 사용하기

많은 개발자들이 임의로 비밀번호를 생성하거나 토큰(token)을 생성하기 위해 random 모듈을 사용합니다. random 모듈은 널리 사용될 뿐만 아니라 대부분의 파이썬 사용자에게 익숙하며 대체로 예측이 쉽지는 않다는 점에서 '충분히 사용할 수 있다'는 생각이 들게 합니다.

그러나 random 모듈은 실제 암호화에서 요구하는 수준에는 못 미칩니다. random.seed()에 씨앗 값이 지정되지 않은 경우 적은 수의 실제로 무작위인 엔트로피 바이트가 씨앗 값으로 사용됩니다. 이러한 동작은 대부분의 상황에서 '난수' 토큰을 충분히 예측할 수 없게 합니다.

그러나 대부분의 상황을 대변할 뿐 **모든 상황**은 아니며, 암호화 보안을 중요하게 생각하는 애플리케이션에서는 코드의 취약점이 노출될 가능성이 있으므로 처음부터 secrets를 사용하는 것이 더 낫습니다. 더군다나 secrets 모듈은 파이썬 3.6부터 사용 가능하므로 애초에 그리 낯선 모듈도 아닙니다.

제임스 로퍼(James Roper)가 메르센 트위스터의 취약점을 분석해 작성한 훌륭하고 다소 비공식적인 자료가 있습니다.[9] 간단히 요약하면, 메르센 트위스터가 연속으로 생성한 624개의 정수를 관찰할 수 있다면, 이를 통해 완전한 상태를 재구성할 수 있을 뿐만 아니라 앞으로 생성할 모든 결과도 미리 알 수 있다는 것입니다. 악의적인 침입자가 실제로 624개의 정수를 모두 관찰할 수는 없더라도, 간접적인 취약점이 악용될 가능성이 큽니다.

로퍼가 지적한 취약점 외에도 일반적으로 초기 엔트로피가 거의 존재하지 않거나 메르센 트위스터 생성기의 알려진 상태를 재현하는 가상 이미지를 생성하게 됩니다. 몇 시간 또는 몇 주 동안 운영된 지역 장치에서 실행된다면 씨앗 값을 생성할 때 충분한 단단함을 부여할 수 있지만, 생성과 삭제의 빈도가 매우

---

[9] 제임스 로퍼의 블로그에서 https://jazzy.id.au/2010/09/22/cracking_random_number_generators_part_3.html과 https://jazzy.id.au/2010/09/25/cracking_random_number_generators_part_4.html를 참조하세요.

잦은 Kubernetes의 docker 이미지, AWS 람다(lambda), 구글 클라우드 플랫폼 (Google Cloud Platform)에서 실행되는 장치는 그렇지 않을 수도 있습니다.

당장 '충분한 무작위성을 가지고 있다'고 여겨지는 환경에서 실행되는 코드가 내일은 그렇지 않은 환경으로 이식될 가능성이 높습니다.

secrets 모듈에는 단지 몇 가지 함수만 있을 뿐입니다. 가장 일반적으로 사용되는 기능은 몇 가지 다른 형식으로 임의의 길이의 토큰을 생성하는 것입니다.

```
>>> secrets.token_bytes(12)
b'\xe7Wt\x96;\x829a\xc9\xbd\xe1\x94'
>>> secrets.token_hex(20)
'b397afc44c9cac5dba7900ef615ad48dd351d7e3'
>>> secrets.token_urlsafe(24)
'QYNBxUDVGO4feQUyetyih8V5vKKyy8nQ'
```

국가 차원의 악의적인 행위자들에 의한 무차별 대입 공격(brute-force attack)에 대한 보안을 위해 토큰의 길이는 최소 32자로 사용하는 것을 권장합니다. 특히 secrets.choice(), secrets.randbelow(), secrets.randbits()와 같은 추가 기능이 있지만 random이 제공하는 전체 범위의 분포와 기타 유형의 유사 무작위성은 제공하지 않습니다.

secrets.compare_digest() 함수도 매우 흥미롭습니다. 이 함수는 두 문자열이나 바이트 값을 상수 시간(constant time)[10]에 비교하여 타이밍 공격(timing attack)을 방지합니다. 이 상황은 매우 특정한 위협 모델로 아주 가끔만 존재합니다. 그럼에도 불구하고 단순한 일반 문자열이 아니라 토큰을 비교해야 한다면 이러한 공격을 간과했을 경우를 대비해 단순한 == 대신 이 함수를 사용해도 아무런 문제가 없습니다.

---

[10] 주어진 입력 값의 종류나 크기에 관계없이 연산 시간이 일정할 때 이 연산 시간을 의미하며 $O(1)$에 해당합니다.

8.1.2 재현 가능한 무작위 분포

앞 절을 서둘러 읽었다면 잘못된 인상이 남았을지 모릅니다. 진정한 무작위성은 암호화와 보안 문제에 있어 매우 중요한 기능입니다. 하지만 암호학적 무작위성이 다른 많은 목적에 모두 적합하지 않으며 이를 무조건적으로 사용하는 것은 잘못입니다.

random은 충분히 많은 수의 무작위 분포를 제공할 뿐만 아니라 secrets가 본질적으로 결코 가질 수 없는 필수적인 특성인 재현성(reproducibility)을 가지고 있습니다. random이 제공하는 분포에는 [0.0, 1.0] 구간에서의 균등 분포인 random.random(), [a, b] 구간에서의 균등 분포인 random.uniform(a, b), random.triangular(), random.betavariate(), random.expovariate(), random.gammavariate(), random.lognormvariate(), random.paretovariate(), random.gauss(), random.weibullvariate(), random.vonmisesvariate()가 있습니다. 또한 random은 random.randint(), random.randrange(), random.randbytes(), random.choice(), random.choices(), random.sample() 같은 유용한 선택자도 제공합니다.[11]

앞 문단에서 다양한 분포를 언급했지만, 대부분의 기능을 모르더라도 걱정할 필요가 없습니다. 이 분포가 필요한 영역에서 일하는 사람들은 왜 필요한지 잘 이해하고 있기 때문입니다. 각각의 분포는 여러 가지 과학적이고 수치적인 목적에 유용하며, 이 중 몇 가지는 secrets에 존재하지 않습니다. 그러나 원칙적으로 대수적 조작을 통해 [0, a)[12] 구간에서 정수를 균등하게 선택해 주는 secrets.randbelow(a)를 호출하여 이러한 수치 분포를 얻을 수 있습니다.

더 근본적으로 random에는 random.seed(), random.setstate(), random.getstate()가 포함되어 있기 때문에, 이를 통해 다음 예제와 같이 무작위 값의 순서를 재현할 수 있습니다.

---

[11] random.choices()와 random.sample()은 대체 여부에 없을 수 있습니다.
[12] 대괄호는 해당 값이 범위에 포함되는 것(이상, 이하)을 의미하며, 소괄호는 포함되지 않음(초과, 미만)을 의미합니다.

```
>>> import random, secrets
>>> words = [w.strip() for w in open('data/sowpods')]
>>> random.seed('reproducible-abc123')
>>> for _ in range(9_999_999):
...     random.choice(words)
...
>>> random.choice(words)
'spekboom'
>>> for _ in range(secrets.randbelow(1_000_000)):          # ❶
... random.choice(words)
...
>>> random.choice(words)                                   # ❷
'remotivations'
>>> random.seed('reproducible-abc123')
>>> for _ in range(9_999_999):
...     random.choice(words)
...
>>> random.choice(words)
'spekboom'
```

❶ 이 순환 구문은 메르센 트위스터 생성기를 이용해 실제로 알 수 없는 단계만큼 반복 수행합니다.

❷ 여기서 선택된 'remotivations'는 제가 혹은 사용자가 코드를 다시 실행해도 다시 선택되지 않을 것입니다. 하지만 제 단어 목록을 사용하면 'spekboom'은 계속 안정적으로 선택될 것입니다.

제가 사용한 씨앗 값으로 메르센 트위스터 생성기를 초기화한 후, 천만 번째로 선택된 단어가 항상 'spekboom[13]'이었을 뿐만 아니라, 비록 출력하지는 않았지만 그 앞에 선택된 9,999,999번째 단어도 동일했습니다.

이렇게 천만 번의 선택이 끝난 생성기의 상태도 매우 쉽게 저장할 수 있습니다.

---

13 아악무 또는 은행목이라고 하며, 주로 실내에서 키우는 남아프리카의 다육식물입니다.

```
>>> mt_state = random.getstate()
>>> print(f"{len(mt_state[1])} numbers: {mt_state[1][:4] +
('...',)}")
625 numbers: (3974703532, 1779565825, 1928569991, 1391398096, '...')
>>> random.choice(words)
'labdacisms'
>>> for _ in range(secrets.randbelow(1_000_000)):        # ❶
...     random.choice(words)
...
>>> random.choice(words)                                 # ❷
'carnotite'
>>> random.setstate(mt_state)
>>> random.choice(words)
'labdacisms'
```

❶ 앞의 예제와 마찬가지로, 메르센 트위스터 생성기를 통해 알 수 없는 단계만큼 반복합니다.

❷ 'carnotite'라는 선택도 일회성으로 발생한 사건이며, 적어도 267,752분의 1의 확률로 발생합니다.

상태가 mt_state로 재설정될 때마다 바로 다음에 선택되는 단어는 'labdacisms[14]'입니다.

반복 가능성은 어떤 경우에 필요할까?

앞에서 씨앗 값과 상태를 사용하는 random 모듈의 API를 일부 살펴보았지만, 이러한 반복 가능성이 필요한 이유가 무엇인지 아직 피부로 느껴지지 않을 수 있습니다. 하지만 반복 가능성이 필요한 몇 가지 분명한 이유가 있습니다.

다시 한번 말하면, 앞의 예에서는 단어 목록에서 random.choice를 사용해 단순히 기억에 남는 출력을 만들었지만 어떤 숫자 분포를 그리더라도 API는 동일한 방식으로 작동하며 동일한 재현성을 보여 줍니다.

---

14 /l/이 /r/로 대체되는 음운 변화를 의미하는 단어로, 한국어에는 실제로 /r/ 발음이 없기에 직접 대응되는 단어가 없습니다.

'반복 가능한 무작위성'이 확실히 필요한 경우는 아마도 소프트웨어의 단위 테스트나 기능 테스트를 작성할 때일 것입니다. 예를 들면 오랜 시간 실행되는 웹 서버와 같은 소프트웨어에서 특정 입력 연속 순서열이 입력되면 계속 동일한 방식으로 동작하는지 확인해야 하기 때문입니다.

입력이 천만 개라면 최신 컴퓨터에서는 큰 낭비 없이 데이터 파일에 저장할 수 있을 것입니다. 하지만 입력이 100억 개라면 입력 순서열을 모두 저장하는 것은 엄청난 낭비이며, 대신 하나의 문자열 씨앗 값이나 625개의 숫자 상태 정보를 저장하는 것이 합리적입니다.

또 다른 일반적인 관련 요구 사항은 복잡한 프로세스를 최적화하면서 동일한 동작을 유지해야 하는 경우입니다. 매개 변수로 문자열 한 개와 정수의 반복 가능한 객체를 받아 해당 문자열의 순열을 반환하는 blackbox() 함수가 있다고 가정해 보겠습니다. 다시 말하지만, 짧은 반복 가능한 객체는 단순하게 정적 데이터로 모두 저장해도 괜찮겠지만 길이가 길다면 반복성이 중요합니다.

기존 구현을 실행해 보겠습니다.

비효율적이지만 중요한 blackbox() 함수

```
from typing import Iterable
def blackbox(s: str, nums: Iterable[int]) -> str:
    # 최적화되지 않은 계산
    return new_s
```

blackbox()의 동작을 관찰해 보면 다음과 같은 사실을 발견할 수 있습니다.

```
>>> def test_sequence(seed="abc", count=10, floor=0, ceil=100):
...     random.seed(seed)
...     for _ in range(count):
...         yield random.randint(floor, ceil)
...
>>> s = "Mary had a little lamb!"
>>> blackbox(s, [5, 9999, 34, -65, 4, 2])
'Mryaa hd a itltle lamb!'
```

```
>>> blackbox(s, test_sequence(count=10_000_000))
'aMt!r ahbma i letllyda'
>>> %timeit blackbox(s, test_sequence(count=10_000_000))
28 s ± 195 ms per loop (mean ± std. dev. of 7 runs, 1 loop each)
```

다양한 길이, 다양한 씨앗 값, 생성된 정수의 다양한 최소값과 최대값을 가진 다른 테스트 순서열을 생성할 수 있습니다. 하지만 이러한 구성의 합리적인 모음에서, 새로운 blackbox_fast() 함수가 이전의 느린 구현과 동일한 출력을 생성하기를 원합니다.

blackbox_fast() 구현의 검증

```
>>> blackbox_fast(s, [5, 9999, 34, -65, 4, 2])
'Mryaa hd a itltle lamb!'
>>> (blackbox(s, test_sequence(count=10_000_000)) == blackbox_
fast(s, test_sequence(count=10_000_000)))
True
>>> (blackbox(s, test_sequence(seed="xyz", count=1_000_000)) ==
blackbox_fast(s, test_sequence(seed="xyz", count=1_000_000)))
True
>>> (blackbox(s, test_sequence(count=1000, ceil=500)) == blackbox_
fast(s, test_sequence(count=1000, ceil=500)))
True
>>> %timeit blackbox_fast(s, test_sequence(count=10_000_000))
3.6 s ± 36 ms per loop (mean ± std. dev. of 7 runs, 1 loop each)
```

새로운 구현이 훨씬 더 빠르면서 다양한 테스트 사례에 걸쳐 동작이 일관되게 유지된다는 것을 알 수 있습니다. '결정론적 무작위성' 없이 대규모의 반복 가능 객체에 대해 이러한 테스트 모음을 구성하는 것은 비실용적입니다.

8.2 '안전한' 소스 코드에 비밀번호나 기타 비밀 정보 넣기

프로젝트 파일의 소스 코드에 비밀번호 정보가 포함된 경우를 너무 자주 보았습니다. 이런 일이 일어나는 이유는 개발자가 특정 상황에서 이러한 소스 코드 파일이 사용자에게 직접 노출되지 않기 때문에 문제가 되지 않는다고 쉽게 생각하기 때문입니다.

문제가 되는 시스템은 웹 서버나 다른 종류의 데이터 서버인 경우가 많으며, 정상적으로 작동할 때는 URL을 비롯한 여러 가지 감춰진 기제를 통해야만 접근할 수 있습니다. 소스 코드의 비밀번호는 자격 증명으로 보호되는 다른 웹사이트나 데이터베이스와 같은 추가 자원에 접근할 때 사용됩니다. 개발자는 자신의 행위를 정당화하고 자신을 안심시키기 위해 자원이 방화벽 안에 있거나 이러한 요청을 하는 특정 애플리케이션이나 서버가 허용 목록(whitelist)에 추가되어 있다고 주장하곤 합니다.

이런 식으로 비밀 정보를 다루는 것은 '항상' 좋지 않습니다. 대개 이런 행위는 단순한 게으름에서 비롯된 것입니다. 물론 무지함 때문일 수도 있습니다. 악의적인 행위자에게 기본 소스 코드가 노출되지 않을 것이라고 가정하는 것은 다양한 기제를 통해 거의 필연적으로 잘못임이 판명됩니다. 소위 '해커들'이 의도적으로 취약점을 찾으려고 할 때 문제가 발생하기도 하지만, 버전 관리 체계(version control system), 공유 드라이브, 백업 저장소 등에서 소스 코드에 대한 접근의 관리가 소홀하기 때문에 발생하는 경우가 훨씬 더 많습니다.

이 잘못의 전형적인 형태는 다음 코드와 비슷할 것입니다. 이 예제는 HTTPS 요청을 사용하지만, 자격 증명을 사용하는 데이터베이스와 통신하기 위해 파이썬의 데이터베이스 API[15]를 사용하는 요청에도 매우 유사한 패턴이 적용될 수 있습니다.

```python
import requests
from requests.auth import HTTPBasicAuth

def get_other_data():
    _username = "DavidMertz"
    _password = "jNeyQIyE6@pR"
    _localservice1 = "192.168.227.1"
    _localservice2 = "192.168.227.2"
    _localservice3 = "192.168.227.3"

    for service in [_localservice1, _localservice2, _localservice3]:
        resp = requests.get(f"https://{service}/latest-data",
                            auth = HTTPBasicAuth(_username,
                            _password))
        if resp.status_code == 200:
            data = process(resp.text)
            break
        return data
```

비밀번호, 토큰, 세션 키를 비롯해 일반적으로 안전하게 유지해야 하는 기타 정보에도 동일한 일반 원칙이 적용됩니다.

첫 번째, 환경 변수에 비밀 정보를 저장하는 방법으로, 때로는 이 방법만으로도 충분합니다.

```python
import os

def get_other_data():
    _username = os.environ.get("LOCAL_SERVICE_USER")
```

---

15 DB-API라는 약자로 많이 쓰입니다.

```
    _password = os.environ.get("LOCAL_SERVICE_PASSWORD")
    _localservice1 = os.environ.get("LOCAL_SERVICE_ADDR_1")
    _localservice2 = os.environ.get("LOCAL_SERVICE_ADDR_2")
    _localservice3 = os.environ.get("LOCAL_SERVICE_ADDR_3")

    # ... 코드의 나머지 부분 ...
```

공격자가 코드가 실행되는 시스템에서 셸 접근 권한이나 그와 동등한 수준의 접근 권한을 얻을 수 있는 경우에만 취약점이 될 수 있습니다. 하지만 이렇게 관리되는 비밀 정보는 운영 체제의 셸에서 암호화되지 않은 형태로 보이게 됩니다. 저를 포함한 개발자들은 종종 이전에 설정된 환경 변수를 추적하는 것을 잊어버리기 때문에, 해당 변수를 사용하는 애플리케이션이 종료된 후 이 변수를 명시적으로 해제해야 한다는 사실도 잊는 경우가 많습니다.

이보다 더 나은 방법은 'dotenv' 방식을 사용하는 것입니다. 이 방식은 .env라는 특별한 이름을 가진 파일 시스템에 비밀 정보를 저장하고 유지합니다. 특히 이 파일은 항상 .gitignore 등의 설정으로 버전 관리에 포함되지 않도록 해야 하며 필요에 따라 별도의 안전한 채널을 통해 배포되어야 합니다. 이와 더불어 .env 파일에 대한 권한은 올바른 접근 권한을 가진 특정 사용자나 그룹에만 허용되어야 합니다.

dotenv를 사용하여 파일 시스템 안에 비밀 정보를 반쯤 안전하게 저장하기

```
# pip install python-dotenv
import os
from os.path import join, dirname
from dotenv import load_dotenv

dotenv_path = join(dirname(__file__), ".env")
load_dotenv(dotenv_path)

def get_other_data():
    _username = os.environ.get("LOCAL_SERVICE_USER")
    _password = os.environ.get("LOCAL_SERVICE_PASSWORD")
```

```
    _localservice1 = os.environ.get("LOCAL_SERVICE_ADDR_1")
    _localservice2 = os.environ.get("LOCAL_SERVICE_ADDR_2")
    _localservice3 = os.environ.get("LOCAL_SERVICE_ADDR_3")

    # ... 코드의 나머지 부분 ...
```

환경 변수를 직접 적재하는 것과 매우 유사해 보이는데다, 코드가 동일하기 때문에 실제로도 그렇습니다. 그러나 환경 변수는 이 코드가 실행되는 동안에만 적재되며, 부모 프로세스의 환경에는 포함되지 않습니다.

이 예제에서 사용된 .env 파일은 다음과 같습니다.

```
# 지역 서비스 설정
LOCAL_SERVICE_USER=DavidMertz
LOCAL_SERVICE_PASSWORD="jNeyQIyE6@pR"
LOCAL_SERVICE_PREFIX=192.168.227
LOCAL_SERVICE_ADDR_1=${LOCAL_SERVICE_PREFIX}.1
LOCAL_SERVICE_ADDR_2=${LOCAL_SERVICE_PREFIX}.2
LOCAL_SERVICE_ADDR_3=${LOCAL_SERVICE_PREFIX}.3
```

더 안전한 방법은 운영 체제의 키링(keyring) 서비스[16]를 사용하는 것입니다. 비록 방식은 서로 조금씩 다르지만 macOS, Windows, Linux, Android 등 거의 대부분의 운영 체제는 평문 비밀번호를 직접 저장하지 않는 보안 시스템을 가지고 있습니다. keyring 모듈은 이런 운영 체제에 따른 세부 정보를 감싸며 파이썬에서 사용 가능한 공통 인터페이스를 제공합니다.

keyring을 사용하여 비밀 정보를 안전하게 저장하기

```
# pip install keyring
import keyring as kr

def get_other_data():
    _username = kr.get_password("data-service", "user")    # ❶
    _password = kr.get_password("data-service", "pw")
```

---

16 키체인(keychain) 서비스라고 하기도 합니다.

```
_localservice1 = kr.get_password("data-service", "1")
_localservice2 = kr.get_password("data-service", "2")
_localservice1 = kr.get_password("data-service", "3")

# ... 코드의 나머지 부분 ...
```

❶ 이 코드를 실행하기 전에 시스템에서 kr.set_password("data-service", "user", "DavidMertz")가 반드시 먼저 실행되어 있어야 합니다.

keyring 모듈은 사용이 간단할 뿐만 아니라 파일 시스템의 어느 곳에도 암호화되지 않은 비밀 정보를 보관하지 않기 때문에, 가능하다면 이 마지막 방법을 사용하는 것을 권장합니다. 하지만 앞서 설명한 두 가지 방법 역시 소스 코드에 직접 비밀 정보를 기록하는 것보다는 훨씬 낫습니다.

8.3 '자신만의' 보안 기제 만들기

전문 암호학자가 아닌 사람이 직접 암호화 프로토콜을 구성하는 것은 잘못입니다. 분명히 매우 강력해 보이겠지만 실제로 그렇지 않을 가능성이 매우 높습니다.

파이썬 표준 라이브러리에는 대다수에게 완벽하게 인정받는 암호화 기본 요소가 포함되어 있지 않습니다. 그렇다고 CPython의 핵심 개발자들이 게으르거나 부주의한 것은 아닙니다. 이러한 배제에는 이유가 있습니다. 암호화를 다루는 라이브러리는 파이썬 출시 주기와 다른 속도로 발전하며, 발견된 취약점을 빠르게 수정합니다. 파이썬을 개발하는 개발자가 모두 암호학자나 암호분석가는 아니므로 직접 대응하는 것은 무리가 있습니다.

CPython 개발자들 사이에서 이러한 배제가 최선의 정책인지에 대한 논쟁이 가끔 발생하지만, 이 결정에 이르게 된 것은 생각과 토론이 부족해서가 아닙니다. 표준 라이브러리 이외에 **약간의** 추가 요소를 설치하는 Miniconda가 구성하는 환경에서도 일반적인 암호화 기본 요소는 추가하지 않습니다.

저 역시 자주 경험한 유혹인데, 표준 라이브러리에 **있는** 기본 요소를 이용하여 '꽤 훌륭한' 무엇인가를 만들고 싶은 유혹이 생길 수 있습니다. 예를 들어 표준 라이브러리에는 secrets, hmac, hashlib와 같이 **일부** 인정되는 암호화 기본 요소가 포함되어 있습니다. 코드에 대한 위협 모델이 제한적이고 '빠르고 지저분한(quick-and-dirty)' 코드로도 충분하다고 느낀다면, 다음과 같은 코드를 작성할 수도 있습니다.

필자가 빠르게 설계하고 개발한 대칭형 암호화

```
>>> def amateur_encrypt(plaintext: str, key: str) -> bytes:
...     encoded_text = plaintext.encode()                      # ❶
...     m = hashlib.sha256()                                   # ❷
...     m.update(key.encode())                                 # ❸
...     # 전체 평문 텍스트와 일치하도록 키 길이 확장
...     hashed_key = m.digest() * (1 + len(encoded_text)//32)
...     ciphertext0 = b"".join(                                # ❹
...         (a ^ b).to_bytes()
...         for a, b in zip(encoded_text, hashed_key))
...     ciphertext = b"".join(                                 # ❺
...         (a ^ b).to_bytes()
...         for a, b in zip(reversed(ciphertext0), hashed_key))
...     return ciphertext
...
>>> hidden = amateur_encrypt("Mary had a little lamb",
"MyStrongKey!!17")
>>> hidden
b'\x8f}\xe5SDz\xb4f\xc5\x8f\x8d\xc1\x87\x91v\xb9wDF\xf6q\xa0'
```

❶ 유니코드 코드포인트가 아닌 바이트입니다.

❷ 암호학적으로 강력한 해시입니다.

❸ 바이트로 구성된 키의 해시입니다.

❹ 키의 각 바이트와 부호화된 평문 바이트의 배타적 논리합(XOR)입니다.

❺ 역순 암호로 배타적 논리합을 계산함으로써 비즈네르(Vigenère)[17]와 유사한 암호로 빈도 분석(frequency analysis)에 의한 공격을 모호하게 할 정도로 '영리한' 코드라고 **생각합니다**.

저로서는 이 암호화 알고리즘에 대해 키에 대한 무차별 대입 검색(brute-force search)보다 더 좋은 공격 방법을 찾을 수 없을 정도로 훌륭합니다. 복호화는 암호화와 거의 대칭을 이룰 뿐만 아니라 잘 작동하기까지 합니다.

급하게 설계된 대응 복호화

```
>>> def amateur_decrypt(ciphertext: bytes, key: str) -> str:
...     m = hashlib.sha256()
...     m.update(key.encode())
...     hashed_key = m.digest() * (1 + len(ciphertext)//32)
...     plainbytes0 = b"".join(
...         (a ^ b).to_bytes()                              # ❶
...         for a, b in zip(ciphertext, hashed_key))
...     plainbytes = b"".join(
...         (a ^ b).to_bytes()
...         for a, b in zip(reversed(plainbytes0), hashed_key))
...     return plainbytes.decode()
...
>>> amateur_decrypt(hidden, "MyStrongKey!!17")
'Mary had a little lamb'
```

---

❶ 파이썬 3.11 이상에서는 .to_bytes()의 기본 길이가 1입니다. 반면에 파이썬 이전 버전에서는 .to_bytes(length=1)을 명시적으로 지정해야 합니다.

문제는 수많은 평문과 수많은 암호문이 주어진 상태에서 이 암호화 알고리즘이 어떤 식으로 공격을 받을지 알 수 있을 정도로 제가 충분히 똑똑하지 않다는 데 있습니다. 하지만 제 짧은 식견으로도 실제 암호분석가들은 저보다 이러한 공격에 훨씬 능숙하다는 것을 알고 있습니다. 그리고 안타깝게도 이 글

---

[17] 프랑스 외교관이었던 블레즈 드 비즈네르(Blaise de Vigenère)가 1586년에 발표한 암호로 빈도 분석법으로 해석이 거의 불가능하다는 특징을 가지고 있습니다.

을 읽고 있는 여러분이 저보다 더 나은 암호학자일 가능성은 극히 낮습니다.[18] 우리가 알고리즘을 공략하는 방법을 모른다고 해서 다른 사람도 그러라는 법은 없습니다.

아마추어 암호학에 의존하기보다는 제3자 라이브러리인 pyca/ cryptography[19]를 사용하는 것이 올바른 접근 방법입니다. 이 라이브러리는 진짜 보안을 이해하는 사람들이 올바르게 구현한 것이며, 약점이 발견되면 빠르게 갱신됩니다.

프로토콜 설정은 약간 번거로울 수 있지만 모듈 문서에 잘 설명되어 있습니다. 다음 코드는 앞에서 제가 만든 아마추어 함수와 유사한 호출 특징을 가진 함수로 쉽게 감쌀 수 있습니다.

올바르게 구현된 대칭 암호화

```
>>> from pprint import pprint
>>> import secrets
>>> from cryptography.hazmat.primitives.kdf.scrypt import Scrypt
>>> from cryptography.hazmat.primitives.ciphers import (Cipher,
algorithms, modes)

>>> salt = secrets.token_bytes(16)                          # ❷
>>> kdf = Scrypt(salt=salt, length=32, n=2**14, r=8, p=1)   # ❶
>>> key = kdf.derive(b"MyStrongKey!!17")

>>> iv = secrets.token_bytes(16)                            # ❷
>>> cipher = Cipher(algorithms.AES(key), modes.CBC(iv))
>>> encryptor = cipher.encryptor()

>>> plaintext = b"Mary had a little lamb"
>>> padded = plaintext.ljust(32, b"\x00")                   # ❸
```

---

[18] 한가한 시간 소일거리로 https://gnosis.cx/better에 도전 과제를 준비했습니다. 이 도전 과제를 위해 게시된 정확한 암호화 코드를 사용하여 동일한 키로 암호화된 1000개의 암호문을 만들었습니다. 이 암호문들은 이 책의 초안에서 나온 문장으로만 구성되어 있으며, 모두 암호화되어 있습니다. 편집 후에는 문장이 달라질 수 있습니다. 사용된 키를 알아내거나, 두 개 이상의 평문 문장을 찾아낼 수 있는 분이 계실까요?

[19] https://cryptography.io

```
>>> encrypted = encryptor.update(padded) + encryptor.finalize()
>>> pprint(encrypted, width=68)                              # ❹
(b'\xfd\xaf}s\x9e8#\xe4\x94Fh\x83\x18\x17j\xa1\xe7\x8a\x98\xc3\xd9\
x07\xee\x1e\xe9\x9c\xf2\xec\x90\xf74')

>>> decryptor = cipher.decryptor()
>>> restored = decryptor.update(encrypted) + decryptor.finalize()
>>> restored.rstrip(b"\x00")
b'Mary had a little lamb'
```

❶ 비밀번호 기반의 32비트 키 생성 함수입니다.

❷ cipher 객체를 재구성하려면 salt와 iv의 값을 어딘가 보관해야 합니다. 이 값은 메시지마다 유일해야 하지만, 이 값 자체의 기밀성은 중요하지 않습니다. 즉 이 값은 메시지 자체와 함께 평문으로 집계되는 경우가 많습니다.

❸ 고급 암호화 표준(Advanced Encryption Standard, AES)를 사용하려면 평문을 32바이트의 배수로 채워야(padding) 합니다.

❹ 암호화된 텍스트도 채워진 평문과 동일한 32바이트입니다.

cryptography 모듈에는 고급 암호화 표준[20]뿐만 아니라 많은 암호화 프로토콜이 포함되어 있습니다. 사실 대칭 암호화 알고리즘 외에도 많은 것들이 있으며, 여기서 찾을 수 있는 모든 알고리즘은 매우 잘 검토된 상태에서 올바르게 작성되었습니다.

높은 품질의 암호화를 사용하기 위한 템플릿이 완벽하게 친절하거나 확실하지는 않지만, 암호화를 사용하는 프로젝트를 시작하는 즉시 적절한 암호화를 사용하는 것이 중요합니다.

---

[20] https://ko.wikipedia.org/wiki/고급_암호화_표준

8.4 마이크로 서비스에 SSL/TLS 사용하기

HTTP나 HTTPS를 통한 통신에서는 전송 계층 보안(Transport Layer Security, TLS)을 사용하는 것이 매우 중요하지만, 지역 환경에서 개발 중이거나 지역 안에서 연결된 서버 노드 주변의 방화벽이면 충분히 보안성이 높다고 확신해서 종종 생략됩니다.

전송 계층 보안은 컴퓨터 네트워크상에서 보안 통신을 제공하는 암호화 프로토콜입니다. TLS 프로토콜은 클라이언트와 서버 애플리케이션이 도청, 변조, 메시지 위조를 방지하도록 설계된 방식으로 통신할 수 있는 기능을 제공합니다. TLS는 더 이상 사용되지 않는 보안 소켓 계층(Secure Sockets Layer, SSL)을 대체합니다.

이제 많은 파이썬 소프트웨어가 '웹 서비스'로 불리기도 하는 '마이크로 서비스'로 작성되고 있습니다. 이러한 명칭은 특정 서버의 기능이 얼마나 제한적인지를 반영하곤 하지만 일관적이지는 않습니다.

전형적인 구성에서는 RESTful 웹 서버[21]를 통해 적은 수의 접점(endpoint)이 생성됩니다. 이러한 서버 중 대다수는 일반적으로 특정 호스팅 방식과 무관하게 서로 서비스를 제공할 수 있습니다. AWS, GCP, Azure와 같은 클라우드 호스팅 제공자나 Docket Swarm, Kubernetes와 같은 컨테이너 관리 시스템이 운영 환경에서 매우 자주 사용되며, 수요 확장(demand scaling), 부하 분산(load balancing)을 비롯한 관련 기능과 함께 구성됩니다.

---

[21] https://ko.wikipedia.org/wiki/REST

일반적으로 파이썬의 웹 서비스는 Flask[22]나 FastAPI[23] 기반으로 작성되는데, 두 프레임워크 모두 매우 가볍고 마이크로 서비스를 중심으로 설계되어 있습니다. 무거운 웹 프레임워크에 속하는 Django 역시 Django REST 프레임워크[24]라는 하위 프로젝트를 가지고 있습니다.

저는 웹 서비스의 작은 예제로 다음과 같은 Flask 애플리케이션을 작성했습니다.

HelloServer.py 소스 코드

```
# pip install flask[async]
from flask import Flask

app = Flask(__name__)

@app.route("/")
async def hello_world():                              # ❶
    return "<p>Hello, World!</p>"
```

❶ 비동기 경로(async route)를 활성화하기 위해 pip install flask[async]로 설치했습니다.

지역 환경에서 개발 모드로 실행하면 다음과 같은 결과를 볼 수 있습니다.

```
[code]$ flask --app HelloServer run
 * Serving Flask app 'HelloServer'
 * Debug mode: off
WARNING: This is a development server. Do not use it in a production
deployment. Use a production WSGI server instead.
 * Running on http://127.0.0.1:5000
Press CTRL+C to quit
```

---

22 https://flask.palletsprojects.com
23 https://fastapi.tiangolo.com
24 https://www.django-rest-framework.org

강력한 WSGI 서버를 사용하여 실행하는 방법에 대한 자세한 정보는 Flask 문서를 참조하세요. 노출되는 IP 주소와 포트를 변경할 수도 있습니다. 여기서 볼 수 있는 잘못의 핵심은 이 방법으로 실행함으로써 http:// 경로만 공개한 것입니다.

예를 들면 같은 localhost 안에서 이 서버가 제공하는 데이터에 다음과 같이 접근할 수 있습니다.

```
>>> import requests
>>> resp = requests.get("http://127.0.0.1:5000")
>>> resp.text
'<p>Hello, World!</p>'
```

그러나 이 서버가 시스템이나 호스팅 중인 Docker 이미지의 공개된 포트를 통해 외부에서 접근할 수도 있다는 점에서 완전히 안전하지는 못합니다. 이 서버에서 데이터를 제공할 때는 암호화된 TLS 채널에서만 제공하는 것이 더 좋을 것입니다.

SSL 인증서를 얻고 설치하는 작업은 다소 번거롭지만, 커뮤니티 프로젝트인 Let's Encrypt[25]나 기업인 Cloudflare의 무료 SSL/TLS[26]가 무료 계정에서도 제공되기 때문에 좀 수월합니다. 일반적으로 IT 업체나 작업 중인 프로젝트는 운영을 위해 자체적인 인증서의 생성 및 배포 시스템을 가지고 있을테니 이를 따르면 됩니다.

---

25 https://letsencrypt.org
26 https://www.cloudflare.com/ssl

다행히도 지역 환경에서의 개발과 테스트 목적으로 다음과 같이 임시 인증서를 사용하는 것은 매우 간단합니다. 물론 이상적인 방식은 아니며 뒤에서 곧 개선할 것입니다.

```
[code]$ pip install pyopenssl
# 설치 진행률을 표시하는 메시지
[code]$ flask --app HelloServer run --cert=adhoc
 * Serving Flask app 'HelloServer'
 [...]
 * Running on https://127.0.0.1:5000
Press CTRL+C to quit
```

이 시점에서 http:// 경로는 아직 생성되지 않았습니다. TLS와 암호화되지 않은 채널에 각각 다시 연결을 시도해 보겠습니다.

임시 SSL 인증 경로에 연결하기

```
>>> import requests
>>> resp = requests.get('https://127.0.0.1:5000', verify=False)
InsecureRequestWarning: Unverified HTTPS request is being made
to host '127.0.0.1'. Adding certificate verification is strongly
advised.
>>> resp.text
'<p>Hello, World!</p>'
>>> try:
```

```
...     resp = requests.get("http://127.0.0.1:5000", verify=False)
... except Exception as err:
...     print(err)
...
('Connection aborted.', ConnectionResetError(104, 'Connection reset
by peer'))
```

암호화되지 않은 경로에 대한 연결은 단순히 거부됩니다. 검증되지 않은 인증
서는 경고를 발생시키지만 여전히 데이터를 제공합니다. 그러나 이 경고에 주
의를 기울이는 것이 좋습니다. 이 경고를 따라 작업하는 것은 어렵지 않으며,
OpenSSL[27]이 설치되어 있어야 합니다.

자체 서명 인증서를 생성해 마이크로 서비스에서 사용하기

```
[code]$ openssl req -x509 -newkey rsa:4096 -nodes -out cert.pem
-keyout key.pem -days 365
# ...키 생성 과정 표시...
You are about to be asked to enter information that will be
incorporated
into your certificate request.
What you are about to enter is what is called a Distinguished Name
or a DN.
There are quite a few fields but you can leave some blank
For some fields there will be a default value,
If you enter '.', the field will be left blank.
-----
Country Name (2 letter code) [AU]:US
State or Province Name (full name) [Some-State]:Maine
Locality Name (eg, city) []:
Organization Name (eg, company) [Internet Widgits]:KDM Training
Organizational Unit Name (eg, section) []:
Common Name (e.g. server FQDN or YOUR name) []:localhost
Email Address []:
[code]$ % flask --app HelloServer run --cert=cert.pem --key=key.pem
 * Serving Flask app 'HelloServer'
 [...]
```

---

27 https://www.openssl.org

```
* Running on https://127.0.0.1:5000
Press CTRL+C to quit
```

이제 특정 도메인 이름인 'localhost'를 사용하고 올바른 cert.pem을 지정하여 지역 환경의 마이크로 서비스에 연결할 수 있습니다. 원하는 경우에는 전체 주소 도메인 이름(Fully Qualified Domain Name, FQDN)을 '127.0.0.1'로 설정할 수도 있지만 일반적으로 기호 이름을 사용하는 것이 좋습니다.

생성된 자체 서명 인증서에 연결하기

```
>>> resp = requests.get('https://localhost:5000', verify="code/cert.
pem")
>>> resp.text
'<p>Hello, World!</p>'
>>> try:
...     resp = requests.get("http://localhost:5000", verify="code/
other-cert.pem")
... except Exception as err:
...     print(err)
...
('Connection aborted.', ConnectionResetError(104, 'Connection reset
by peer'))
>>> try:
...     resp = requests.get("http://127.0.0.1:5000", verify="code/
cert.pem")
... except Exception as err:
...     print(err)
...
('Connection aborted.', ConnectionResetError(104, 'Connection reset
by peer'))
```

이 예제에서 code/other-cert.pem은 실제로 유효한 서명된 인증서로, 관련 없는 도메인의 인증서를 해당 디렉터리에 복사해 이름을 변경한 것입니다. 하지만 유감스럽게도 예제에서 볼 수 있는 오류 메시지는 해당 파일이 존재하지 않을 때도 동일합니다. 물론 전체 오류 객체의 세부 사항은 다를 수 있습니다.

8.5 제3자 라이브러리 requests 사용하기

파이썬 표준 라이브러리는 urllib 모듈, 특히 urllib.request, urllib.error, urllib.parse, urllib.robotparser 하위 모듈 안에서 여러 가지 중급 수준의 기능을 제공합니다. 직접 하위 수준의 SSL/TLS 작업을 해야 하는 경우에는 표준 라이브러리의 ssl 모듈을 이용할 수 있습니다.

urllib.request에 대해 설명하는 파이썬 문서[28]에는 다음과 같이 명시되어 있습니다.

> urllib.request 모듈은 기본 인증, 다이제스트 인증, 리디렉션, 쿠키 등 복잡한 이 세상에서 URL(대부분 HTTP)을 여는 데 도움이 되는 함수와 클래스를 정의합니다.

그러나 이 페이지에는 '더 높은 수준의 HTTP 클라이언트 인터페이스가 필요하다면' 제3자 패키지인 requests[29]가 권장된다고 명시되어 있습니다. 여기에는 타당한 이유가 있습니다. 파이썬 표준 라이브러리의 하위 수준 모듈을 사용하는 것은 번거로우며 오류가 발생하기 쉽습니다. SSL/TLS 상황 정보, DNS 해석(resolution), 프록시를 비롯해 현대 웹에서 HTTP/HTTPS 요청을 만드는 데 필요한 많은 문제에 대한 하위 수준의 세부 정보를 직접 다루어야 할 필요는 거의 없습니다.

---

28 https://docs.python.org/3/library/urllib.request.html#module-urllib.request
29 https://requests.readthedocs.io

앞에 인용한 문장에서 주의 깊게 봐야 할 매우 중요한 부분이 하나 있는데, 바로 '대부분 HTTP' 부분입니다. 최신 HTTPS 웹사이트나 마이크로 서비스에 urllib.request를 사용하는 것은 매우 어렵습니다. 가능하긴 하지만 매우 길고 긴 좌절을 맛보고 난 후에야 겨우 가능한 수준입니다.

예를 들어 이 장의 각주에는 몇 가지 도전 과제를 언급했습니다. 제 웹사이트는 Cloudflare[30]의 프록시를 통해 필요(제한적)에 따라 무료 요금제의 범위 내에서 SSL/TLS와 콘텐츠 캐싱을 제공하고 있으며, 기본 콘텐츠는 GitHub의 페이지[31]에 포함되어 있습니다. 로컬 컴퓨터에서는 VPN을 사용합니다. 정적 페이지에서 흔한 구성은 아니지만, 2003년에 볼 수 있던 고정 DNS 항목이 있는 단일 서버 방식의 페이지는 아닙니다.

이제 해당 페이지를 받아 보겠습니다.

requests를 이용한 HTTPS 페이지 수신

```
>>> import requests
>>> domain = "www.gnosis.cx"
>>> resource = "better"
>>> resp = requests.get(f"https://{domain}/{resource}/")
>>> resp.status_code
200
>>> for header in ["Content-Type", "Date", "Server"]:
...     print(f"{header}: {resp.headers[header]}")
...
Content-Type: text/html; charset=utf-8
Date: Mon, 20 Feb 2023 03:37:25 GMT
Server: cloudflare
>>> len(resp.text)
24974
```

---

30 https://www.cloudflare.com
31 https://pages.github.com

이 작업에 어려운 부분은 없으며, requests 개발자들이 관련된 모든 보안과 전송 프로토콜을 따르고 있다고 확신할 수 있습니다. 하지만 만약 파이썬 표준 라이브러리로 같은 작업을 해야 한다면 어떨까요?

urllib를 이용한 HTTPS 페이지 수신 실패

```
>>> import urllib.request
>>> try:
...     url = f"https://{domain}/{resource}/"
...     resp = urllib.request.urlopen(url)
... except Exception as err:
...     print(f"{err.__class__.__name__}: {err}")
...
HTTPError: HTTP Error 403: Forbidden                            # ❶

>>> import ssl                                                  # ❷
>>> try:
...     ctx = ssl.create_default_context(ssl.Purpose.CLIENT_AUTH)
...     url = f"https://{domain}/{resource}/"
...     resp = urllib.request.urlopen(url, context=ctx)
... except Exception as err:
...     print(f"{err.__class__.__name__}: {err}")
...
URLError: <urlopen error Cannot create a client socket with a
PROTOCOL_TLS_SERVER context (_ssl.c:795)>
>>> cert = ssl.get_server_certificate((domain, 443))
>>> print(f"{cert[:157]}\n...\n{cert[-145:]}")                 # ❸
-----BEGIN CERTIFICATE-----
MIIFMTCCBNigAwIBAgIQDJeUxb0DI0d5ZhI2SbcvOzAKBggqhkjOPQQDAjBKMQsw
CQYDVQQGEwJVUzEZMBcGA1UEChMQQ2xvdWRRmbGFyZSwgSW5jLjEgMB4GA1UEAxMX
...

MAoGCCqGSM49BAMCA0cAMEQCIFv5r9ARdjfr5ctvjV57d2i18tOwGWRAsT9HwDr/
zyy8AiA4V5gjyLS5wRF24bqfyly64AnKQqOJyAMMCXy5HAK95A==
-----END CERTIFICATE-----

>>> import socket                                              # ❹
>>> answers = socket.getaddrinfo("www.gnosis.cx", 443)
>>> (family, type_, proto, canonname, (address, port)) = answers[0]
```

```
>>> address
'172.67.139.241'
>>> try:
...     ctx = ssl.create_default_context(cadata=cert)
...     url = f"https://{address}:{port}/{resource}/"
...     resp = urllib.request.urlopen(url, context=ctx)
... except Exception as err:
...     print(f"{err.__class__.__name__}: {err}")
...
URLError: <urlopen error [SSL: WRONG_VERSION_NUMBER] wrong version
number (_ssl.c:992)>
```

❶ 이 시점부터 미친 듯이 오류 설명에 대한 검색을 시작합니다.

❷ 파이썬 문서와 일부 사용자 오류에 따르면 SSL/TLS 상황 정보가 필요합니다.

❸ 필요한 인증서를 찾지 못했다는 모호한 암시가 있습니다.

❹ 아니면 DNS가 확인하는 실제 IP 주소가 필요한 걸까요?

저는 파이썬 표준 라이브러리가 이 평범한 정적 웹 페이지의 내용을 가져올 수 있는 마법의 주문이 있을 거라고 확신합니다. 더 많은 노력을 기울인다면 아마 결국에는 찾아낼 수 있을 것입니다.

언젠가 그날이 오겠지만, 그때까지 저는 CPython 개발자 자신들이 추천하는 것처럼 requests 제3자 라이브러리를 사용하며 행복하고 생산적이며 안전하게 작업할 것입니다.

8.6 데이터베이스 API를 사용하지 않을 경우의 SQL 주입 공격

SQL 주입 공격(SQL injection attack)은 SQL 데이터베이스를 사용하는 거의 모든 언어에서 보이는 일반적인 보안 취약점입니다. 파이썬에서만 보이는 잘못은 아니지만, 파이썬에서의 해결책은 데이터베이스 API의 모든 능력을 활용하는 것입니다. 다른 프로그래밍 언어, 라이브러리, 드라이버는 각각 자신만의 해결책을 가지고 있습니다. 파이썬에서는 거의 모든 데이터베이스 드라이버가 따르는 데이터베이스가 이에 해당합니다.

데이터베이스 API가 제공하는 기능에는 SQL 호출 시 매개 변수를 전달하는 방법이 있으며, 이는 주입 공격에 대해 안전을 보장합니다. 대부분의 최신 관계형 데이터베이스 관리 시스템(Relational DataBase Management System, RDBMS)에서 요청 매개 변수는 실제로 요청 템플릿(query template)과 별도의 흐름(stream)을 통해 전달됩니다. 하지만 내부의 세부 사항에 대해 걱정할 필요 없이 효율성이 향상되었다는 사실에 만족하고, 데이터베이스 API와 드라이버 모듈이 사용자를 안전하게 지켜주고 있다고 확신하면 충분합니다.

데이터베이스 API를 사용하는 간단한 예를 살펴보겠습니다.

데이터베이스 API를 사용하는 간단하면서도 안전한 예제

```
>>> password = keyring.get_password("postgres", "pw")      # ❶
>>> import psycopg                                          # ❷
>>> with psycopg.connect(
...         dbname='mistakes',
...         host='localhost',
...         user='developer',
```

```
...            password=password) as conn:
...        with conn.cursor() as cur:
...            cur.execute("SELECT * FROM wordlist")
...            for record in cur:
...                print(record)
...        conn.commit()
...
('biochips',)
('fluoroacetate',)
('potentialities',)
('steelwares',)
('edacity',)
('platter',)
('pulverizations',)
('entertains',)
('photoionising',)
```

❶ 비밀번호를 소스 코드에 넣는 잘못에 대한 훌륭한 해결책입니다.

❷ PostgreSQL에 연결하는 Psycopg 3 드라이버입니다.

하지만 이 단어 목록에 포함된 단어가 상당히 많을 수 있으므로 이를 제한해야
할 수 있습니다. 특히 사용자가 제공한 기준에 따라 제한할 수 있는데, 여기서는
사용자가 특정 글자로 시작하는 단어만 보고 싶어한다고 가정해 보겠습니다.

단순해 보이지만 주입 공격에 노출된 함수

```
>>> def some_words():
...        prefix = input("[Prefix]? ")
...        print("-"*40)
...        with psycopg.connect(
...                dbname='mistakes',
...                host='localhost',
...                user='developer',
...                password=password) as conn:
...            with conn.cursor() as cur:
...                cur.execute(f"SELECT word FROM wordlist "
...                            f"WHERE word LIKE '{prefix}%'")
```

```
...                for record in cur:
...                    print(record[0])
...            conn.commit()
...
>>> some_words()
[Prefix]? p
----------------------------------------
potentialities
platter
pulverizations
photoionising
```

아직까지는 여전히 모든 것이 간단하고 명확합니다. 하지만 함수를 다시 한번 호출해 보겠습니다.

실제로 발생한 주입 공격

```
>>> some_words()
[Prefix]? ';DELETE FROM wordlist;--
----------------------------------------
```

당연한 이야기지만, 여기서 문제는 단순히 사용자가 입력한 이상한 문자와 일치하는 단어가 없다는 것이 아닙니다. 실제로는 다음과 같은 일이 일어났다는 것이 문제입니다.

* ''과 일치하는 단어를 선택합니다.

* 테이블의 **모든 내용**을 삭제합니다.

* 마지막으로 --'라는 주석을 추가합니다.

검증되지 않은 사용자 입력으로 인해 테이블의 모든 내용이 삭제되었습니다! 따라서 이제 'edacity'와 'entertains'의 반환을 의도하고 'e'로 시작하는 단어를 요청하면 빈 테이블을 반환합니다. 이는 'p'로 시작하는 단어를 요청하더라도 마찬가지입니다.

```
>>> some_words()
[Prefix]? e
----------------------------------------

>>> some_words()
[Prefix]? p
----------------------------------------
```

테이블을 새로운 단어로 다시 채우고, 좀 더 안전한 버전의 함수를 사용해 보겠
습니다. 'b' 글자에 특별한 애정을 담아 psql 셸에서 다음 요청을 실행했습니다.

```
mistakes=> INSERT INTO wordlist (word) VALUES
    ('blondness'),
    ('disinures'),
    ('starchily'),
    ('behoveful'),
    ('berming');
INSERT 0 5
```

새로운 함수를 실행하기 전에, 어쨌든 데이터베이스 API는 실제로 여러 가지
다른 형식의 매개 변수를 지정할 수 있으며, 드라이버가 그것을 선택할 수 있다
는 점을 미리 말해 둡니다. 이러한 형식은 PEP 249[32]에 명시되어 있습니다.

---

32 https://peps.python.org/pep-0249

paramstyle	뜻
qmark	물음표 형식(예: ...WHERE name=?)
numeric	숫자 위치 형식(예: ...WHERE name=:1)
named	이름 형식(예: ...WHERE name=:name)
format	ANSI C printf 형식 코드(예: ...WHERE name=%s)
pyformat	파이썬 확장 형식 코드(예: ...WHERE name=%(name)s)

현재 사용 중인 psycopg 드라이버에 질의해 보겠습니다.

```
>>> psycopg.paramstyle
'pyformat'
```

이러한 지식으로 무장하고, 앞에서 작성한 함수를 보호해 보겠습니다.

질의 매개 변수가 정화되어 주입 공격으로부터 보호되는 함수

```
>>> def some_words():
...     prefix = input("[Prefix]? ")
...     print("-"*40)
...     with psycopg.connect(
...             dbname='mistakes',
...             host='localhost',
...             user='developer',
...             password=password) as conn:
...         with conn.cursor() as cur:
...             cur.execute(
...                 "SELECT word FROM wordlist WHERE word LIKE %s;",
...                 (f"{prefix}%",))                              # ❶
...             for record in cur:
...                 print(record[0])
...         conn.commit()
...
>>> some_words()
[Prefix]? b
----------------------------------------
```

```
behoveful
berming
blondness
```

❶ 이 예제에서 SQL의 와일드카드인 %와 파이썬 문자열 내의 % 사이에 발생하는 상호 작용에는 조금 특별한 주의가 필요합니다.

이 수정된 코드에서는 앞에서 시도한 것과 비슷한 주입 공격을 시도해도 아무런 문제도 발생하지 않습니다. `'';DELETE FROM wordlist;--'`는 wordlist 테이블에 존재하는 단어가 아니기 때문에 결과가 하나도 표시되지 않을 뿐입니다. 또는 만약 이상한 단어**라도**, 해가 없는 결과를 얻게 됩니다.

```
>>> some_words()
[Prefix]? '';DELETE FROM wordlist;--
----------------------------------------
'';DELETE FROM wordlist;--more stuff after prefix
```

BETTER PYTHON CODE

8.7 안전하다는 가정을 확인하기 위해 assert 사용하지 않기

단언문(assertion)은 코드를 읽는 다른 개발자에게 의도를 전달하는 훌륭한 수단입니다. 이처럼 유용한 단언문을 코드의 위험을 방어하는 데에도 써먹고 싶을 수 있지만, 이것이 잘못인 간단한 이유가 있습니다. 운영 환경에서 실행되는 코드는 때때로 코드의 성능을 매우 약간이나마 최적화하기 위해 -O 또는 -OO 스위치를 사용합니다.

파이썬 코드가 '최적화'될 때 단언문을 제거하는 것은 가장 기본적인 최적화에 속합니다. 개발 도중에는 코드에서 가정을 강제하는 좋은 방법이지만, 몇 퍼센트라도 더 빠른 운영 시스템을 만들기 위해 최적화 스위치를 자주 사용합니다. 이러한 선택 사항이 만드는 차이는 크지 않고, 저 역시 거의 사용하지 않습니다. 하지만 사용될 가능성이 존재한다는 것을 인지하고 있어야 하며, 이를 고려하면 제 습관이 일반적인 것은 아닙니다.

다음은 단언문을 합리적으로 사용하는 예시입니다. '4장 파이썬 고급 활용'의 '보호된 속성에 직접 접근하기' 예제를 비슷하게 가져왔습니다. 해당 예제에서 선형 합동 생성기의 클래스 기반 버전을 소개한 바 있습니다. 이 알고리즘의 세부 사항은 해당 부분에서 다소 더 자세히 언급되며, 이 장 앞부분의 '무작위성의 종류' 절에서도 확인할 수 있습니다.

여기에 제시된 알고리즘은 완벽하게 합리적인 의사 난수 생성기지만, 운영 환경에서 사용하려면 표준 라이브러리의 random 모듈을 사용해야 하며 결국 메르센 트위스터 알고리즘을 암묵적으로 사용하게 됩니다.[33] 이 절은 단순히 불변성을 가진 **어떤** 알고리즘을 보여 주는 것에 초점이 맞춰져 있을 뿐이며, 일반적인 의사 난수 생성에 대해 이야기하는 것이 아닙니다.

이 알고리즘을 생성기 함수로 구현할 수 있습니다.

선형 합동 생성기를 구현한 생성기 함수

```
def lcg(
    seed: int = 123,
    multiplier: int = 1_103_515_245,
    modulus: int = 2**32,
    increment: int = 1
):
    # 따라야 할 간단한 규칙들
    assert 0 < modulus
    assert 0 < multiplier < modulus
    assert 0 <= increment < modulus
```

---

33 파이썬 3.12 기준이며, 이후 새 버전에서는 사용되는 알고리즘이 달라질 수도 있습니다.

```
    assert 0 <= seed < modulus

    # 반복 관계의 초기 적용
    state = (multiplier * seed + increment) % modulus

    while True:
        state = (multiplier * state + increment) % modulus
        yield state / modulus
```

이 생성기를 사용하여 [0, 1) 구간에서 의사 난수를 얻을 수 있습니다.

```
>>> from lcg import lcg
>>> for x, _ in zip(lcg(), range(5)):
...     print(x)
...
0.7730483340565115
0.7532131555490196
0.8828994461800903
0.6617866707965732
0.1618147783447057
```

이 코드를 처음 디버깅할 때 만들어진 단언문은 구체적으로 유용했습니다. 게다가 이 단언문은 알고리즘이 작동하기 위한 합리적인 전제 조건을 다른 개발자에게 일부 전달하는 역할도 합니다. 물론 일부는 훨씬 더 미묘한데, 어떤 것이 '좋은' 나머지 값과 곱셈기인지에 대한 내용을 논의할 때 필요한 것은 정수론에 대한 전체 논문이지, 한 줄의 코드가 아닙니다.

그러나 순진한 개발자가 이 코드에 허용되지 않은 매개 변수가 전달될 때 파이썬의 표준 라이브러리 random 모듈로 대체하는 기능을 추가하려 한다고 가정해 봅시다.

code/bad_lcg.py 소스 코드

```
def bad_lcg(
    seed: int = 123,
    multiplier: int = 1_103_515_245,
```

```
        modulus: int = 2**32,
        increment: int = 1
):
    # 매개 변수가 잘못된 경우 LCG 알고리즘을 적용하지 않음
    try:
        assert 0 < modulus
        assert 0 < multiplier < modulus
        assert 0 <= increment < modulus
        assert 0 <= seed < modulus

        # 점화식의 초기 적용
        state = (multiplier * seed + increment) % modulus

        while True:
            state = (multiplier * state + increment) % modulus
            yield state / modulus

    except AssertionError:
        import random
        while True:
            yield random.random()

if __name__ == '__main__':
    for x, _ in zip(bad_lcg(multiplier=-1), range(5)):
        print(x)
```

처음에는 이 코드가 작동하는 것처럼 보일 것입니다. 비록 대체(fallback) 코드처럼 쉽게 재현할 수 있는 것은 아니지만 적어도 어느 정도 의사 난수를 얻는다는 의미에서는 그렇습니다.

```
[BetterPython]$ python code/bad_lcg.py
0.9091770816298352
0.5190613689590089
0.911898811723727
0.8066722366593495
0.5563737722223733
[BetterPython]$ python code/bad_lcg.py
```

```
0.19828280342458238
0.3661064573367322
0.02637664736327605
0.04362950928898546
0.32456135199248937
```

그러나 최적화 플래그로 코드를 실행하면 상황이 상당히 나빠집니다.

```
[BetterPython]$ python -O code/bad_lcg.py
2.8638169169425964e-08
0.9999999715946615
2.8638169169425964e-08
0.9999999715946615
2.8638169169425964e-08
```

이 의사 난수들은 최악의 성능을 보여 줍니다. 구체적으로 두 개의 단위 구간의 극단에 가까운 숫자가 항상 계속 번갈아 나타나는데 이는 의도된 분포가 아닙니다. 게다가 이 숫자 순서열을 어떤 방식이건 간에 보안과 관련된 용도로 사용한다면 대체 코드 경로로 제대로 대체하지 못함으로써 많은 공격 경로가 열립니다. 물론 흐름에 따라서는 성능 문제, 모델링 오류, 해시 키의 과도한 충돌과 같은 더 많은 문제가 발생할 수 있습니다.

이 특정 대체 방법 자체가 좋은 것인가에 대한 이야기는 별개입니다. 흐름에 따라 대체 방법이 합리적인 경우도 얼마든지 많습니다. 다행스럽게도 이 오류에 대한 해결책은 매우 간단합니다. 단순히 허용되거나 금지된 조건에 대한 검사를 if/elif나 match/case 블록 안에서 명시적으로 사용하고, 그 결과를 통해 대체 행동을 실행하면 됩니다. 그 블록 안에서 AssertionError 이외의 예외를 명시적으로 발생시키는 것도 매우 합리적입니다.

8.8 정리

모든 최신 프로그래밍 언어가 그렇듯이 파이썬으로 어떤 소프트웨어 시스템을 만들 때 고려해야 할 사항은 그로 인해 발생하는 취약점입니다. 소프트웨어는 우리가 작성할 때 의도했던 출력이나 상호 작용을 하지 않는다는 의미로 잘못될 수도 있지만, 악의적인 행위자가 그 소프트웨어를 통해 해를 끼칠 수 있다는 의미로도 잘못될 수 있습니다.

소프트웨어의 진정한 보안 분석은 넓은 주제이며, 이 책에서 다루지 않는 많은 것에 대해 광범위한 지식이 필요합니다. 그러나 파이썬 개발자가 자주 반복하는 몇 가지 잘못이 있습니다. 이 장에서 제공하는 조언을 따르면 비교적 간단히 해결할 수 있습니다. 이 조언이 가능한 우려 사항을 모두 다루는 것은 아니지만, 파이썬 개발자들이 자주 하는 잘못 중 의외로 많은 부분을 해결해 줄 것입니다.

보안 문제에 대해 더 심층적인 검토를 원한다면 OWASP(Open Worldwide Application Security Project)[34]에서 좋은 자료를 찾아볼 수 있습니다. 이 프로젝트는 여기서 언급한 몇 가지를 포함한 많은 취약점에 대해 토론하고 필요한 자료를 제공합니다.

이 장에서 구체적으로 다루지 않은 보안에 관한 많은 잘못이 있습니다. 보안은 광범위한 관심사이며, 이를 전문적으로 다루는 많은 책과 다양한 우려 사항을 이해하기 위해 참여하고 있는 많은 전문가가 있습니다. 그러나 파이썬 문서에서 이미 잘 설명하고 있는 몇 가지 잘못은 빠르게 언급하고 넘어갈 가치가 있습니다.

---

[34] https://owasp.org

- 관리되지 않은 소스의 피클을 벗기면 알 수 없는 외부 코드가 실행될 수 있습니다.
- YAML을 적재하면 피클과 같은 문제가 발생할 수 있지만, `yaml.safe_load()`를 사용하면 쉽게 해결할 수 있습니다.
- XML을 적재하면 서비스 거부 공격을 받을 수 있으며, 이 문제에 대한 자세한 내용은 파이썬 공식 문서인 https://docs.python.org/3/library/xml.html에서 확인할 수 있습니다.
- `tempfile.mktemp()`로 생성된 임시 파일은 안전하지 않습니다. 이 문제는 파이썬 공식 문서에서 명시적으로 확인할 수 있으며, 대체 방법으로 `tempfile.mkstemp()`을 사용할 수 있습니다.

올바른 라이브러리를 사용하세요. 올바른 API를 몇 가지 선택하세요. 이 장에서의 언급했던 잘못과 그에 의한 영향, 개선 방법을 완전히 이해하고 확실히 알 수 있는 몇 가지 잘못을 피하세요. 이런 몇 가지 작은 행동만으로 새롭게 만들어지는 소프트웨어에 대한 공격 취약점은 대폭 감소할 것입니다.

9^장

파이썬에서의
수치 계산

당연한 이야기지만, 프로그래밍 언어에서 수치를 이용한 작업은 가장 흔한 작업에 속합니다. 그렇기에 수치를 다루는 코드가 미묘하게 잘못될 수 있는 방법 역시 엄청나게 많습니다. 제3자 라이브러리인 NumPy와 Pandas를 사용하면 더 큰 규모와 더 집중적인 수치 작업에 사용되는 엄청나게 많은 작업을 더 쉽고 빠르게 처리할 수 있습니다. 다른 수치 라이브러리도 중요하지만, 이 두 종류의 라이브러리는 파이썬 생태계에서 널리 사용되고 있기 때문에 따로 이야기할 필요가 있습니다. 여기서 다루지 않은 라이브러리는 부록인 '다른 책에서 읽을 만한 주제'에서 간단히 언급하겠습니다.

'벡터 기반(vectorized)'이나 '원시 값이 추출된(unboxed)' 수치 라이브러리를 사용하는 것이 유용할 때도 있지만,[1] 그럴 경우 파이썬 자체에서 많은 수치 계산을 수행해야 할 뿐만 아니라 실제로도 많은 계산을 수행합니다.

수치 작업에서 일어날 수 있는 대다수의 잘못은 부동 소수점 숫자의 미묘한 경계 사례에서 비롯됩니다. 일반적으로 이러한 종류의 문제는 순수 파이썬뿐만 아니라 제3자 라이브러리에도 적용됩니다. 실제로 이 장의 IEEE-754 관련 절에서 설명하는 네 가지 잘못 중 세 가지는 파이썬뿐만 아니라 대부분의 프로그래밍 언어에서 거의 동일하게 적용되며, 나머지 하나는 파이썬 개발자에게 우려되는 사항이기에 함께 이야기할 것입니다.

파이썬 개발자가 저지르는 일부 잘못은 다른 종류의 수치 도메인과 관련이 있으며, 주어진 작업에 사용하면 안 되는 것을 잘못 선택하는 경우도 있습니다. 이 장의 마지막 부분에서 다루는 두 가지 잘못은 decimal.Decimal과 fractions.Fraction에 관한 것으로 이러한 수치 유형을 언제 선택해야 하는지에 대해 살펴봅니다.

---

[1] 여기서 언급하고 있는 컴퓨터 프로그래밍 주제인 벡터화(https://en.wikipedia.org/wiki/Array_programming)와 수치 포장(https://en.wikipedia.org/wiki/Boxing_(computer_science))에 대해 읽는 것은 이해하기에 좋은 출발점입니다.

9.1 IEEE-754 부동 소수점 숫자 이해하기

만약 존 버든 샌더슨 홀데인(John Burdon Sanderson Haldane)이 75년 후에 살았더라면 아마도 다음과 같이 말했을 것입니다.

> 제 생각에는 [IEEE-754]가 우리가 생각하는 것보다 훨씬 더 이상하고, 심지어 우리가 상상할 수 있는 것보다도 더 이상하다는 것입니다… 저는 어떤 철학에서 꿈꾸거나 상상할 수 있는 것보다 훨씬 더 많은 것이 수치의 근사값에 담겨 있다고 생각합니다.[2]

이 절에서는 파이썬 프로그래머들이 부동 소수점 숫자를 다룰 때 자주 저지르는 몇 가지 일반적인 잘못을 살펴봅니다. 이러한 잘못은 아직 이 문제를 경험해 보지 않은 개발자들이 미처 즉각적으로 의심하지 못하는 곳에서 자주 발생합니다.

9.1.1 NaN(그리고 다른 부동 소수점 숫자)을 비교하기

IEEE-754-1985 부동 소수점 숫자 표준에는 '숫자가 아님(Not a Number)'이라는 뜻을 가지는 NaN이라는 특별한 종류의 값이 포함되어 있습니다.[3] 거의 모든 프로그래밍 언어와 컴퓨터 구조에서는 IEEE-754와 NaN 값을 구현합니다. 순수 파이썬에서 NaN은 부동 소수점 값으로 완벽하게 동작하며, NumPy 배열이나 Pandas 데이터프레임에서 개별 값으로 취급될 때 특별한 역할을 수행합니

---

2 J. B. S. Haldane, Possible Worlds, New Brunswick, NJ: Transaction Publishers, 2000.

3 자세한 내용은 https://en.wikipedia.org/wiki/IEEE_754-1985를 참조하세요. 안타깝게도 이러한 표준 자체는 무료로 제공되지 않지만, 기술적인 요구 사항은 다른 형태로 널리 공개되어 있습니다. 이 표준은 기술적으로 IEEE-754-2008과 IEEE-754-2019로 갱신되었지만, 여기서 말한 내용이 변경되지는 않습니다.

다. 당연하게 들릴지도 모르지만 이 역할은 Xarray, DataArrays, Vaex/Polars DataFrames를 비롯한 다른 특수 수치 컬렉션에서도 동일합니다.

Note ☰ **NaN에 대한 현학적 접근**

정확히 말하면, NaN은 특정 값이 아니라 특정 비트 패턴으로 표시되는 값의 집합입니다. 32비트 NaN은 16,777,214개가, 64비트 NaN은 9,007,199,254,740,990개가 있습니다. 더군다나 존재 가능한 NaN의 방대한 공간 안에서 비트 패턴은 **신호를 보내는** NaN(signaling NaN)과 **조용한** NaN(quiet NaN) 사이에 균등하게 분할됩니다.

이것은 IEEE-754의 주요 설계자인 윌리엄 카한(William Kahan)을 비롯한 원래 설계자들이 표현 불가능한 부동 소수점 값이 발생한 계산 내의 상황을 설명하는 추가 정보(payload)를 전달하는 데 활용될 것으로 기대했던 많은 복잡성입니다. 그러나 실제로는 널리 사용되는 계산 시스템 중 어떤 것도 이렇게 많은 NaN 값을 사용하지 않으며, 기본적으로 모든 NaN을 동일한 값으로 취급합니다.

좀 더 자세히 파고들어 보겠습니다. 이 세부 사항들은 많은 문제에 적용됩니다. 부동 소수점 숫자는 부호 비트(sign bit), 지수(exponent), 가수(mantissa)로 표현됩니다.[4] NaN은 단순히 지수에 해당하는 비트가 모두 1로 설정된 숫자입니다.

가수 부분에서 어떤 일이 일어나더라도 그 수는 NaN으로 남아 있으며 동일한 특별한 방식으로 처리됩니다. 실제로 확인해 봅시다.

부동 소수점 숫자의 비트 패턴 살펴보기

```
>>> import struct, math
>>> def show32(num):                              # ❶
...     pack32 = struct.pack("!f", num)
...     bits = ''.join(f"{c:0>8b}" for c in pack32)
...     sign = bits[0]
...     exp = bits[1:9]
...     mantissa = bits[9:]
...     print("- exponent mantissa")
```

---

[4] 더 기술적으로 들어가면, 우리가 0에 가까운 부동 소수점 숫자를 더 높은 정밀도로 표현하고자 할 때 사용하는 비정규수(subnormal number)의 대체 표현이 있습니다. 더 자세한 내용은 https://en.wikipedia.org/wiki/Subnormal_number를 참조하세요.

```
...      print(f"{sign} {exp} {mantissa}")
...
>>> show32(3.1415)
- exponent mantissa
0 10000000 10010010000111001010110
>>> show32(-math.pi)
- exponent mantissa
1 10000000 10010010000111111011011
```

❶ 부동 소수점의 기본 형식이 더 넓더라도 32비트로 '변환'합니다.

π의 매우 대략적인 근사값이 IEEE-754 안에서 음의 π의 최상의 근사값과 동일한 지수와 대부분의 가수 비트를 공유하는 것을 볼 수 있습니다. 또한 두 개의 숫자를 비트로 표현할 때 부호 비트는 반전됩니다. 그러나 NaN을 결과로 출력하는 연산은 어떨까요?

파이썬에서 생성되는 NaN의 비트 패턴 살펴보기

```
>>> show32(math.nan)
- exponent mantissa
0 11111111 10000000000000000000000
>>> show32(math.inf/math.inf)
- exponent mantissa
1 11111111 10000000000000000000000
>>> show32(-math.nan)
- exponent mantissa
1 11111111 10000000000000000000000
>>> show32(1e500-1e500)
- exponent mantissa
1 11111111 10000000000000000000000
>>> show32(0 * math.inf)
- exponent mantissa
1 11111111 10000000000000000000000
```

다른 프로그래밍 언어와 마찬가지로 파이썬은 어떤 방식으로 도달했는지에 상관없이 단순하게 가질 수 있는 수백만 또는 수조 개의 NaN 중 하나를 사용합니다. 가수의 첫 번째 비트에 있는 1은 기술적으로 신호를 보내는 NaN을 의미하지만, 제가 아는 어떤 파이썬 라이브러리도 이 사실에 주의를 기울이지 않습니다. 기술적으로 파이썬에서 다른 비트 패턴을 가지는 NaN을 구성하는 것은 가능하지만, struct나 ctypes 모듈 안에 있는 비밀스러운 힘을 필요로 합니다. '일반적인 파이썬' 작업으로는 이를 수행할 수 없을 뿐만 아니라 특별한 값에 어떤 주의도 기울이지 않을 것입니다.

먼저 분명히 성공할 것으로 예상되는 비교를 해 봅시다.

NaN을 포함한 부동 소수점 숫자 비교하기

```
>>> a = [math.pi, math.e, float('nan'), math.tau]
>>> b = [math.pi, math.e, math.nan, math.tau]
>>> a == b
False
```

a와 b에 저장된 NaN의 비트 패턴은 실제로 동일합니다. 언급된 다른 수학 상수도 마찬가지입니다. 여기서 문제는 IEEE-754에 따르면 부가 정보가 완전히 동일하더라도 다른 NaN과 비교했을 때 어떤 NaN도 동일할 수 없다는 것입니다.

```
>>> math.nan == math.nan, math.nan is math.nan
(False, True)
>>> math.isnan(math.nan)                                    # ❶
True
```

❶ 값이 NaN인지 비교하는 가장 깔끔한 방법입니다.

NaN은 자기 자신과 동일할 수 있지만 스스로와 같지 않은 특이한 파이썬 객체입니다. 더욱이 이 예제에서 또 다른 부동 소수점 숫자 관련 문제 중 자주 보이는 문제를 해결할 수 있으며, 다른 절에서도 이 문제를 다룰 것입니다. a와 b에 대한 예제들은 NaN이 아닌 상수에 대해 비트 단위로 동일한 값을 생성하지만, 일반적으로 서로 다른 부동 소수점 연산의 결과로 나타나는 '수학적으로' 동등한 숫자들은 반올림 문제로 인해 대부분 같지 않을 것입니다. 부동 소수점 숫자의 두 반복 가능 객체를 비교하는 견고한 방법은 다음과 같습니다.

NaN 동등성을 가진 부동 소수점 숫자를 견고하게 비교하기

```
>>> def approxEqualNums(seq1, seq2):
...     for x, y in zip(seq1, seq2, strict=True):
...         if math.isnan(x) and math.isnan(y):
...             continue
...         elif math.isclose(x, y):                    # ❶
...             continue
...         else:
...             return False
...     return True
...
>>> approxEqualNums(a, b)
True
```

❶ math.isclose() 함수에는 '근접성(closeness)'의 의미를 세밀하게 조정할 수 있는 rel_tol과 abs_tol 매개 변수가 있습니다. 자세한 내용은 파이썬 문서를 참조하세요.

approxEqualNums() 함수는 전달된 반복 가능 객체의 길이가 서로 다르면 ValueError를 발생시키지만, 일부 요소가 숫자가 아닌 경우에는 TypeError를 발생시킵니다. 이 함수는 목록에만 국한되지 않고, isinstance(o, collections.abc.Iterable)이 성립하는 모든 것에서 동작합니다. 실제로 순서가 없는 컬렉션은 우연히 True나 False를 반환할 가능성이 있으므로, 이 경우에는 흔히 일반적으로 다음 예와 같이 구체적인 collections.abc.Sequence에 해당하는 어떤 것을 사용합니다.

```
>>> approxEqualNums((1, 2, 3), {1:None, 2:None, 3:None})
True
>>> approxEqualNums((1, 2, 3), {1, 2, 3})                    # ❶
True
>>> approxEqualNums((3, 2, 1), {3, 2, 1})                    # ❷
False
```

```
>>> approxEqualNums([0, 1, 2, 3], range(4))
True
```

❶ 이 예제가 우연히 순서를 보존한다 하더라도 집합의 순서에 의존하지 마세요. 사전은 삽입 순서를 보존합니다.

❷ 반복 중에 집합이 '순서'를 보존하지 않는 예시입니다.

9.1.2 NaN과 statistics.median()

때때로 놀라운 NaN의 동작에 대해 앞 절에서 자세히 알아보았습니다. 더 자세히 알아보고 싶다면 해당 절의 각주와 주석을 참조하세요.

파이썬 표준 라이브러리의 주요 모듈에는 부동 소수점 숫자의 컬렉션을 다루는 statistics가 있습니다. 앞에서 살펴본 것처럼 부동 소수점 숫자의 컬렉션에 대해 고려할 때 일부 부동 소수점 숫자가 NaN이라는 것을 염두에 두어야 합니다.

statistics 내의 함수 대부분은 NaN을 **전파**합니다. 다시 말해 컬렉션의 일부 숫자가 NaN이면 그 결과 역시 단순히 NaN입니다. 그런 함수의 두 가지 예는 statistics.mean()과 statistics.fmean()인데, 첫 번째의 statistics.mean() 함수가 요소의 특정 수치 데이터 자료형을 보존하려고 시도하는 반면, 두 번째의 statistics.fmean() 함수는 모든 요소를 자동으로 부동 소수점 숫자로 변환하기 때문에 일반적으로 더 빠릅니다.

statistics.mean()과 statistics.fmean()의 비교
```
>>> import statistics
>>> from fractions import Fraction as F
>>> a = [F(3, 7), F(1, 21), F(5, 3), F(1, 3)]
>>> statistics.mean(a)
Fraction(13, 21)
>>> statistics.fmean(a)
0.6190476190476191
>>> from decimal import Decimal as D
>>> b = [D("0.5"), D("0.75"), D("0.625"), D("0.375")]
```

```
>>> statistics.mean(b)
Decimal('0.5625')
>>> statistics.fmean(b)
0.5625
```

NaN이 도입되는 순간, 어떤 방식을 사용하건 관계없이 무엇이 '평균값'인지 말
할 수 없게 됩니다.

NaN 값이 존재하는 상태에서 평균 구하기
```
>>> import math
>>> statistics.fmean([math.nan] + b)
nan
>>> statistics.mean(a + [math.nan])
nan
```

statistics.stdev(), statistics.variance(), statistics.correlation() 같
은 함수에서도 비슷한 동작을 볼 수 있는데, 본질적으로 같은 이유입니다.
statistics.mode()와 statistics.multimode()는 흥미롭게도 'NaN을 전파'하
는 대신 'NaN을 인식'합니다.

```
>>> from math import nan
>>> statistics.mode([nan, nan, nan, 4, 3, 3, 3.0])
nan
>>> statistics.multimode([nan, nan, nan, 4, 3, 3, 3.0])
[nan, 3]
```

저라면 statistics.mode()의 이러한 동작이 분명하지 않고 아마도 잘못되었다
고 주장할 것 같습니다. 여러 개의 NaN 값들은 비록 서로 동일하더라도 절대
같아서는 안 되며, '동일한' 값이 여러 번 발생하는 것도 의미가 분명하지 않습
니다. 하지만 이러한 동작은 순수성에 대한 우려가 다소 옆으로 밀려난다 하더
라도, 분명 명확하고 이해하기 쉽습니다.

정말 이상한 동작을 보이는 모듈은 statistics.median()과 그 친척인 statistics.median_low(), statistics.median_high(), statistics.median_grouped()입니다. 여기서는 NaN 값이 존재할 경우 모든 결과가 무의미하게 변합니다.

NaN이 존재하면 중앙값은 무의미해집니다

```
>>> statistics.median([nan, nan, nan, 4, 3, 3, 7])
3
>>> statistics.median_grouped([nan, nan, nan, 4, 3, 3, 7])
3.2
>>> statistics.median_high([7, 4, 3, 3, nan, nan, nan])
7
>>> statistics.median_grouped([7, 4, 3, 3, nan, nan, nan])
6.625
```

중앙값은 숫자 목록 안에서 요소가 어디에 나타나는지에 따라 가장 작은 숫자, 가장 큰 숫자, NaN[5]이 될 수 있으며, statistics.median_grouped()의 경우 전체 결과에 상당히 의미 없는 평균을 포함하는 어떤 숫자가 될 수 있습니다. 하지만 엄밀히 NaN이 아닌 값들에 대해서는 이 '요소 사이의 값'이 꽤 유용할 때가 있습니다.

이 문제를 해결하는 방법은 기본적으로 두 가지입니다. 저는 python-ideas 메일링 목록에서 이러한 함수들의 동작을 명확히 하기 위한 선택적 매개 변수를 추가해야 한다고 주장했지만, 모듈의 핵심 관계자를 완전히 설득하지는 못했습니다. 접근 방식 중 하나는 NaN의 전파를 도입하는 것이고, 다른 하나는 NaN의 제거를 도입하는 것입니다. 특히 이 다른 두 가지 접근 방식은 각각 NumPy와 Pandas의 기본 동작에 해당합니다.

다행히도 파이썬에서 이 동작 중 하나를 선택하는 것은 쉽습니다. 단지 그것을 기억하기만 하면 됩니다.

---

5 일부 정렬에서는 표시되지 않습니다.

```
>>> c = [nan, nan, nan, 4, 3, 3, 7]
>>> d = [4, 3, 3, 7, 0, 10, 4]
>>> math.nan if math.nan in c else statistics.median(c)
nan
>>> math.nan if math.nan in d else statistics.median(d)
4
```

이 삼항 구문(ternary clause)이 작동하는 이유는 in이 동등성을 검사하기 전에 동일성 검사를 수행하기 때문입니다. 이 경우 nan != nan이므로, 제안이 동작하려면 이 방식으로 검사할 필요가 있습니다. 다음은 두 번째 접근 방식에 대한 코드입니다.

```
>>> statistics.median([x for x in c if not math.isnan(x)])
3.5
>>> statistics.median([x for x in d if not math.isnan(x)])
4
```

9.1.3 부동 소수점 숫자의 순진한 사용: 결합법칙과 분배법칙

부동 소수점 숫자에 대한 기본적인 대수 연산이 일반적으로 결합법칙 (associativity)이나 분배법칙(distributivity)을 만족하지 않는다는 사실은 많은 사람이 깜빡 하곤 합니다. math.inf나 math.nan과 같은 특수한 값들을 제외하더라도, 기본적인 '보통 숫자'는 유리수나 실수를 단지 근사값으로 표현할 뿐입니다. math.isfinite() 함수를 사용하면 무한대와 NaN을 제외할 수 있습니다.

매우 간단히 말하면, 부동 소수점 숫자를 내장 자료형 또는 표준 라이브러리로 사용하는 파이썬을 비롯한 어떤 프로그래밍 언어도 IEEE-754에서 이러한 속성이 유지된다고 가정할 수 없습니다.

결합법칙과 분배법칙이 제대로 적용되지 않는 상황

```
>>> from math import isfinite
>>> a, b, c, d = 0.1, 0.2, 0.3, 0.4
>>> isfinite(a) and isfinite(b) and isfinite(c) and isfinite(d)
True
>>> (a + b) + c == a + (b + c)
False
>>> (a + b) + d == a + (b + d)
True
>>> a * (b + c) == (a * b) + (a * c)
True
>>> c * (a + b) == (c * a) + (c * b)
False
```

물론 결합법칙과 분배법칙이 항상 실패하는 것은 아닙니다. 앞의 예제에서 볼 수 있듯이 보통 숫자들을 사용하더라도 이러한 성질이 성립하기도 하고 실패하기도 합니다. 하지만 어떤 일련의 연산이 정확한 동등성을 유지하고 어떤 것이 그렇지 않을지 정확하게 예측하는 것은 매우 미묘한 문제입니다.

물론 이 고르디우스의 매듭(Gordian Knot)[6]을 해결하는 방법은 수천 또는 수백만 개의 부동 소수점 연산으로 구성될 가능성이 있는 계산의 모든 반올림 오류를 이해하는 것이 아니라 '그럴 듯한 동등성'에 만족하는 것입니다. 이 문제는 동시성을 고려하면 훨씬 더 복잡하게 변하며, 이 경우에는 연산이 수행되는 순서를 예측하는 것조차 불가능할 수 있습니다.

파이썬의 math.isclose()와 NumPy의 numpy.isclose()는 모두 그럴 듯한 답변을 제공합니다.

---

6 알렉산드로스 대왕이 칼로 잘랐다는 전설 속의 매듭입니다. '대담한 방법을 써야만 풀 수 있는 문제'라는 뜻의 고사이며, 발상의 전환이 필요한 문제라는 의미로도 사용됩니다.

```
>>> import numpy as np
>>> import math
>>> math.isclose((a + b) + c, a + (b + c))
True
>>> np.isclose((a + b) + c, a + (b + c))
True
>>> math.isclose(c * (a + b), (c * a) + (c * b))
True
>>> np.isclose(c * (a + b), (c * a) + (c * b))
True
```

Note ≡ 과거의 기억 되돌리기

저는 2003년에 쓴 책에서 'IEEE 754 수학의 복잡성을 이해한다고 생각한다면 그 복잡성의 모든 미묘함을 아직 인지하지 못한 것'이라고 언급한 바 있습니다. 그 오래된 글에서 제 친구이자 동료이며 수치 컴퓨팅 분야의 전임 교수인 알렉스 마르텔리가 쓴 내용을 인용했습니다.

부동 소수점이 관련되어 있을 때 자신이 무엇을 하고 있는지 안다고 생각하는 사람은 순진하거나, 팀 피터스일 겁니다. (뭐, 윌리엄 카한**일 수도 있고요**.)

이에 대해 팀 피터스[7] 본인이 다음과 같이 답했습니다.

저는 둘 다 가능하다고 생각합니다(윙크). 하지만 부동 소수점이 쉽게 다가오는 사람은 아무도 없으며, 심지어 카한조차도 놀라운 일들을 해내기 위해 많은 노력을 기울입니다.

피터스는 이에 더해 도널드 커누스가 《컴퓨터 프로그래밍의 예술》[8]에서 했던 말을 인용해 다음과 같이 설명했습니다.

수많은 진지한 수학자들이 부동 소수점 연산의 순서를 엄밀하게 분석하려고 시도했지만, 그 과제가 너무 어려웠기 때문에 그럴 듯한 논리로 만족하려고 노력했습니다.

---

7 파이썬을 비롯해 많은 최신 프로그래밍 언어에서 사용되는 정렬 알고리즘인 '팀소트(Timsort)'는 이 사람의 이름에서 따온 것입니다.

8 《컴퓨터 프로그래밍의 예술(The Art of Computer Programming)》 도널드 커누스 저, 류광 역, 한빛미디어, 2006~2013

math.isclose()와 numpy.isclose() 함수 둘 다 '근접성'의 의미를 미세하게 조정하기 위한 선택적 매개 변수를 제공합니다. 하지만 이에 해당하는 함수들의 알고리즘이 동일한 것은 아니라는 점에 유의해야 합니다. 실제로 NumPy 문서는 다음과 같이 언급하고 있습니다.

> 내장 함수인 math.isclose와 달리 위의 방정식은 a와 b에 대해 대칭적이지 않습니다. 여기서는 b가 기준 값이라고 가정하기 때문에, isclose(a, b)와 isclose(b, a)의 결과가 서로 다를 수 있습니다. 즉 numpy.isclose() 자신도 연산자의 교환 법칙(수학에서 연산 A $\oplus$ B가 항상 B $\oplus$ A와 같다는 법칙)을 만족하지 않습니다.

9.1.4 부동 소수점 숫자의 순진한 사용: 입자성

부동 소수점 연산의 어두운 측면은 앞에서 보았던 결합법칙과 분배법칙에 그치지 않고 입자성에까지 손을 뻗고 있습니다. IEEE-754 표준은 상대적으로 적은 비트를 사용하여 매우 큰 수의 범위를 표현할 수 있습니다. 이 절에서는 잘못이 발생하기 쉬운 곳에서 그 선택에 따르는 의미에 대해 살펴보겠습니다.

문제를 하나 살펴보고 그에 대한 성공적인 해결책과 해결에 실패한 경우를 살펴보겠습니다.

세 개의 부동 소수점 숫자의 평균값을 구하려고 시도하기

```
>>> import statistics
>>> import numpy as np
>>> nums = [1e20, 1.0, -1e20]
>>> sum(nums)/len(nums)
0.0
>>> statistics.mean(nums)
0.3333333333333333
>>> np.mean(nums)
0.0
```

이 시점에서 statistics 모듈은 평균을 계산하는 작업을 제대로 한다고 말할 수 있습니다. 반면에 산술적으로 명백한 수작업 접근 방식과 NumPy는 훨씬 더 나쁩니다. 이 두 가지 방식은 확실히 잘못되었습니다.

'statistics를 사용해 문제를 해결하세요.'라고 말하는 것으로 끝낼 수도 있을 것입니다. statistics에 포함되는 연산이나 내재된 순서가 없는 샘플을 가정하는 연산일 경우 나쁘지 않은 조언입니다. 앞에서 다른 문제에서 NaN이 있을 때 이 목록에 statistics.median()`이 포함되지 않는다는 것을 알 수 있었습니다. 그러나 평균, 기하 평균, 조화 평균, 최빈값, 다중 최빈값, 분위수, 표준 편차, 분산, 선형 회귀, 모집단 분산, 공분산과 같은 여러 다른 연산에 대해서는 이 조언이 타당합니다.

이 진퇴양난의 상황을 좀 더 깊이 들여다보겠습니다. 근본적인 문제는 부동 소수점 숫자의 구조가 부호, 지수, 가수로 이루어져 있어 표현 가능한 숫자의 분포가 불균등하다는 것입니다. 특히 하나의 부동 소수점 숫자와 다음에 표현 가능한 부동 소수점 숫자 사이의 간격이 샘플 모음에서 다른 숫자보다 더 클 수 있습니다.

이는 부동 소수점 숫자가 연속적이지 않고 특정한 간격으로 분포되어 있다는 것을 의미합니다. 이러한 간격은 값의 크기에 따라 달라지므로 매우 작은 숫자와 매우 큰 숫자를 함께 묶어 평균값을 구하려 할 때 정밀도의 손실이 발생할 수 있습니다. 따라서 부동 소수점 숫자를 사용할 때, 특히 평균과 같은 통계적 연산을 수행할 때 주의가 필요하며, 가능한 한 정확한 결과를 얻기 위해 적절한 방법을 사용하는 것이 중요합니다.

부동 소수점 숫자의 입자성

```
>>> math.nextafter(1e20, math.inf)                          # ❶
1.0000000000000002e+20
>>> math.nextafter(1e20, -math.inf)                         # ❶
9.999999999999998e+19
>>> 1e20 + 1.0 == 1e20
True
```

❶ 두 번째 매개 변수는 '다음' 부동 소수점으로 이동할 **방향**을 나타냅니다. 까다롭게 따지자면 여기에 어떤 부동 소수점 숫자도 사용할 수 있지만, 대부분의 경우 양의 무한대나 음의 무한대가 사용됩니다.

1e20 범위 안에서 가장 가까운 부동 소수점 숫자 사이의 간격이 1.0보다 크기 때문에, 1.0을 더하거나 빼는 것은 아무런 효과가 없습니다. 최선의 표현은 처음에 시작한 숫자로 남게 됩니다. 실제로 이 예제는 제 시스템의 64비트 부동 소수점 숫자 체계를 기반으로 합니다. 이 문제는 32비트 부동 소수점 숫자 체계에서는 훨씬 더 심각하며, 16비트 부동 소수점 숫자 체계에서는 매우 끔찍한 수준으로 변합니다.

비트 폭에 따른 부동 소수점 숫자의 입자성

```
>>> from numpy import inf, nextafter
>>> nextafter(np.array(1e20, np.float32), inf)          # ❶
1.0000000200408775e+20
>>> nextafter(np.array(1e15, np.float32), inf)          # ❷
999999986991104.1
>>> nextafter(np.array(1e6, np.float16), inf)           # ❸
inf
>>> nextafter(np.array(50_000, np.float16), inf)        # ❹
49984.00000000001
```

---

❶ 1e20 뒤에 오는 다음 32비트 부동 소수점은 2,004,087,750,656이 더 큽니다!

❷ 1e15 뒤에 오는 '다음' 32비트 부동 소수점은 13,008,896이 더 작습니다! 1e15는 '다음'에 오는 값보다 여전히 더 작은 숫자로 표현됩니다!

❸ 심지어 백만 뒤에 오는 다음 16비트 부동 소수점은 무한대입니다.

❹ 50,000 뒤에 오는 '다음' 16비트 부동 소수점은 실제로 50,000보다 작습니다.

예제 중 일부가 상당히 비관적으로 보일 수도 있겠지만, 이러한 입자성 문제를 해결할 수 있는 비교적 간단한 방법이 있습니다(항상 그런 것은 아니지만). 만약 크기가 매우 다른 숫자들을 더하는 연산을 포함한다면, 절댓값에 따라 역순으로 정렬하는 것이 일반적으로 부동 소수점 숫자로 찾을 수 있는 최고의 안정성을 달성할 것입니다.

숫자의 컬렉션을 더하는 '대체로 정확한' 경험적 방법

```
>>> nums = [1e20, 1.0, -1e20]
>>> sum(sorted(nums, key=abs, reverse=True))/len(nums)
0.3333333333333333
```

안타깝게도 현재 NumPy에서 이와 동일한 안정화 작업을 직접 수행할 수 있는 방법은 없습니다. 물론 1차원 NumPy 배열을 파이썬 목록으로 변환한 다음 다시 배열로 변환할 수는 있지만 속도가 엄청나게 느려지는 대가를 치러야 합니다.

부동 소수점 숫자는 수학의 실수에 대한 근사값으로 매우 유용하며 어디에나 존재합니다. 그러나 유한한 컴퓨터는 실수선(real number line)을 완벽하게 표현할 수 없기 때문에 근사값에는 많은 타협과 오류가 발생합니다. 파이썬 개발자들을 비롯한 거의 모든 소프트웨어 개발자들은 (수학적 의미에서) 불가피한 오류들이 프로그래밍의 관점에서 잘못으로 변하는 지점을 항상 유념해야 합니다.

BETTER PYTHON CODE

9.2 숫자 자료형

적절한 데이터 자료형을 선택한다는 것은 단순히 시스템에 기본적으로 설정된 부동 소수점을 사용한다는 의미는 아닙니다. NumPy 사용자가 자주 저지르는 잘못은 부동 소수점 숫자에 부적절한 비트 폭을 선택하는 것이며, 이러한 문제는 Pandas 사용자도 마찬가지입니다. Pandas에서는 상황에 따라 범주형 데이터(categorical data)의 사용과 관련하여 유사 데이터 자료형 문제가 추가로 발생합니다. 그러나 부록에서도 이야기하고 있지만, 라이브러리의 세부 내용은 이 책이 다루는 범위를 벗어납니다.

이 절에서는 이상적이지 않거나 심지어 실제로는 위험할 가능성이 있는 데이터 자료형을 선택하는 잘못에 대해 살펴보겠습니다.

9.2.1 금융 계산에 부동 소수점 숫자를 사용하지 않기

대부분의 인기 있는 프로그래밍 언어에서 으레 그렇듯이, 파이썬 개발자는 수치를 계산할 때 일반적으로 부동 소수점 숫자를 사용합니다. 이러한 계산은 흔하게는 화폐 단위를 비롯해 자산의 특정 지분, 기타 단위 같은 금융 수치(financial quantity)에도 사용됩니다.

금융 계산과 관련된 경우, 정확한 계산 방식은 법률이나 규정에 의해 명시되어 있는 경우가 많습니다. 예를 들어 일반적으로 정밀도가 높을수록 좋거나 적어도 정밀도가 계산 속도와 상충될 수 있는 과학 데이터의 추정과는 달리, 금융 규정은 반드시 사용해야 하는 정확한 절차를 명시합니다. 게다가 이러한 절차는 거의 보편적으로 10진수 기반의 반올림과 정밀도 측면에서 규정되어 있습니다. 예를 들어 일련의 계산 단계마다 정확한 전체 달러(dollar)와 센트(cent)를 결정해야 합니다.[9]

---

9 여기서는 예제 코드를 그대로 사용하기 위해 미국 화폐 단위를 기준으로 설명합니다.

은행에 예금을 할 때, 예금에 대한 이자를 3.95% 지급하고 이자는 매일 복리로 계산한다고 알려주었다고 가정해 봅시다. 이 규칙에 따라 1년 동안 은행에 돈을 맡기면 실질 이자율은 약 4.03%가 됩니다. 계산을 단순화하기 위해 올해는 윤년이 아니라고 가정하고 파이썬으로 계산해 보면 다음과 같습니다.[10]

```
>>> f"{100 * ((1 + 0.0395/365)**365 - 1):.3f}%"
'4.029%'
```

그러나 은행이 속한 규제 관할권에서는 다음과 같은 규칙을 명시하고 있습니다.

- 일일 잔액은 10분의 1센트 단위로 내부에 보관해야 합니다. 일일 내부 잔액은 분수 잔액의 100분의 50의 금액을 10분의 1 짝수로 반올림해야 합니다.

- 고객이 사용할 수 있는 일일 잔액은 내부 잔액을 기준으로 하지만 10분의 1을 반올림할 때 센트는 내립니다.[11]

- 정확한 일일 기록은 규제 기관에서 정기적으로 감사하며, 오류에 대해서는 엄격한 벌금이 부과됩니다.

사실상 64비트 부동 소수점 숫자는 이러한 요구 사항보다 훨씬 더 정밀합니다. 64비트 부동 소수점은 대략 소수점 이하 17자리의 정밀도를 가지며, 이는 달러 기준으로 센트 또는 그 10분 1[12]을 표시할 수 있는 소수점 이하 두 세 자리보다 훨씬 더 정밀한 수치입니다. 필요에 따라서는 근사값을 저장하는 프로그램으로 충분할 수도 있습니다.

---

10 실제 윤년을 계산하는 방법은 대출 기관마다 다를 뿐만 아니라 규제 관할권마다 허용하는 방식이 다릅니다. JS Coats Capital LLC의 '이자 계산 방법' 페이지(https://jscoats.com/interest-calculation-methods)에서 윤년 계산이 얼마나 복잡한지 확인할 수 있습니다.

11 내림(round-down)과 버림(truncate)은 소수점 이하를 버린다는 점에서 유사하지만, 음수를 계산할 때 차이가 있습니다. 내림은 음수일 경우 소수점 아래를 무시하고 가장 낮은 수를 취하는 방법인 반면에, 버림은 소수점 이하의 값을 무조건 버립니다. 따라서 -2.3을 내리면 -3이지만, 버릴 경우 -2가 됩니다.

12 실제로 잘 쓰이지는 않지만 센트의 10분의 1에 해당하는 밀(mill)이라는 단위가 있습니다.

```
#!/usr/bin/env python
import sys

def print_daily_balance(deposit, interest_rate):
    balance = deposit
    daily_interest = interest_rate/365
    print(" Day | Customer | Internal")
    print("-----+----------+----------")
    for day in range(1, 366):
        print(f" {day:>3d} | {balance:8.2f} | {balance:8.3f}")
        balance = balance * (1 + daily_interest)

if __name__ == '__main__':
    deposit = float(sys.argv[1])
    interest_rate = float(sys.argv[2]) / 100
    print_daily_balance(deposit, interest_rate)
```

이 프로그램의 결과를 부분적으로 살펴보겠습니다.

이자 보유 계좌에 대해 잘못 계산된 일일 요약 대차 대조표

```
[BetterPython]$ code/daily_interest_float 500 3.95
 Day | Customer | Internal
-----+----------+----------
   1 |   500.00 |  500.000
   2 |   500.05 |  500.054
   3 |   500.11 |  500.108
   4 |   500.16 |  500.162
   5 |   500.22 |  500.216
   6 |   500.27 |  500.271                              # ❶
 ... |    ...   |   ...
 360 |   519.81 |  519.807                              # ❶
 361 |   519.86 |  519.863                              # ❶
 362 |   519.92 |  519.919                              # ❷
 363 |   519.98 |  519.975                              # ❷
 364 |   520.03 |  520.032                              # ❶
 365 |   520.09 |  520.088                              # ❷
```

➊ 고객이 확인할 수 있는 잔액은 정확하게 반올림되지만, 내부 잔액에 오류가 있습니다.

➋ 고객이 확인할 수 있는 잔액과 내부 잔액 모두 오류가 있습니다.

이 프로그램은 f 문자열 형식을 사용하여 필요한 곳에서만 반올림합니다. 물론 순환 구문 안에서 round(balance, 3)를 사용하여 규정 규칙을 충족하기 위해 주기적으로 근사값을 구할 수도 있습니다. 하지만 이러한 순진한 접근 방식이나 주기 근사값은 모두 정확한 잔액을 생성하지 못합니다.

겉으로 보기에 고객은 연말에 대략적으로 정확한 금액의 이자를 얻었고, 심지어 매일 확인하는 이자 역시 정확한 금액에 꽤 근접합니다. 그럼에도 불구하고 실제 대차 대조표는 다음과 같아야 합니다.

이자 보유 계좌에 대한 정확한 일일 요약 대차 대조표

```
[BetterPython]$ code/daily_interest_decimal 500 3.95
 Day | Customer | Internal
-----+----------+----------
   1 |   500.00 |  500.000
   2 |   500.05 |  500.054
   3 |   500.11 |  500.108
   4 |   500.16 |  500.162
   5 |   500.22 |  500.216
   6 |   500.27 |  500.270
 ... |    ...   |   ...
 360 |   519.80 |  519.802
 361 |   519.86 |  519.858
 362 |   519.91 |  519.914
 363 |   519.97 |  519.970
 364 |   520.03 |  520.026
 365 |   520.08 |  520.082
```

실제로 정확한 계산과 순수한 부동 소수점 계산 사이의 차이는 천천히 드러나며, 수치상의 오류는 압도적인 경우가 거의 없습니다. 과학적 계산이거나 심지어 금융 내 예측 모델이라 하더라도 이러한 수치적 차이는 사소한 것일 수도 있습니다. 그러나 법률, 조약, 규제 규칙하에서는 그렇지 않습니다.

decimal 모듈은 정밀도와 반올림 규칙을 포함한 10진수의 소수점에 관련된 산술을 모두 올바르게 처리합니다. ROUND_CEILING, ROUND_DOWN, ROUND_FLOOR, ROUND_HALF_DOWN, ROUND_HALF_EVEN, ROUND_HALF_UP, ROUND_UP, ROUND_05UP에 대해 별도의 사용 가능한 반올림 모드가 있습니다. 이 특정 문제를 해결하는 다음 코드는 이 중 두 가지를 사용하며, 두 가지를 정확히 선택하지 않았다면 약간 다른 (잘못된) 결과를 생성했을 것입니다.

code/daily_interest_decimal 소스 코드

```python
#!/usr/bin/env python

import sys
from decimal import Decimal, ROUND_HALF_EVEN, ROUND_HALF_DOWN

def print_daily_balance(deposit, interest_rate):
    balance = deposit
    daily_interest = interest_rate/365
    print(" Day | Customer | Internal")
    print("-----+----------+----------")
    cents = Decimal('1.00')
    tenths = Decimal('1.000')
    for day in range(1, 366):
        balance = balance.quantize(tenths, rounding=ROUND_HALF_EVEN)
        customer = balance.quantize(cents, rounding=ROUND_HALF_DOWN)
        print(f" {day:>3d} | {customer:8.2f} | {balance:8.3f}")
        balance = balance * (1 + daily_interest)

if __name__ == '__main__':
    deposit = Decimal(sys.argv[1])
    interest_rate = Decimal(sys.argv[2]) / 100
    print_daily_balance(deposit, interest_rate)
```

ROUND_HALF_EVEN 메서드는 통계적으로 완벽하게 균형이 잡혀 있음을 알 수 있습니다. 장기적으로 볼 때 내재된 왜곡이 없는 데이터에서는 경향과 추세가 정확히 균형을 이룹니다. 하지만 그렇다고 해서 더 큰 잘못된 정밀도를 사용했을 때도 결과가 모두 같다고 보장하는 것은 아닙니다.

ROUND_HALF_DOWN를 사용하는 것은 체계적으로 편향되어 있지만, 이 특정 코드에서는 전파되지 않고 단순히 반복적으로 파생된 양자화에 불과합니다. 내부 잔액의 누적 합계 안에서 이를 사용했다면 '실제' 부동 소수점 근사값에 비해 체계적으로 하락하는 경향을 보일 것입니다.[13] 우리는 '진정한' 부동 소수점 근사값에 비해 체계적으로 하락하는 경향이 있을 것입니다(이 예제에서는 매우 느리게 그렇게 됩니다).

금융 계산에 (이진) 부동 소수점 숫자를 사용할 때 발생하는 오류 중 절반에 대한 해결책은 단순하게 'decimal 모듈을 사용하라'는 것입니다. 이 숫자들은 IEEE-754 부동 소수점 숫자만큼 빠르지는 않지만, 파이썬은 꽤 효율적인 기계 고유 구현(machine native implementation)[14]을 제공합니다. 나머지 절반에 대한 해결책은 더 미묘한데, 규제나 관리상의 문제로 인한 반올림과 정밀도 규칙을 정확히 이해해야 합니다. 구체적인 해결책의 세부 사항은 이러한 고려 사항에 따라 다르지만, decimal 모듈은 널리 사용되는 모든 규칙에 대한 선택 사항을 제공합니다.

9.2.2 수치 데이터 자료형의 비직관적인 동작

Lisp에서 유래된 흔히 '숫자 탑(numeric tower)'이라고 불리는 구조는 많은 프로그래밍 언어에서 사용되고 있지만, 파이썬에서 이 구조는 오히려 '갈라지는 길들의 정원(garden of forking paths)[15]'에 더 가깝습니다. 파이썬의 수많은 경계 사례와 마찬가지로, 현재와 같은 상태가 된 것에는 널리 논의되고 합리적으로 설명되는 동기가 존재하지만, 이러한 이유를 모든 일반 개발자가 확실히 이해한

---

13 이 예제에서는 그 경향이 매우 느리게 발현됩니다.

14 소프트웨어나 알고리즘이 특정 하드웨어 또는 운영 체제의 기본적인 기능과 밀접하게 통합되어 최적화된 방식으로 실행되는 것을 의미합니다.

15 '갈라지는 길들의 정원'이라는 표현은 호르헤 루이스 보르헤스(Jorge Luis Borges)의 1941년 단편 소설인 '끝없이 두 갈래로 갈라지는 길들이 있는 정원(El Jardín de senderos que se bifurcan)'의 영문 번역 제목에서 차용한 것입니다.

것은 아닙니다. 이러한 세부 사항을 잘못 이해하면 의도치 않게 잘못된 숫자 데이터 자료형을 사용할 수 있습니다.

파이썬의 내장 자료형이나 표준 라이브러리 모듈에 제공되는 구체적인 숫자 자료형과 함께 numbers 모듈에는 **추상 기본 클래스**의 계층 구조가 있습니다. 이 추상 기본 클래스들은 상당히 많은 메서드를 구현해야 할 때 상속받을 **수도 있지만**, 그보다는 대부분 '가상 상속'에 사용됩니다. 이에 대해 살펴보기 전에 그림 9-1에서 실제 수치 자료형의 상속 계층도를 살펴보겠습니다. 여기에는 기울임체와 둥근 모서리로 표시되는 추상 자료형도 포함되어 있습니다.

❤ 그림 9-1 파이썬의 숫자 정원

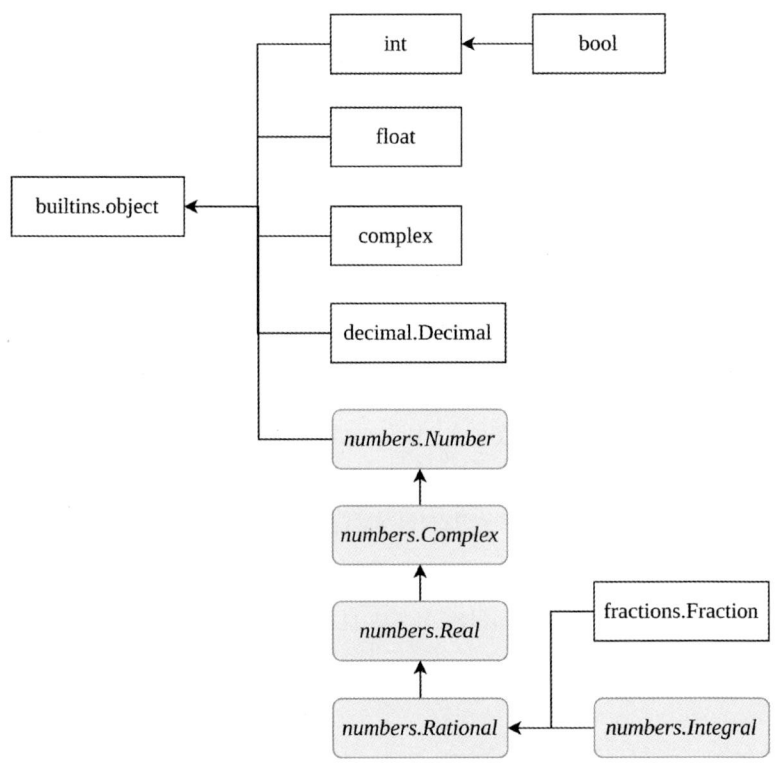

가상 부모에 대한 여담

추상 기본 클래스를 살펴봅시다. 이를 위해 모든 큰 숫자들과 사실상 비교 가능한 모든 수치 유형의 숫자들을 '포함하는' 인스턴스를 가진 BigNumber라는 클래스를 생성하려고 합니다. 이 클래스는 다른 일은 거의 하지 않으며 그다지 유용하지도 않지만, 가상적으로 모든 큰 숫자들을 포함합니다. 일단 여기서는 1000보다 큰 수라고 정의했습니다.

```
>>> class BigNumber:
...     def __contains__(self, value):
...         return value > 1000
...
>>> big_numbers = BigNumber()
>>> 5.7 in big_numbers
False
>>> 1_000_000 in big_numbers
True

>>> from collections.abc import Container
>>> isinstance(big_numbers, Container)
True
>>> BigNumber.__mro__
(<class '__main__.BigNumber'>, <class 'object'>)
```

Container는 BigNumber의 상속 트리에 포함되어 있지 않지만, .__contains__() 메서드를 가지는 필수 프로토콜을 구현했다는 단순한 사실로 인해 마치 조상 클래스가 원래 있었던 것처럼 동작합니다.

numbers 모듈의 추상 클래스는 다양한 구상 수치 클래스의 '가상 부모'입니다. 그러나 가상으로 존재하는 특정한 부모-자식 관계가 반드시 확실한 의미를 가지는 것은 아닙니다.

소원해진 자식들

```
>>> from fractions import Fraction
>>> from decimal import Decimal
>>> frac = Fraction(1, 1)
>>> dec = Decimal("1.0")
>>> 1 == 1.0 == Fraction(1, 1) == Decimal("1.0")          # ❶
True
```

```
>>> (1.0).as_integer_ratio()                                  # ❷
(1, 1)
>>> (0.3).as_integer_ratio()                                  # ❷
(5404319552844595, 18014398509481984)
>>> isinstance(1, numbers.Integral)                           # ❸
True
>>> isinstance(1, numbers.Rational)                           # ❹
True
>>> isinstance(frac, numbers.Integral)                        # ❺
False
>>> isinstance(frac, numbers.Rational)                        # ❻
True
>>> isinstance(dec, numbers.Integral)                         # ❺
False
>>> isinstance(dec, numbers.Rational)                         # ❼
False
>>> isinstance(dec, numbers.Real)                             # ❼
False
>>> isinstance(dec, numbers.Number)                           # ❽
True
>>> isinstance(0.3, numbers.Rational)                         # ❾
False
>>> isinstance(0.3, numbers.Real)                             # ❾
True
```

❶ 다양한 종류의 '1'은 서로 동일합니다.

❷ 모든 부동 소수점은 정수 비율(integer ratio)이며, 2진법으로 근사값을 구하는 경우에도 마찬가지입니다.

❸ 상식적으로 정수형은 정수(integral)입니다.

❹ 그리고 정수는 유리수(rational)에서 상속됩니다.

❺ 분수(fraction)와 소수(decimal)는 일반적으로 int와 같더라도 정수가 아닙니다.

❻ 분수는 실제로 유리수와 동의어입니다.

❼ 소수는 유한한 많은 수인데, 왜 유리수가 아니고, 심지어 실수(Real)도 아닌가요?!

❽ 그럼에도 불구하고 소수는 숫자입니다!

❾ 분자와 분모가 실수인 실수는 왜 실수가 아닌가요?!!

혼란스러운 순환 속의 순환

파이썬의 구상 수치 데이터 자료형의 가상 부모 관계를 중학교 대수학에서 배운 내용과 연결하는 것은 매우 어렵습니다. 일부 오류는 이 책에서 다룬 많은 잘못의 주제인 IEEE-754 부동 소수점 숫자 때문이라고 할 수 있습니다. 그러나 반올림 오류가 없는 다른 수치 자료형에서도 이상한 일이 발생합니다.

게다가 서로 다른 종류의 숫자를 결합하는 연산을 수행하면 어떤 일이 벌어질지도 궁금할 수 있습니다.

decimal.Decimal 숫자와의 융합

```
>>> dec + 1
Decimal('2.0')
>>> 1 + dec
Decimal('2.0')
>>> dec + 1.0
[...]
TypeError: unsupported operand type(s) for +: 'decimal.Decimal' and
'float'

>>> dec + frac
[...]
TypeError: unsupported operand type(s) for +: 'decimal.Decimal' and
'Fraction'
>>> dec + 1+0j
[...]
TypeError: unsupported operand type(s) for +: 'decimal.Decimal' and
'complex'
```

소수[16] 숫자는 대부분 다른 종류의 숫자와 연산을 거부하지만, 정수는 예외입니다. decimal.Decimal이 특정 정밀도를 이미 가지고 있고, 결과가 정확하지 않더라도 반올림할 수 있기 때문에 파이썬의 이러한 결정에 의문을 제기할 수 있지만, 그렇다고 이 결정이 명백히 잘못된 것은 아닙니다.

---

16 1과 자기 자신 외의 수로는 나눌 수 없는 수인 소수(素數, prime number)가 아니라 0보다 크고 1보다 작은 실수를 의미하는 소수(小數, decimal fraction)임에 유의합니다.

더 심각한 것은 float가 상호 작용하는 거의 모든 것을 지배하는 경향입니다.

(거의) 모든 것을 지배하는 하나의 데이터 자료형

```
>>> frac + frac
Fraction(2, 1)
>>> frac + 1, 1 + frac                                          # ❶
(Fraction(2, 1), Fraction(2, 1))

>>> frac + 1.0, 1.0 + frac                                      # ❷
(2.0, 2.0)
>>> 1 + 1.0, 1.0 + 1                                            # ❷
(2.0, 2.0)

>>> f"{frac + 0.3:.17f}"                                        # ❸
'1.30000000000000004'
>>> frac + Fraction(0.3)                                        # ❸
Fraction(23418718062326579, 18014398509481984)

>>> frac + Fraction("0.3")                                      # ❹
Fraction(13, 10)
```

❶ 정수는 다른 자료형에 꽤 잘 적응합니다.

❷ 부동 소수점은 지배적인 경향이 있지만, 반드시 나쁜 것만은 아닐 수 있습니다.

❸ 부동 소수점 초기 설정자(initializer)는 Fraction을 생성하기 전에 정밀도를 잃습니다.

❹ 문자열 초기 설정자는 가장 단순한, 정확한 분수를 생성합니다.

정밀도 유지하기

부동 소수점 숫자는 내부적으로 유리수에 대한 정확하지 않은 분수일 뿐이라는 것을 알 수 있었습니다. 부동 소수점 숫자가 널리 사용되는 것은 그럴 만한 이유가 있습니다. 유리수를 정확하게 다루려 하면 분자와 분모가 무한히 커지는 경우가 종종 있기 때문입니다.

최소 공약 분모가 큰 다양한 분수를 결합하면 분자와 분모의 크기가 커지고 연산 속도가 느려지며 더 많은 메모리를 소비합니다. 다음 예제는 몇 개의 숫자를 사용하여 그렇게 나쁘지 않지만, 수백만 번에서 수십억 번의 수치 연산을 수행하는 실제 코드는 금방 부담스러울 정도로 느려질 수 있습니다. 따라서 IEEE-754는 합리적인 타협안입니다.[17]

유리수의 부동 소수점 근사값이 미친듯이 큰 분자와 분모를 가지는 일이 꽤 잦을 수 있음에도 불구하고, `fractions.Fraction` 클래스는 자체적인 수치 오류를 도입하는 대가로 대략적이고 경험적인 방법을 통해 이를 제한할 수 있습니다.

```
>>> f"{0.3:.17f}"                                          # ❶
'0.29999999999999999'
>>> Fraction(*(0.3).as_integer_ratio())                    # ❷
Fraction(5404319552844595, 18014398509481984)
>>> Fraction(*(0.3).as_integer_ratio()).limit_denominator(1000)
Fraction(3, 10)
>>> Fraction(*(0.3).as_integer_ratio()).limit_denominator(9)
Fraction(2, 7)
```

❶ 2진법에서는 0.3을 정확하게 표현할 수 없습니다.

❷ 훨씬 더 간단한 Fraction(3, 10)을 얻는 것이 좋을 것입니다.

분모를 수동으로 제한하면 종종 **원하는 결과**를 얻을 수 있습니다. 안타깝게도 추상적으로 얼마나 많은 제한이 필요한지 알 수 있는 명확하거나 계산 가능한 규칙은 존재하지 않습니다. 앞의 간단한 예제에서는 선택이 분명해 보이지만, 이를 완전히 일반적인 방식으로 제공하는 기제는 없습니다.

자료형 하향 변환(casting down)

Fraction과 float을 결합하는 연산의 모든 결과를 부동 소수점으로 처리하는 대신, 그 반대 작업을 수행하는 사용자 정의 클래스를 생성할 수 있습니다. 맞

---

17 포지트(Posit)와 유넘(Universal Number, Unum)은 실수의 근사값을 표현하기 위해 제안된 대체 기계 표현 방식으로, 많은 면에서 유한한 비트 수를 더 효율적으로 사용하며 하드웨어 친화적일 수 있습니다. 아직 널리 채택되지는 않았지만, 앞으로는 전면적으로 채택될 가능성이 있습니다. 자세한 내용은 https://en.wikipedia.org/wiki/Unum_(number_format) 페이지를 참조하세요.

습니다. Fraction.limit_denominator()로 주기적 근사값을 고려해야 할 수도 있지만, 반올림을 명시적으로 선택할 수 있습니다. 예를 들어 다음과 같이 시작해봅시다.

```
>>> class Ratio(Fraction):
...     def __add__(self, other):
...         if isinstance(other, float):
...             numerator, denominator = other.as_integer_ratio()
...             other = Fraction(numerator, denominator)
...         self = Fraction(self.numerator, self.denominator)
...         return Ratio(self + other)
...
>>> Ratio(3, 10) + 0.3
Ratio(54043195528445951, 90071992547409920)
>>> 0.3 + Ratio(3, 10)                                         # ❶
0.6
>>> f"{0.3 + Ratio(3, 10):.17f}"
'0.59999999999999998'
```

❶ 파이썬 셸은 결과를 표시할 때 일부 값에 대해 '친절하게' 반올림을 실행하기 때문에, 정확한 결과를 생성한다고 잘못 생각할 수 있습니다.

올바른 방향으로 가고 있습니다. Ratio 클래스는 부동 소수점과의 덧셈 결과를 Ratio로 유지할 수 있지만, 이 과정에서 교환 법칙을 잃어버린다는 사실을 간과했습니다. 하지만 이는 다음과 같이 쉽게 바로잡을 수 있습니다.

```
>>> class Ratio(Fraction):
...     def __add__(self, other):
...         if isinstance(other, float):
...             numerator, denominator = other.as_integer_ratio()
...             other = Fraction(numerator, denominator)
...         self = Fraction(self.numerator, self.denominator)
...         return Ratio(self + other)
...
... __radd__ = __add__
...
```

```
>>> 0.3 + Ratio(3, 10)
Ratio(54043195528445951, 90071992547409920)
>>> Ratio(3, 10) + 0.3
Ratio(54043195528445951, 90071992547409920)
```

문제는 이 방식으로 처리한 것은 덧셈뿐이라는 것입니다. 하지만 다른 연산자
역시 분명 존재합니다.

```
>>> Ratio(3, 10) * 1.0
0.3
```

모든 연산자에 대해 완전한 이중 밑줄 메서드 묶음을 추가하는 것은 약간 지루
하지만 매우 간단합니다. .__mul__()과 .__rmul__()부터 시작해 나머지도 비
슷한 방식으로 작업하세요.

이 모든 숫자들로 무엇을 할 수 있을까?

프로젝트에서 사용되는 모든 숫자를 decimal.Decimal 또는 fractions.
Fraction으로 강제하는 규칙을 적용한다면, 연산은 합리적으로 유지됩니다. 수
치 가상 자료형의 계층 구조가 가지는 의미에 의문이 생길 수 있지만, 단일 수
치 도메인 안에 머무를 수 있을 것입니다.

앞에서 언급했듯이, Fraction 도메인의 문제는 많은 연산을 수행함에 따라 분
자와 분모가 종종 무한정 커지면서 속도와 메모리 사용량이 급격히 악화되는
것입니다. 많은 숫자에 대해 많은 계산을 수행하는 것은 이 수치 도메인에서 주
요 병목 현상이 될 수 있습니다.

Decimal 도메인은 상황 정보에서 설정할 수 있는 고정 길이[18]를 유지하며, 연산
속도도 합리적입니다. 부동 소수점은 비슷한 정밀도에서 Decimal보다 2배에서
5배가량 더 빠르지만, 그렇다고 Decimal이 나쁜 것도 아닙니다. 문제는 과학적
이나 다른 관찰 기반 측정입니다. 2진법은 10진법보다 숫자 편향의 누적을 훨

---

18 기본값은 28자리입니다.

씬 더 최소화합니다. 10진법은 대부분의 사람들이 이해하기 쉽지만, 그에 따른 반올림 오류가 수치적으로 우월하지는 않습니다.

Ratio 클래스를 사용하여 부분적으로 구체화된 형태로 보여드린 것처럼, 약간의 영리함을 발휘하면 연산 결과를 자신의 수치 도메인으로 강제하는 사용자 정의 클래스를 생성할 수도 있습니다.

적절한 수치 데이터 자료형을 선택하는 것은 파이썬 프로그래머에게 중요한 고려 사항이며, 다행히도 파이썬은 부동 소수점 외에도 여러 가지 선택 사항을 제공합니다. 파이썬에서 비교적 간단하고 쉽게 더 전문적인 수치 데이터 자료형을 가지는 사용자 정의 클래스를 생성할 수도 있지만, 이런 클래스가 필요한 경우는 한정적입니다.

9.3 정리

이 장에서는 부동 소수점 숫자의 **수치 도메인** 내부와 다른 도메인에서 잘못될 가능성이 있는 다양하고 '명백한' 수치 연산을 살펴보았습니다. 초등학교나 중학교에서 숫자가 어떻게 작동해야 하는지 배웠기 때문에 개발자는 숫자에 대해 가정하는 경향이 많은데, 실제 컴퓨터 프로그램을 작성할 때는 모호해지는 경우가 많습니다.

부록

다른 책에서
읽을 만한 주제

물론 파이썬 프로그래밍의 여러 영역에서 잘못을 저지를 수도 있고, 타협을 해야 할 수도 있습니다. 이 책에 모든 주제를 담을 수는 없지만, 다루지 않았다고 해서 중요성이 떨어지는 것은 아닙니다. 다루지 않은 주제 중 대부분은 그 자체만으로 책을 한 권 쓸 수 있을 정도로 거대합니다.

A.1 테스트 주도 개발

좋은 소프트웨어 개발 관행에는 항상 광범위한 테스트가 포함되어야 합니다. 테스트를 올바르게 수행하는 방법에는 세밀하고 때로는 미묘한 차이가 많이 존재합니다. 그러나 실제 코드 기반에서 가장 많이 보는, 가장 큰 잘못은 테스트를 전혀 하지 않는 것입니다. 테스트가 존재하지 않는 것만큼 나쁜 것은 거의 없지만, 관리되지 않는 테스트 모음(test suite)을 가지고 있는 것 역시 못지 않게 나쁩니다. 테스트가 가끔씩 그리고 불규칙적으로 실행될 뿐만 아니라 개발자들은 대부분의 테스트가 실패할 것이라고 가정하고 있는 운영 코드를 마주하는 것은 항상 어렵고 고통스러운 일입니다. 보통 이런 경우 지금 실패하고 있는 테스트가 언제 성공했는지, 그리고 처음부터 완성되지 않았거나 동작하지 않은 테스트가 어떤 것인지 확실하지 않은 경우가 많습니다.

좋은 테스트 모음은 모든 코드를 병합하는 과정 앞에 서 있는 장벽이어야 합니다. 매번 코드를 버전 관리 시스템에 올리거나(push) 적어도 생산(production) 브랜치에 병합할 때마다 지속적 통합과 개발(continuous integration and continuous development) 테스트가 자동화된 수단에 의해 실행되어야 합니다. 상대적으로 더 많은 시간이 필요한 테스트는 매일 정해진 시간 또는 매주 실행되도록 예약하는 것도 적절합니다. 어쨌든 어떤 방법을 사용하건 간에 작성된 코드가 운영 환경에서 사용되기 전에 해당 테스트가 실행되고 통과해야 합니다.

개발이 엄격하게 테스트 주도 개발인지에 대한 여부는 합리적인 논쟁의 대상입니다. 논쟁에서 어떤 결론에 이르건 간에 개발자들은 항상 테스트되지 않은 코드는 잘못된 코드라고 가정해야 합니다. 물론 이 조언은 파이썬에 특정된 것이 아니라 모든 프로그래밍 언어에 동등하게 적용됩니다.

저는 파이썬에서는 표준 라이브러리의 unittest를 사용하는 대신 항상 pytest[1]를 사용하라고 조언합니다. pytest는 unittest를 하위 호환으로 지원하고 훨씬 더 나은 문법과 더 많은 기능을 제공하며 전반적으로 훨씬 더 파이썬답습니다. 제3자 라이브러리인 nose2[2]도 나쁜 선택은 아니지만, 일반적으로 저는 nose2 보다 pytest를 더 추천합니다. 표준 라이브러리의 doctest 모듈도 독스트링(docstring)으로 쉽게 표현될 수 있는 종류의 테스트에 매우 유용합니다. 이러한 작업은 놀랍게도 매우 많으며, 이를 제공하는 것은 추후 유지보수에 엄청나게 도움이 됩니다.

A.2 동시성

이 책을 집필하다가 동시성에 관한 여러 가지 함정과 그에 따른 타협에 대해 이야기하고 싶었던 순간이 있습니다. 그러나 이 주제는 매우 광범위하여 이 책의 한두 장을 할애하는 것만으로는 충분히 다루기 어렵습니다. 이 책이 동시성 책이 아니라고 해서 이 주제가 중요하지 않다거나, 이 책에서 다루지 않는다고 해서 동시성의 함정과 타협에 노출되지 않는다는 뜻은 아닙니다.

---

1 https://docs.pytest.org
2 https://docs.nose2.io

파이썬 자체적으로 동시성에 대해 세 가지 주요 접근 방식이 있습니다. 파이썬의 표준 라이브러리에는 스레드를 다루는 threading 모듈이 있습니다. 스레드는 교착 상태(deadlock), 경쟁 조건(race condition), 우선 순위 반전(priority inversion), 데이터 구조 손상을 비롯한 여러 가지 문제로 유명한 주제입니다. 더군다나 순수 파이썬의 threading은 악명 높은 전역 번역기 잠금(Global Interpreter Lock, GIL)으로 인해 CPU의 병렬 처리를 지원하지 못합니다. 하지만 많은 제3자 모듈은 '전역 번역기 잠금을 해제'하고 진정한 병렬 처리를 허용하고 있습니다.

이외에도 파이썬의 표준 라이브러리에는 multiprocessing 모듈도 포함되어 있는데, API 측면에서 threading과 매우 유사하지만 스레드 대신 프로세스를 대상으로 동작합니다. 이 모듈은 여러 개의 CPU 코어에서 병렬 작업을 실행하는 수단을 제공하지만 프로세스 간에 직접 데이터를 공유할 수 없고 '무겁다'는 제약 사항이 있습니다. 일반적으로 프로세스 간의 통신을 위해서는 메시지 전달이 필요하며, 이는 주로 multiprocessing 모듈의 파이프(pipe)와 큐(queue)를 통해 이루어집니다.

표준 라이브러리의 concurrent.futures 모듈은 threading과 multiprocessing 모두를 위한 유용하면서도 더 높은 수준의 추상화 모듈입니다. '미래(futures)' 추상화를 사용하여 많은 문제들을 더 쉽고 더 안전하게 표현할 수 있으며, 가능하다면 이 기제를 사용하여 쉽게 동시성을 처리할 수 있습니다.

파이썬에서 동시성을 위해 제공하는 세 번째 추상화는 코루틴(coroutine)을 사용한 비동기 프로그래밍입니다. 이는 async와 await 예약어를 통해 지원되며, asyncio 표준 라이브러리 모듈 또는 uvloop[3], Trio[4], Curio[5], Twisted[6]와 같은 제3자 비동기 이벤트 순환(event loop)에 의해 관리됩니다. 코루틴의 일반적인 개념은 비동기 함수가 작업 중간에 제어를 양보할 수 있기 때문에, 이벤트 순환

---

3 https://uvloop.readthedocs.io
4 https://trio.readthedocs.io
5 https://curio.readthedocs.io
6 https://twisted.org

이 동일한 스레드와 프로세스에 존재하는 다른 코루틴에 주의를 기울일 수 있다는 것입니다. 이는 일반적으로 입출력 연산이 연관되어 있을 때 유용한데, 입출력 연산은 CPU 연산보다 몇 단계 이상 느리기 때문입니다.[7]

공식 파이썬 문서[8]에서 동시성에 대한 다양한 접근 방식 간의 상충 관계에 대한 자세한 내용을 확인할 수 있습니다.

A.3 패키징

파이썬 생태계의 큰 부분은 소프트웨어를 배포용으로 패키징(packaging)하는 부분입니다. 사실 이는 모든 프로그래밍 언어가 마찬가지입니다. 소프트웨어를 작성할 때 실행 파일, 라이브러리, 다른 시스템에 관계없이 일반적으로 다른 사용자 및 개발자와 작업을 공유하려고 합니다.

파이썬보다 더 최근에 개발된 언어 중 일부는 언어 자체의 설계와 패키징 체계의 설계가 동시에 이루어졌습니다. 예를 들면 언어 중 Go 사용자는 패키지를 설치하기 위해 go get 명령을 사용할 것입니다. Rust 사용자는 cargo와 rustup을 사용하며, Julia에서는 using Pkg; Pkg.add(...)의 조합을 사용합니다. R에서는 일반적으로 항상 install.packages(...)를 사용합니다. 이런 언어에는 패키지를 설치하는 방법이 하나로 고정되어 있으며, 작성한 패키지나 도구를 게시하는 방법 역시 거의 하나로 고정되어 있습니다. 다른 언어와 마찬가지로 Ruby는 주로 gem을 기반으로 모여 있으며, JavaScript는 npm과 yarn으로 나뉘어 있지만, 두 방식은 **거의 대부분** 호환됩니다.

---

7 《컴퓨터 밑바닥의 비밀》(루 샤오펑 저, 길벗, 2024)의 2.4장과 2.8장에서 코루틴과 동시성에 대해서 자세히 알아볼 수 있습니다.

8 https://docs.python.org/3/library/concurrency.html

파이썬은 C, Fortran만큼 오래된 언어가 아니며, 심지어 Perl, Bash, Haskell, Forth보다도 새로운 언어입니다. 이 언어들은 패키징과 관련해 파이썬보다 더 큰 혼란을 겪고 있습니다. 그렇지만 파이썬 역시 상당히 오래되었으며, 1991년 이래 서로 호환되지 않는 여러 가지 패키징 및 설치 시스템을 거쳐왔습니다. 그리고 패키징에 대해 진지한 노력을 기울인 것은 상대적으로 늦은 편입니다. 지난 5년에서 10년 사이 파이썬의 패키징은 견고해지고 상대적으로 안정되었지만, 여전히 많은 도구와 패키지 형식이 사용되고 있습니다.

Wheels는 파이썬 패키징 관리 주체(Python Packaging Authority, PyPA)[9]에 의해 지원 및 보증이 이루어지고 있지만, 소스 전용 패키지를 위한 **sdist** 아카이브도 마찬가지입니다. Wheels를 생성하는 여러 가지 도구들은 (전부는 아니지만) 대체로 서로 호환됩니다. Conda 패키지는 다른 형식과 다른 빌드 시스템을 사용하지만, 파이썬 기반이 아닌 패키지의 생성, 배포, 설치를 완벽하게 지원합니다. 많은 도구가 운영 체제 배포 기본 패키징 시스템을 포함해 플랫폼별 파이썬 실행 파일을 생성할 수 있습니다. 더욱이 특히 많은 소프트웨어가 '클라우드 네이티브(cloud native)'나 적어도 '클라우드 중심(cloud-centric)'으로 배포되고 있는 상황에서 Docker나 Kubernetes 같은 컨테이너화도 인기 있는 대안적 접근 방식으로 자리잡았습니다.

이 책은 소프트웨어 패키징을 다루지 않으며, 대신 https://packaging.python.org에서 이 주제에 대한 훌륭한 자료를 읽어 보는 것을 권장합니다.

---

[9] https://www.pypa.io

A.4 자료형 검사

자료형 검사 오류를 비롯해 이 책에서 다루는 개념적인 오류 대부분이 서로 영향을 주지 않는다는 특성이 있으며, 파이썬 개발자들 사이에서 자료형 검사와 관련 도구의 사용에 대해 다소 의견이 분분합니다. 이 책은 많은 주제에 대해 명확한 의견을 제시하는 것을 주저하지 않지만, 파이썬 코드 기반에 광범위한 자료형 주석을 사용하거나 추가하는 것에 대한 장단점은 언급하지 않기로 했습니다. 대신 이 주제를 자세히 다루는 훌륭한 책과 다른 자료들이 많이 있습니다.

자료형 제안(type hint)에 관심이 있다면 파이썬 문서의 자료형 제안 페이지[10]부터 읽어 보는 것을 추천합니다. mypy 프로젝트[11]는 파이썬을 위한 '공식적인' 자료형 검사 도구에 가장 가까운 도구입니다. Pyre 프로젝트[12]도 인기 있는 자료형 검사 도구로, 특히 대규모 코드 기반에서 유용합니다. Pyright[13]와 Pytype[14] 역시 비슷한 용도로 사용됩니다. PyCharm 통합 개발 환경(Integrated Development Environment, IDE)[15]은 자료형 검사와 자료형 추론(typing inference)에 대한 탁월한 지원을 제공하므로, 파이썬 개발을 위한 통합 개발 환경을 찾고 있다면 고려해 볼 가치가 있습니다.

---

[10] https://docs.python.org/3/library/typing.html
[11] https://mypy.readthedocs.io
[12] https://pyre-check.org
[13] https://microsoft.github.io/pyright
[14] https://google.github.io/pytype
[15] https://www.jetbrains.com/pycharm

A.5 수치 및 데이터프레임 라이브러리

파이썬에서 수행되는 많은 수치 계산의 핵심에는 NumPy 라이브러리[16]가 있습니다. NumPy는 강력하고 효율적인 다차원 배열 자료형과 이러한 배열을 다루기 위한 대규모 함수 집합을 제공합니다. NumPy는 C와 약간의 Fortran으로 개발되었지만, 파이썬에서만 사용할 수 있는 전용 라이브러리입니다. NumPy에서 벡터화 계산을 위해 사용되는 관용구는 '순수 파이썬'의 관용구와 다른 경우가 매우 많으며, 이에 대해 다루는 많은 책과 기사를 찾아볼 수 있습니다. 물론 앞으로도 이러한 흐름은 계속될 것입니다.

이 책에서 NumPy의 모범 사례를 다루지 않는 대신, 그 모범 사례가 일반적으로 '순수 파이썬'에서 사용되는 것과 다르다는 점을 언급하는 것만으로도 충분합니다. 여러 가지 면에서 NumPy를 배우는 것은 파이썬 안에 별도로 존재하는 수치 계산을 위한 도메인 특화 언어(Domain-Specific Language, DSL)를 배우는 것에 해당합니다.

TensorFlow[17], PyTorch[18], CuPy[19], JAX[20]와 같은 텐서(tensor) 라이브러리는 NumPy에서 많은 개념을 차용하고 있지만, C++와 CUDA로 다시 구현되어 주로 기계 학습(machine learning) 애플리케이션에 사용됩니다. 이러한 라이브러리를 사용하는 것은 아마 NumPy보다도 더 실질적으로 파이썬 내부의 도메인 특화 언어를 사용하는 것에 해당할 것입니다(엄밀하게 말하면 문법적으로는 그렇지 않지만, 적어도 느낌적으로는 그렇습니다).

---

16 https://numpy.org
17 https://www.tensorflow.org
18 https://pytorch.org
19 https://cupy.dev
20 https://jax.readthedocs.io

표 형식의 데이터를 다루기 위한 강력한 추상화는 데이터프레임(dataframe)입니다. 이 개념은 R 프로그래밍 언어에 의해 대중화되었으며, 파이썬에서는 주로 Pandas 라이브러리[21]를 통해 널리 사용되고 있습니다. Pandas는 자체적으로 NumPy를 기반으로 구축되어 있습니다. Polars[22]와 GPU 가속 cuDF 라이브러리 기반의 RAPIDS[23]와 같은 다른 라이브러리도 비슷한 기능을 제공하며, Pandas에 비해 몇 가지 장점이 더 있습니다.

NumPy와 마찬가지로 Pandas를 비롯한 데이터프레임 라이브러리를 사용하려면 '순수 파이썬'에서 사용되는 것과 상당히 다른 관용구에 익숙해져야 합니다. 특히 데이터프레임 라이브러리는 그 의도를 표현하기 위해 매우 흔하게 '메서드 연쇄 호출(method chaining)'이나 '유려한 인터페이스(fluent interface)'를 사용합니다.[24] 이 방식은 매우 강력하고 표현력이 뛰어나며, 《Do it! 데이터 분석을 위한 판다스 입문 제2판》(다니엘 첸 저, 이지스퍼블리싱, 2023)을 비롯한 많은 책에서 다루고 있는 주제지만, 이 책에서는 다루지 않습니다.

---

21 https://pandas.pydata.org
22 https://www.pola.rs
23 https://rapids.ai
24 두 가지 기법 모두 메서드가 객체 자체를 반환하게 함으로써 코드가 간결해지고 불필요한 중간 객체가 생성되지 않도록 하는 설계 방식입니다.